न्यायपालिका
दशा एवं दिशा

न्यायपालिका

दशा एवं दिशा

न्यायमूर्ति राजेन्द्र प्रसाद

प्रभात प्रकाशन

प्रकाशक
प्रभात प्रकाशन प्रा. लि.
4/19 आसफ अली रोड, नई दिल्ली–110002
फोन : 23289777 • हेल्पलाइन नं. : 7827007777
इ–मेल : prabhatbooks@gmail.com ❖ वेब ठिकाना : www.prabhatbooks.com

संस्करण
2025

पेपरबैक मूल्य
चार सौ रुपए

मुद्रक
श्री साई प्रिंटर्स, साहिबाबाद

NYAYAPALIKA : DASHA EVAM DISHA
by Justice Rajendra Prasad

Published by **PRABHAT PRAKASHAN PVT. LTD.**
4/19 Asaf Ali Road, New Delhi-110002

ISBN 978-93-5562-766-7

₹ 400.00 (PB)

यह
देश के उन सभी नागरिकों को समर्पित है,
जो देश की वर्तमान न्याय-व्यवस्था से '**संतुष्ट**' हैं
और
उनको भी,
जो इस न्याय-व्यवस्था से '**असंतुष्ट**' हैं।

प्रस्तावना

हम उस महान् देश के वासी हैं, जहाँ प्राचीन काल से 'न्याय' के लिए विभिन्न आचार्यों ने गहन चिंतन किया है। 'नि' उपसर्ग-पूर्वक 'इण्' गतौ धातु से 'घञ्' प्रत्यय लगने पर 'न्याय' शब्द बनता है। न्याय शब्द की व्युत्पत्ति करते हुए कहा गया है कि जिसके द्वारा निश्चित और निर्बाध वस्तुतत्त्व का ज्ञान होता है, उसे 'न्याय' कहते हैं। 'निश्चितं च निर्बाधं च वस्तुतत्त्वम् ईयते अनेन इति न्यायः।' उदयनाचार्य की 'न्यायकुसुमांजलि' में भी न्याय शब्द की व्युत्पत्ति करते हुए लिखा गया कि जिससे विवक्षित अर्थ का, सत्य का, ज्ञान होता है, उसे न्याय कहते हैं—'नीयते ज्ञायते विवक्षितार्थोऽनेनेति न्यायः।' पारिभाषिक न्याय की परिभाषा देते हुए 'न्यायभाष्य' कहता है—'प्रमाणैरर्थपरीक्षणं न्यायः।' अर्थात् प्रमाणों के द्वारा वास्तविक परिस्थिति का जब ज्ञान होता है, तब उसे 'न्याय' कहते हैं।

यद्यपि यहाँ जो परिभाषा दी गई है, वह दर्शन की एक शाखा से संबंधित है, लेकिन इसी अर्थ में वर्तमान न्यायपालिका एवं न्याय-व्यवस्था में जो 'न्याय' (Justice) शब्द है, वह भी परिभाषित होता है। अपराध होने की स्थिति में अथवा किसी नियम के विरुद्ध कार्य होने की स्थिति में विभिन्न प्रकार के प्रमाणों के द्वारा वास्तविकता का पता लगाना ही न्याय है।

न्याय का अभाव हमें असमंजस की स्थिति में पहुँचा देता है, भ्रम उत्पन्न करता है, हमें वास्तविकता से दूर ले जाता है। वास्तविकता का ज्ञान न होने की स्थिति जितने दिनों तक बनी रहेगी या वास्तविकता से हम जितनी

दूरी पर होंगे, सत्य से उतना ही दूर भटकते चले जाएँगे। यह काल और दूरी दोनों ही एक रोग की तरह हमारे तंत्र के अन्य अंगों को भी क्रमशः बीमार करता चला जाएगा।

इसीलिए भारतीय राजनीतिशास्त्रियों ने न्याय के द्वारा वास्तविकता का अन्वेषण कर दंडविधान को इहलोक और परलोक दोनों स्थानों पर प्रतिष्ठा पाने के लिए आवश्यक माना है। 'महाभारत' के अनुशासन पर्व के 12वें अध्याय में अर्जुन की उक्तियों में दंडविधान का विस्तार से विवेचन किया गया है। यहाँ दंडनीतियों के असफल हो जाने पर प्रजा की दुर्गति का विवेचन किया गया है। अर्जुन स्पष्ट शब्दों में युधिष्ठिर से कहते हैं—

दण्डे स्थिताः प्रजाः सर्वा भयं दण्डे विदुर्बुधाः।
दण्डे स्वर्गो मनुष्याणां लोकोऽयं च प्रतिष्ठितः॥

अर्थात् दंड के कारण सारी प्रजा निवास करती है। दंड में ही भय का वास होता है। दंड में ही मनुष्यों का स्वर्ग है और यह लोक भी दंड में ही प्रतिष्ठित है।

भारतीय परंपरा कहती है कि कौन व्यक्ति दंडनीय है, कौन नहीं है, इसी का निर्धारण करना न्याय है। न्याय नहीं होने पर दंड का विभ्रम होता है, जिससे सभी लोग दूषित हो जाते हैं, सारी मर्यादाएँ टूट जाती हैं। सभी लोगों के बीच उपद्रव आरंभ हो जाते हैं। मनुस्मृति' का कथन है—

दुष्येयुः सर्ववर्णाश्च भिद्येरन्सर्वसेतवः।
सर्वलोकप्रकोपश्च भवेत् दण्डस्य विभ्रमात्॥ 7.24

भारतीय चिंतन तो उस स्थिति की कल्पना करता है, जब न तो राज्य था, न ही राजा और न ही दंडविधान था, न कोई दंड देनेवाला। सारी प्रजा धर्म के प्रभाव से परस्पर एक-दूसरे की रक्षा करती थी—

न राज्यं न च राजासीत् न दण्डो न च दाण्डिकः।
स्वयमेव प्रजाः सर्वा रक्षन्ति स्म परस्परम्॥

लेकिन जब तामसी मानसिकता उत्पन्न हुई, तभी न्याय और दंड की आवश्यकता इन्हीं तामसी प्रवृत्तियों को रोकने के लिए हुई। अतः सभी

शास्त्रकारों ने माना है कि न्याय के द्वारा अपराधी की पहचान तथा उसे मिलनेवाले दंड में विलंब नहीं होना चाहिए।

इसके विपरीत स्थिति की निंदा करते हुए वल्लभदेव ने 'सुभाषितावली' में कहा है—

न्यायः खलैः परिहृतश्चलितश्च धर्मः
कालः कलिः कलुष एव परं प्रवृत्तः।
प्रायेण दुर्जनजनः प्रभविष्णुरेव
निश्चक्रिकः परिभवास्पदमेव साधुः॥

यह कलियुग है, जहाँ दुष्ट लोगों ने न्याय का अपहरण कर लिया। धर्म विचलित हो गया और चारों ओर कालिमा फैली हुई है। लगभग दुर्जन ही प्रभावी बन गए हैं, जिनपर कोई शासनचक्र नहीं है और सज्जन पराभव पाते हैं।

भारतीय दर्शन की इसी पृष्ठभूमि में न्यायमूर्ति राजेन्द्र प्रसाद की यह पुस्तक लिखी गई है। उन्होंने एक ओर प्राचीन काल के भारतीय सिद्धांतों पर विमर्श प्रस्तुत किया है तो दूसरी ओर वर्तमान न्याय-व्यवस्था में फैली अव्यवस्था को रेखांकित किया है। यद्यपि लेखक प्रत्येक परिस्थिति में वर्तमान न्यायपालिका के प्रति आस्थावान् हैं और वे कहते हैं कि हमें भारतीय संविधान एवं न्यायपालिका के प्रति आस्थावान् होना ही चाहिए। फिर भी वे न्यायपालिका में और अधिक सुधार करने के पक्ष में खड़े हैं, ताकि सबको न्याय मिले। लेखक की स्पष्ट मान्यता है कि सुधार की कोई सीमा नहीं होती है, वह निरंतर चलनेवाली प्रक्रिया है और हमें चलते ही रहना चाहिए; क्योंकि चलते रहना पहुँच जाने से अधिक महत्त्वपूर्ण होता है।

लेखक स्वयं न्यायपालिका के अनुभवी अंग रह चुके हैं। नीचे से ऊपर तक के यथार्थ को उन्होंने देखा व भोगा है। न्याय, कानून, न्यायपालिका, दंडविधान इन सभी क्षेत्रों में अंदरुनी बातों से परिचित होते हुए उन्होंने इससे उबरने के उपायों का अन्वेषण किया है। सारे उपाय उनके चिंतन के कारण प्रस्फुटित हुए हैं।

प्रस्तुत संग्रह में कुल 43 आलेख हैं। ये आलेख पटना से प्रकाशित राष्ट्रीय पत्रिका 'जरूरी बात' के लिए लिखे गए तथा उसी में वर्ष 2015 से लगातार प्रकाशित हो चुके हैं। इन आलेखों में समस्याएँ उठाई गई हैं तथा उनके समाधान के लिए चिंतन प्रस्तुत किया गया है।

लेखक आस्तिक विचारधारा के चिंतक भी रहे हैं। उन्होंने भारतीय दर्शन की विभिन्न शाखाओं पर अनेक प्रामाणिक ग्रंथों का अध्ययन भी किया है। प्राचीन भारतीय परंपरा से भी वे चिर-परिचित हैं। फलतः उन्होंने एक आलेख में पाप एवं पुण्य की अवधारणा का विवेचन कर प्राकृतिक न्याय को प्राचीन काल में सुव्यवस्थित करने की प्रक्रिया पर भी प्रकाश डाला है। साथ ही वर्तमान युग में आस्तिकता में क्षरण होने के कारण अपराध को पाप की श्रेणी से अलग कर दिए जाने के कारण उत्पन्न समस्याओं पर भी उन्होंने चिंतन कर उस स्थिति को पुनः लाने का समाधान भी किया है। 'मेरा अपराध ईश्वर देख रहा है, वह मुझे अवश्य दंडित करेगा', यह अवधारणा प्राचीन काल में न्यायपालिका के कार्यों को बहुत हद तक आसान कर देती थी। हम अपराध ही न करें, इससे अच्छी स्थिति और क्या हो सकती है!

लेखक की मान्यता है कि जब तक जिला, राज्य एवं देश स्तर के तीनों न्यायालयों को स्वतंत्र नहीं किया जाता है, तब तक आम जनता न्याय पाने से वंचित रह जाती है, क्योंकि जिला स्तर पर जो दंडनीय घोषित किया जाता है, वह राज्य स्तर के उच्च न्यायालय में अपील करता है, जहाँ सारी प्रक्रिया पुनः आरंभ होती है और न्याय में विलंब होता है। वहाँ भी यदि वह दंडनीय घोषित हो जाता है तो अपने बचाव के लिए देश स्तर के उच्चतम न्यायालय में चला जाता है। फिर वहाँ न्याय में विलंब होता है। इस विलंब के कारण अपराध के साक्ष्य मिट जाते हैं, वह इतिहास मात्र बच जाता है। हो सकता है कि तब तक अपराधी या अपराध के कारण प्रभावित व्यक्ति की मृत्यु भी हो जाए और न्याय व्यर्थ हो जाए। न्याय में विलंब के कारण होनेवाली क्षति के अनेक उदाहरणों को प्रस्तुत कर लेखक ने इस सिद्धांत को स्थापित

किया है कि जिला स्तर के न्यायालय को स्वतंत्रता मिले और उसका निर्णय अंतिम हो, जिससे प्रभावित व्यक्ति को त्वरित न्याय मिल सके। त्वरित न्याय से अपराध की प्रवृत्ति में अवश्य कमी आएगी। इसके विपरीत वर्तमान में गरीब व्यक्ति को न्याय नहीं मिल पाता है। उसके लिए जिला न्यायालय में तो न्याय के लिए गुहार लगाना संभव हो सकता है, किंतु जब उसी का वाद उच्च एवं उच्चतम न्यायालय तक चला जाता है, तब उसके लिए 'दिल्ली दूर' हो जाती है। लेखक ने पंच-परमेश्वर की अवधारणा को दुहराते हुए आज के युग में भी उसे प्रासंगिक माना है।

लेखक का मत है कि उच्च एवं उच्चतम न्यायालयों में न्यायाधीशों की नियुक्ति प्रक्रिया में राजनीतिक हस्तक्षेप, मनोनयन आदि भी न्याय प्रक्रिया में अवरोध उत्पन्न करते हैं और इससे हमें उबरना होगा। इस परिस्थिति के लिए लेखक ने मूल कारण का अन्वेषण करते हुए लिखा है कि 'आज जो हमारी न्याय-व्यवस्था है, वह अंग्रेजों की दी हुई है। इस न्याय-व्यवस्था का निर्माण अंग्रेजों ने उस समय के लोगों की मानसिकता एवं बौद्धिकता के आधार पर किया था। आज लोगों की मानसिकता एवं बौद्धिकता बदल चुकी है। ऐसी स्थिति में जब तक हम वर्तमान कानून एवं न्याय-व्यवस्था के स्वरूप को आज के लोगों की मानसिकता एवं बौद्धिकता के आधार पर नहीं बदलते हैं, तब तक हमें न्याय और अन्याय में अंतर समझना ही बंद कर देना होगा तथा स्वीकार कर लेना होगा कि जो हो रहा है, वही ठीक है।'

इस प्रकार भारतीय न्यायपालिका में विद्यमान अनेक विसंगतियों पर ध्यान आकृष्ट करते हुए, 'दशा' का निरूपण करते हुए इस क्षेत्र के अनुभवी न्यायमूर्ति राजेन्द्र प्रसाद ने सबको न्याय, त्वरित न्याय एवं विसंगतियों को दूर करने के लिए 'दिशा' के विषय में अपना मंतव्य दिया है। लेखक की मान्यता है कि जब तक देश की प्रत्येक जनता को न्याय नहीं मिलेगा, तब तक न्यायपालिका को हम पूर्ण नहीं मान सकते हैं। लेखक ने उस भयावह स्थिति का भी संकेत दिया है कि देश की आम जनता अपनी न्यायपालिका के प्रति आस्थावान् रहती हुई, न्याय के लिए 'दिल्ली दूर है' वाली स्थिति

को सहन करती हुई, अपनी न्यायपालिका से 'संतुष्ट' है और कुछ साधन-संपन्न प्रभावशाली लोग, जिनके लिए 'दिल्ली भी अपना ही घर है', न्यायपालिका से 'असंतुष्ट' हैं।

यह पुस्तक आम लोगों के साथ-साथ विधिशास्त्र के वर्तमान छात्रों के लिए भी पठनीय है, जिससे वे प्राकृतिक एवं त्वरित न्याय को समझ सकें और अपने सुनहरे भविष्य का निर्माण कर सकें।

—भवनाथ झा

शोध एवं प्रकाशन प्रभारी

महावीर मंदिर, पटना

लेखकीय

पटना बिहार से प्रकाशित राष्ट्रीय हिंदी मासिक पत्रिका 'जरूरी बात' के संपादक डॉ. विजय कृष्ण विद्यार्थी हैं और मैं स्वयं सलाहकार संपादक हूँ। यह एक संयोग ही था कि दिनांक 18 अप्रैल, 2015 को इसके लोकार्पण के अवसर पर मैं भी उपस्थित था। इस पत्रिका का लोकार्पण उच्चतम न्यायालय के अवकाश प्राप्त न्यायाधीश माननीय न्यायमूर्ति ज्ञानसुधा मिश्रा द्वारा किया गया था। पत्रिका-लोकार्पण के शुभ अवसर पर पत्रिका के संपादक का आग्रह हुआ कि मैं भी पत्रिका के लिए कुछ लिखूँ। मैं इसके पूर्व न तो कुछ लिखा था, न ऐसा विचार ही रखता था।

मैंने पत्रिका के संपादक महोदय से साफ कह दिया कि मुझे न तो लिखने की क्षमता है और न तो पहले से लिखे गए किताबों आदि को पढ़ने की क्षमता। मैंने आगे कहा कि हमारे पास चार वेद हैं, इसके अतिरिक्त भगवान् श्रीकृष्ण की कही 'गीता' भी है। साथ ही विश्व के दार्शनिकों द्वारा रची गई अनेक ग्रंथ भी उपलब्ध हैं। इसके अतिरिक्त विज्ञान के ज्ञान से लेकर जीवन से संबंधित विषयों पर भी इतना लिखा जा चुका है कि उससे अधिक कुछ लिखा ही नहीं जा सकता। संपादक महोदय का उत्तर था कि आपकी सारी बातें मैं मान भी लूँ तो भी हम सबों को रोज-रोज के लिए आवश्यक एवं जरूरी बातों पर चर्चा करनी ही पड़ती है। काल का प्रत्येक खंड पहले के कालखंड से अलग होता है और इस अलग कालखंड में कुछ नया लिखने या पढ़ने की आवश्यकता ही नहीं होती; बल्कि कुछ नया

करना भी आवश्यक हो जाता है। संपादक महोदय के इस तर्क में अवश्य ही बल था और संभवतः इसी बल ने उन्हें 'जरूरी बात' प्रकाशित करने की प्रेरणा दी थी।

मैंने प्रकाशक महोदय से कहा कि मुझे सिर्फ सुनने एवं कभी-कभी बोलने की आदत है। मैं अवश्य ही आज के संदर्भ में आवश्यक एवं जरूरी बातों पर बोल सकता हूँ। उनका सीधा उत्तर था कि आप जो भी बोलेंगे, उसे ही मैं लिख लूँगा और प्रकाशित करूँगा।

न्यायिक सेवा में मुंसिफ से लेकर उच्च न्यायालय के न्यायाधीश, तत्पश्चात् राज्य मानवाधिकार आयोग के सदस्य एवं बगहा गोलीकांड आयोग के अध्यक्ष के रूप में करीब 40 वर्षों तक कार्य करते रहने से न्याय एवं वर्तमान न्याय-व्यवस्था के संबंध में मुझे जो भी अनुभव हुआ था, उसी अनुभव के आधार पर मैंने बोलना शुरू कर दिया।

शुरू में मैंने जो भी बोला, उसे मेरे तत्कालीन आशुलिपिक श्री शशिकांत झा और पश्चात् 'जरूरी बात' पत्रिका के प्रबंध संपादक श्री प्रशांत सिसोदिया द्वारा लिखा गया।

तत्पश्चात् संपादक महोदय ने अपनी पत्रिका 'जरूरी बात' में उसे ही प्रकाशित करते गए। इस पुस्तक में सारे-के-सारे वही लेख हैं। इस पुस्तक में संकलित आलेखों को पढ़ने से स्पष्ट होगा कि आज हमें न्याय को समझने एवं वर्तमान न्याय-व्यवस्था में आवश्यक सुधार लाने की आवश्यकता है। न्याय को समझने एवं वर्तमान न्याय-व्यवस्था में आवश्यक सुधार लाने की मेरी अपनी समझ है। इस संबंध में आपकी समझ अलग हो सकती है।

इस पुस्तक में जितने भी आलेख हैं, उन सबका संबंध सिर्फ और सिर्फ देश की वर्तमान न्याय-व्यवस्था में आवश्यक सुधार लाने से है। संभवतः देश के आम आदमी और खास आदमी की समझ भी ऐसी ही दिखती है। ऐसा होते हुए भी देश की वर्तमान न्याय-व्यवस्था में सुधार नहीं हो पा रहा है। संभवतः हम सभी देश की वर्तमान न्याय-व्यवस्था में आवश्यक सुधार लाने के लिए या तो सक्षम नहीं हैं या ऐसा आवश्यक सुधार लाना ही नहीं चाहते हैं।

उपर्युक्त तथ्यों का यह अर्थ नहीं है कि देश की वर्तमान न्याय-व्यवस्था में सबकुछ ठीक नहीं है। देश की वर्तमान न्याय-व्यवस्था में सबकुछ ठीक है और इस व्यवस्था की न तो आलोचना की जा सकती है और न हमें अपनी न्याय-व्यवस्था की आलोचना ही करनी चाहिए। ऐसा होते हुए भी हम वर्तमान न्याय-व्यवस्था ही नहीं, बल्कि अपने प्रजातंत्र की सारी व्यवस्थाओं में सुधार लाने और सुधार करने का प्रयास अवश्य ही कर सकते हैं; क्योंकि सुधार की कोई सीमा नहीं होती है। हमारी सभ्यता और संस्कृति का वर्तमान स्वरूप अवश्य ही ऐसा नहीं है, जैसा पहले था। सुधारते-सुधारते और सुधार लाते-लाते ही आज हम ग्रहों तक की यात्रा करने में सफल हुए हैं। जिस तरह आज हम कुछ ही घंटों, महीनों या वर्षों में आसमान में ग्रहों तक पहुँच जाते हैं, उसी तरह कुछ ही क्षणों में हमें न्याय की यात्रा पूरी कर न्याय तक पहुँच जाना होगा। ऐसा तभी हो सकेगा, जब हम आशान्वित होकर न्याय तक पहुँचने की सोच रख पाएँगे। पुरानी कहावत भी है कि 'पहुँचने की अपेक्षा यात्रा करते रहना ही श्रेष्ठ होता है' (It is better to travel than to arrive.)।

इस पुस्तक के सभी आलेखों में मैंने अपना विचार रखने की कोशिश की है कि देश की वर्तमान न्याय-व्यवस्था में आवश्यक सुधार लाने की क्यों आवश्यकता है और ऐसा आवश्यक सुधार कैसे लाया जा सकता है।

आज हमारे देश की न्यायपालिका त्रिस्तरीय है, जिसे हम सभी जिला न्यायालय, उच्च न्यायालय एवं उच्चतम न्यायालय के रूप में जानते हैं। उच्चतम और उच्च न्यायालय संवैधानिक हैं, किंतु जिला न्यायालयों का गठन भारतीय दंड प्रक्रिया संहिता के अंतर्गत की जाती है। इन तीनों न्यायालयों का दायित्व न्याय करना ही होता है, किंतु जिला न्यायालयों को हम सभी उतना महत्त्व नहीं देते हैं, जितना उच्च एवं उच्चतम न्यायालयों को।

जिला न्यायालयों के पीठासीन पदाधिकारियों की नियुक्ति की प्रक्रिया अलग है और उच्च एवं उच्चतम न्यायालय के पीठासीन पदाधिकारियों एवं न्यायाधीशों की नियुक्ति की प्रक्रिया अलग है। जिला न्यायालयों के पीठासीन

पदाधिकारियों की नियुक्ति जैसे भी की जा रही हो, इनकी नियुक्ति को लेकर किसी तरह का विवाद होता नहीं दिखता है। जहाँ तक उच्च एवं उच्चतम न्यायालयों के न्यायाधीशों की नियुक्ति की प्रक्रिया की बात की जाए तो आज उच्च एवं उच्चतम न्यायालय के न्यायाधीशों की नियुक्ति अवश्य ही विवाद के घेरे में है। भारतीय संविधान निर्माण के पश्चात् उच्च एवं उच्चतम न्यायालयों के न्यायाधीशों की नियुक्ति क्रमश: संविधान के अनुच्छेद 217 एवं 124 के तहत की जाती रही; तत्पश्चात् उच्चतम न्यायालय के आदेश के आलोक में उच्च एवं उच्चतम न्यायालयों के न्यायाधीशों की नियुक्ति 'कोलेजियम सिस्टम' द्वारा की जाने लगी। इसके बाद इन न्यायाधीशों की नियुक्ति भारतीय संसद् द्वारा अधिनियमित संविधान के (९९वाँ संशोधन) अधिनियम द्वारा किए जाने का प्रावधान किया गया।

संसद् द्वारा अधिनियमित अधिनियम को निरस्त कर दिया गया एवं कोलेजियम सिस्टम को पुन:स्थापित कर दिया गया। प्रश्न अवश्य उठता है कि उच्च एवं उच्चतम न्यायालय के न्यायाधीशों की नियुक्ति से संबंधित संवैधानिक प्रावधानों—कोलेजियम सिस्टम एवं तत्पश्चात् संसद् द्वारा अधिनियमित अधिनियम पर क्यों चर्चा हो रही है? संभवत: सबका एक ही उद्देश्य प्रतीत होता है कि उच्च एवं उच्चतम न्यायालय के न्यायाधीशों की नियुक्ति की प्रक्रिया पारदर्शी हो। प्रक्रिया में पारदर्शिता का एक ही उद्देश्य हो सकता है कि केवल और केवल योग्य को ही उच्च एवं उच्चतम न्यायालयों का न्यायाधीश बनाया जाए।

उच्चतम न्यायालय द्वारा अवश्य ही संसद् द्वारा पारित अधिनियम को निरस्त कर दिया गया था, किंतु साथ ही कहा गया था कि वर्तमान कोलेजियम सिस्टम में सुधार की आवश्यकता है। आज तक कोलेजियम सिस्टम में सुधार लाने का प्रयास ही चल रहा है एवं उच्च और उच्चतम न्यायालयों के न्यायाधीशों की नियुक्ति विवादित ही है। उच्चतम न्यायालय कोलेजियम सिस्टम से ही उच्च एवं उच्चतम न्यायालयों के न्यायाधीशों की नियुक्ति के पक्ष में है, जो कि देश के संसद् को मान्य नहीं है।

उपर्युक्त स्थिति में संविधान के अनुच्छेद 312 के प्रावधानों के तहत अखिल भारतीय न्यायिक सेवा के गठन शीघ्रातिशीघ्र करने की आवश्यकता है। उच्च एवं उच्चतम न्यायालयों के न्यायाधीशों की नियुक्ति पर चल रहे विवादों का अंत तभी हो सकता है, जब हम संविधान के अनुच्छेद 312 का पालन करते हुए अखिल भारतीय न्यायिक सेवा का गठन कर लेंगे और इसी सेवा के सदस्यों को प्रोन्नत कर उच्च एवं उच्चतम न्यायालय में नियुक्त करना प्रारंभ कर देंगे।

ऐसी स्थिति में उच्च एवं उच्चतम न्यायालयों के न्यायाधीशों की नियुक्ति के विवाद पर प्रश्न खड़ा होना बंद ही नहीं होगा, बल्कि न्यायपालिका का स्वरूप ही संवैधानिक हो जाएगा। ऐसी स्थिति में उच्च एवं उच्चतम न्या-यालयों में न्यायाधीश के रूप में उन्हीं की नियुक्ति हो पाएगी, जिन्हें जिला न्यायालय में 20-25 वर्षों तक न्यायाधीश के रूप में कार्य करने का अनुभव प्राप्त होगा।

भारतीय संसद्, आवश्यकता समझे तो संविधान में संशोधन कर देश के त्रिस्तरीय न्यायपालिका के स्वरूप को यथाशीघ्र बदलकर अपनी सभ्यता व संस्कृति के अनुरूप देश की न्यायपालिका का गठन कर ले, अन्यथा आम और खास आदमी दोनों की दूरी न्याय से बढ़ती ही जाएगी। जबतक आप पद पर रह सकेंगे, तभी तक कुछ हद तक अपने को सुरक्षित महसूस कर सकेंगे।

पाठक अगर पुस्तक के सभी आलेखों को पढ़ेंगे तो अवश्य ही समझ सकेंगे कि आज करोड़ों मुकदमे देश के विभिन्न न्यायालयों में लंबित हैं, मुकदमों के निष्पादन में अनावश्यक विलंब हो रहा है, प्रक्रियात्मक त्रुटि के कारण कभी-कभी गलत निर्णय भी होते दिखते हैं। आज न्याय सस्ता और सुलभ तो किसी के लिए नहीं है। आर्थिक रूप से विपन्न की बात करें तो ऐसे नागरिकों की क्षमता ही नहीं है कि पुलिस और न्यायालय के समक्ष शिकायत भी कर सकें। आज आवश्यक है कि प्रखंड स्तर पर नहीं तो जिला स्तर पर ऐसे न्यायालयों की स्थापना की जाए, जिसका न्याय निर्णय

अंतिम हो, जिससे गरीबों को उच्च एवं उच्चतम न्यायालय तक की दौड़ नहीं लगानी पड़े। आम और खास आदमी को मिलकर वर्तमान न्यायपालिका के स्वरूप को बदलने का प्रयास अवश्य ही करना होगा, अन्यथा भविष्य वैसा हो जाएगा, जैसा हम कभी नहीं चाहेंगे।

ईश्वर हमें ऐसी बुद्धि दें, जिससे हम अन्याय के अंधकार से न्याय के प्रकाश में अपने को ले जा सकें!

पटना — **राजेन्द्र प्रसाद** (अ.प्रा.)

22 जून, 2019

अनुक्रम

न्याय एवं न्यायपालिका

न्याय की परिभाषा : 'न्याय' मात्र एक शब्द नहीं है, बल्कि निर्जीव और सजीव, दोनों को अपने अस्तित्व में रहने के लिए अन्य तत्त्वों, यथा अन्न, पानी, हवा, प्रकाश आदि की तरह एक आवश्यक एवं व्यापक तत्त्व है। आज इस तत्त्व की जितनी आवश्यकता है, उससे अधिक किसी दूसरे तत्त्व की आवश्यकता नहीं है, क्योंकि रोटी-कपड़ा-मकान और विज्ञान द्वारा प्राप्त कराई गई सारी सुविधाओं के होते हुए भी न्याय तत्त्व के अभाव में सजीव, निर्जीव और मनुष्य का अस्तित्व में रहना संभव नहीं है। आज इसी न्याय तत्त्व के अभाव में हिंसाएँ, हत्याएँ, बलात्कार की घटना, यहाँ तक कि हमारे ही लोग नक्सली, उग्रवादी, आतंकवादी प्रवृत्ति के होते जा रहे हैं। इन्हें इसी न्याय तत्त्व की जरूरत है, न कि न्यायालयों से प्राप्त कराया गया न्याय, जो वस्तुत: न्याय है ही नहीं, बल्कि पक्षकारों को सुनकर कानून की व्याख्या कर किया गया एक निर्णय मात्र है। संभवत: हम लोग न्याय और निर्णय में अंतर नहीं समझ पा रहे हैं। अगर समझ भी रहे हैं तो प्रकट नहीं कर पा रहे हैं। फलस्वरूप न्यायालय के निर्णय को भी हम न्याय, जो वस्तुत: न्याय है ही नहीं, की संज्ञा देते आ रहे हैं। आज आवश्यकता है कि न्यायपालिका द्वारा दिए गए निर्णय को न्याय में परिवर्तित किया जाए। आज राजनियम, चाहे वह संविधान के रूप में हो या संविधान के तहत संसद् एवं राज्य की विधानसभाओं द्वारा पारित कानून हो, उसी की कसौटी पर न्याय निर्णय देते हैं एवं आम आदमी को इस निर्णय से भ्रमित करते हैं। जिस न्याय तत्त्व की

बात की जा रही है, उसका संबंध इन राजनियमों से कदापि नहीं है, बल्कि इस न्याय तत्त्व का संबंध व्यक्ति, चाहे वह किसी उच्च-से-उच्च पद पर आसीन हो, की Morality, Ethics एवं Honesty से संबंधित है। आज इन्हीं उच्चपदधारियों की Morality, Ethics एवं Honesty को सुदृढ करने की आवश्यकता है। देखा जा सकता है कि व्यक्ति उच्च पद पर अपने को स्थापित करने में सक्षम तो हो जाता है, किंतु ऐसे उच्च पद पर आसीन होने के पश्चात् भी अपने व्यक्तित्व एवं पक्षपातपूर्ण रवैयों से ऊपर नहीं उठ पाता है। हमारे देश के जजों के साथ भी कुछ ऐसा ही देखा जा रहा है, जिसके अनेक उदाहरण हैं—

ये उदाहरण जिला न्यायालयों से लेकर उच्चतम न्यायालय के कुछ जजों के विरुद्ध लगते हुए आरोपों से संबंधित हैं एवं ये सारे उदाहरण इस तथ्य की पुष्टि करते हैं कि उच्च पद पर आसीन होने के पश्चात् भी व्यक्ति अपने व्यक्तित्व से ऊपर नहीं उठ रहा है। आज आवश्यकता है कि व्यक्ति की Morality, Ethics एवं Honesty का विकास हो। जब तक हम स्वयं Morality, Ethics एवं Honesty रूपी तत्त्वों को अपने आप में स्थापित नहीं करेंगे, हम जैसे-तैसे मरने तक जी सकते हैं, लेकिन अपने को हर स्थान पर और हर समय असुरक्षित पाएँगे।

न्यायपालिका के संदर्भ में न्याय

न्यायपालिका से न्याय नहीं वरन् एक निर्णय की प्राप्ति होती है, जो पक्षकारों की बुद्धिमत्ता एवं राजनियमों के दाँवपेंच पर आधारित होता है। आवश्यकता है कि न्यायालयों के न्याय निर्णय को न्याय तत्त्व, जिसके बिना किसी का जीवन सुरक्षित नहीं रह सकता, के करीब लाया जाए और एक ऐसी न्यायपालिका का गठन किया जाए जो कागजी न्याय नहीं, बल्कि वास्तविक न्याय देने में समर्थ हो। इस तरफ आम जनता या इसके चुने हुए प्रतिनिधि, जो केंद्र व राज्यों में सरकार बनाते हैं, का बिल्कुल ही ध्यान नहीं है। संभवतः आम जनता द्वारा चुने गए इनके प्रतिनिधि अपनी कुरसी, पदों आदि की सुरक्षा में ही व्यस्त हैं, क्योंकि इन्हें अपने पद, कुरसी आदि सदा असुरक्षित प्रतीत

होते हैं। आम जनता के प्रतिनिधियों को इस व्यक्तिगत सुरक्षा की मानसिकता से ऊपर उठकर वास्तविक न्याय की खोज में लगना होगा और उसे आम जनता, जिसके द्वारा वे चुने जाते हैं, को उपलब्ध कराना होगा।

आज प्रत्येक व्यक्ति, चाहे वह एक साधारण कहा जानेवाला व्यक्ति हो या उच्च-से-उच्च पद पर आसीन व्यक्ति हो, देश की न्यायपालिका से पूर्ण तरह से असंतुष्ट है, किंतु साधारण व्यक्ति तो किसी अदृश्य भय के कारण न्यायपालिका की सच्चाई प्रकट करने की बात तो दूर, उस ओर देखना भी नहीं चाहता है एवं न्यायपालिका के अच्छे-बुरे कार्यकलापों को नजरअंदाज कर देता है। दूसरी तरफ उच्च पदासीन व्यक्ति, चाहे वे सरकार में हों या उच्च एवं उच्चतम न्यायालय के जज हों, अपनी स्वार्थ पूर्ति के लिए वर्तमान न्यायपालिका में सुधार की सतही बात ऊपर-ऊपर करते हैं, न कि वास्तविकता में।

उच्च न्यायालयों के मुख्य न्यायाधीश एवं मुख्यमंत्री के सम्मेलन में सभी उच्च पदासीन व्यक्तियों द्वारा न्यायिक सुधार की बातें की गई हैं, लेकिन समय ही गवाह रहेगा कि ये सिर्फ बातें करते हैं या की गई बातों के अनुरूप न्यायपालिका में सुधार भी कर सकेंगे। ऐसे उच्च पदाधिकारियों द्वारा इस तरह की सुधार की बातें वर्षों से की जा रही हैं, लेकिन 'बातें हैं, बातों का क्या'। अनेक वर्ष पूर्व संविधान संशोधन कर भारतीय न्यायिक सेवा का प्रावधान किया गया था, किंतु इसे कार्यान्वित नहीं किया गया, जो एक उदाहरण है कि संविधान के प्रावधानों का अनुपालन यहाँ नहीं किया जाता है और इसके नहीं करनेवाले भी वे ही लोग हैं, जिन्होंने कभी संविधान में भारतीय न्यायिक सेवा का प्रावधान किया था। पिछले सम्मेलन में भी सारी बातें हुईं, लेकिन भारत के निम्न न्यायालयों, जिसमें जिला जज स्तर तक के न्यायाधीश होते हैं, की चर्चा विस्तार से नहीं की गई, जबकि वर्तमान न्यायपालिका में इसी निम्न न्यायपालिका से आम लोगों को भले ही न्याय नहीं, बल्कि न्याय निर्णय की अपेक्षा रहती है। हमारी निम्न न्यायपालिका ही देश के आम लोगों के लिए न्याय-मंदिर है और हम इसी की उपेक्षा कर रहे हैं। संविधान के तहत न्यायप

ालिका की स्वतंत्रता को देखते हुए निम्न न्यायपालिका की देख-रेख का दायित्व उच्च न्यायालय को दिया गया है, लेकिन उच्च न्यायालय द्वारा आज तक ऐसा कुछ नहीं किया जाता देखा गया है, जिससे निम्न न्यायालय का सुदृढीकरण हो। निम्न न्यायालय के संगठन के प्रयास के फलस्वरूप एक बार राष्ट्रीय न्यायिक वेतन आयोग का गठन हुआ था, जिसके अध्यक्ष उच्चतम न्यायालय के अवकाश प्राप्त न्यायाधीश माननीय शेट्टी थे। उन्होंने देश के निम्न न्यायालय के लिए जो काम किया, वही निम्न न्यायालय के लिए एक उपलब्धि है। इस आयोग द्वारा बहुत सारे सुझाव दिए गए थे और एक सुझाव था कि निम्न न्यायालय में प्रतिभाशाली कानून स्नातकों को प्रविष्ट कराया जाए, किंतु उनके सारे सुझाव पुनः न्याय प्रक्रिया की भेंट चढ़ गए। चाहे जो भी हो, जब तक जिला न्यायालय को हम सुदृढ नहीं कर लेते हैं, तब तक इसी तरह चलता रहेगा।

न्याय में विलंब

दो तरह के संकीर्ण प्रतिक्रियाओं से हम रूबरू होते रहते हैं, जिसका संबंध हमारी न्यायपालिका से होता है—

"Justice delayed is justice denied" & "Justice hurried is justice burried"

इन दोनों प्रतिक्रियाओं से हमें ऊपर उठकर समय पर न्याय देना होगा, जो तभी संभव है, जब न्यायिक प्रक्रिया, यहाँ तक कि अपील-दर-अपील के प्रावधानों पर हम विचार करें। एक ही फैसला या निर्णय सत्य हो सकता है, जबकि वर्तमान न्यायपालिका में ऐसा देखा जाता है कि निम्न न्यायालय द्वारा दिए गए फैसले को उच्च न्यायालय बदल देता है और उच्च न्यायालय के फैसले को उच्चतम न्यायालय बदल देता है और इसी तरह उच्च न्यायालय के एकल पीठ के निर्णय को डिवीजन बेंच बदल देती है और डिवीजन बेंच के निर्णय को उच्चतम न्यायालय। इन सारे न्याय निर्णयों में पता नहीं कौन निर्णय वास्तविक न्याय के करीब होता है। इससे पूर्णतः छुटकारा पाना संभव नहीं है, किंतु अपील-दर-अपील को कम कर दिया जाए तो न्याय में होती रही देरी

एवं जल्दबाजी में होनेवाले न्याय से छुटकारा पाया जा सकता है।

क्यों नहीं निम्न न्यायालय की प्रक्रिया को बदलकर ऐसा प्रावधान किया जाए कि कुछ मामलों में दो और कुछ मामलों में तीन जज की बेंच निम्न न्यायालय में ही बने और इनके द्वारा दिए गए फैसले को, चाहे जो हो, उसे ही अंतिम फैसला मान लिया जाए। निम्न न्यायालय में दो-तीन न्यायाधीश द्वारा गठित न्याय पीठ होने से आम जनता में न्याय के प्रति विश्वास बढ़ेगा और साथ ही जब दो या दो से अधिक जज एक साथ बैठेंगे तो उसमें से एक दूसरे को उसके अपने व्यक्तित्व में रहने नहीं देगा और निर्णय भी यदि कोई प्रभावशाली व्यक्ति प्रभावित करना चाहेगा तो दो या अधिक जज के होने से संभव नहीं होगा।

एक वाक्य में, यदि केंद्र सरकार, उच्चतम न्यायालय, राज्य सरकार, उच्च न्यायालय यदि न्यायिक प्रक्रिया में सुधार चाहती हैं तो उन्हें तुरंत देश के निम्न न्यायालयों को सुदृढ ही नहीं करना पड़ेगा; बल्कि यहीं से उच्चतम न्यायालय के लिए योग्य जजों को चुनना होगा। इसके अतिरिक्त दूसरा कोई उपाय नहीं है। यह मेरा व्यक्तिगत विचार है।

न्यायिक सुधार और वास्तविक न्याय तक पहुँचने के लिए आज आवश्यकता है—न्यायिक आंदोलन एवं 'न्याय क्रांति', जिसे आम जनता कर सकती है। प्रजातंत्र में आम जनता ही अंतिम मालिक के रूप में पहचानी जाती है और जब तक यह मालिक सोया रहेगा, तक तक न्यायिक क्रांति नहीं हो सकेगी। आवश्यकता है आम जनता कुछ ऐसा करे, जिससे न्याय निर्णय नहीं, बल्कि वास्तविक न्याय का दर्शन हो सके। ऐसा इसलिए कि आज आंदोलनकारियों की बात की ओर ध्यान दिया जाना देखा गया है। जिस तरह से आजादी से पूर्व हमने आजादी प्राप्ति का आंदोलन किया था, उसी तरह आज भी न्याय निर्णय पाने के लिए करना होगा, अन्यथा कुछ लोग अपने अनुरूप न्यायिक व्यवस्था को चलाते रहेंगे।

जिस न्यायतत्त्व की हम बात कर रहे थे, वह सिर्फ न्यायालय द्वारा ही नहीं अपेक्षित है, बल्कि यह न्यायतत्त्व सरकार, इनकी संस्थाओं, अस्पताल,

स्कूल, कॉलेजों एवं ऐसी बहुत सारी संस्थाओं से ही संभव है। हमें निर्णय नहीं, न्याय चाहिए।

वर्तमान न्यायपालिका एवं न्यायिक प्रक्रिया पर दृष्टि डालने से निम्न यथार्थ से टकराहट होती है। (1) फौजदारी न्याय प्रक्रिया अनुसंधान की गिरफ्त में है। इसी तरह (2) दीवानी न्याय प्रक्रिया संविधान एवं अन्य कानूनी व्याख्या की गिरफ्त में है। हमें दोनों तरह की न्याय प्रक्रियाओं को इन गिरफ्तों से बाहर निकालना होगा। फौजदारी न्याय प्रक्रिया के अनुसंधान की गिरफ्त में होने के फलस्वरूप ही कभी-कभी असली अपराधियों को रिहा कर दिया जाता है तथा कभी-कभी निर्दोष को भी फाँसी तक की सजा सुना दी जाती है। ऐसे अनेक उदाहरण हैं कि सामूहिक हत्याकांड के दोषियों को भी अनुसंधान की कमियों के कारण रिहा कर दिया गया। इसी तरह दीवानी न्याय प्रक्रिया कानूनों की व्याख्या की गिरफ्त में होने के कारण सत्य साबित नहीं हो पाती है एवं जो निर्णय होता है, वह सत्य के प्रतिकूल होता है। वस्तुतः वर्तमान न्यायपालिका में झूठ को सत्य साबित कर देने की संभावना बनी रहती है, उसी तरह सत्य को झूठ साबित कर देने की संभावना कम नहीं है।

उपाय— (1) हमें अंग्रेजों द्वारा बनाए गए सारे कानून (Laws), जिन पर ही हम आज भी चल रहे हैं, सारे Criminal एवं Civil Laws को बदलकर अपनी सभ्यता एवं संस्कृति के अनुरूप कानून बनाना होगा। (2) हम जिसे भी न्यायाधीश या पंच घोषित करें, उस न्यायाधीश या पंच में परमेश्वर की स्थापना करनी होगी, जो तुरंत करना चाहिए—देश के न्यायालयों में जजों की नियुक्ति सिर्फ एक बार होनी चाहिए और वह भारतीय न्यायिक सेवा काडर में होनी चाहिए। भारतीय न्यायिक सेवा से चुनकर आए जजों की नियुक्ति निम्न न्यायालयों में करनी चाहिए एवं इन्हें ही प्रोन्नति देकर उच्च एवं उच्चतम न्यायालय तक ले जाना चाहिए। ऐसी स्थिति में उच्च न्यायालय तक पहुँचते-पहुँचते इन्हें न्यायिक प्रक्रिया का पूर्ण अनुभव एवं ज्ञान भी हो जाएगा और तब तक ये अच्छे न्यायाधीश के रूप में परिवर्तित हो चुके होंगे एवं अपने व्यक्तित्व से ऊपर उठ चुके होंगे। ऐसा किया गया तो अभी से हमारी

न्यायपालिका के प्रति लोगों की आस्था दृढ होगी।

आज जो हम संविधान के अनुरूप उच्च एवं उच्चतम न्याायालय में वकीलों की सीधी भरती करते हैं, वह भी आवश्यक है, किंतु सावधानी बरतनी होगी कि ऐसे वकील कानून के ज्ञाता तो होते हैं, किंतु न्यायाधीश का व्यक्तित्व तभी आता है, जब इन्हें न्यायाधीश के पद पर काम करने का मौका मिलता है। संभवत: यही कारण है कि संविधान के अनुच्छेद 217 में उच्च न्यायालय में जजों की नियुक्ति के मात्र दो स्रोत का उल्लेख मिलता है, जिसमें एक स्रोत जिला न्यायालय के न्यायिक पदाधिकारी का है और दूसरा वकीलों से है, लेकिन इस अनुच्छेद में किस स्रोत से कितने न्यायाधीशों को लिया जाएगा, इसका अनुपात नहीं दिया गया है और आज वकीलों से 70 प्रतिशत और निम्न न्यायालयों के पदाधिकारी से मात्र 30 प्रतिशत का उच्च न्यायालयों में पदस्थापन अपने आप प्रश्नचिह्न है। इस अनुपात पर न्याय एवं न्यायपालिका के हित में ध्यान देना संभवत: आवश्यक प्रतीत होगा।

❑

जिला स्तर पर गठित न्यायालयों का महत्त्व एवं सक्षमता

वर्तमान में Civil Judge (Jr. Div.) से लेकर जिला एवं सत्र न्यायाधीश तक के न्यायालयों को जिला स्तर के न्यायालयों, निम्न न्यायालयों या अधीनस्थ न्यायालयों के नाम से हम जानते हैं। इन सारे न्यायालयों का भी देश की जनता को न्याय देने का दायित्व होता है, भले ही उच्च एवं उच्चतम न्यायालय का दायित्व इन न्यायालयों से अधिक होता है और इसलिए उच्चतम एवं उच्च न्यायालयों की शक्तियाँ अधिक होती हैं।

हमारे देश की न्यायपालिका तीन स्तरों पर गठित है यथा उच्चतम न्यायालय, उच्च न्यायालय एवं जिला न्यायालय। उच्चतम न्यायालय संवैधानिक है और इसकी स्थापना संविधान के भाग 5, अध्याय 4, अनुच्छेद 124 के तहत की गई है, जो निम्न प्रकार है—

अनुच्छेद 124—उच्चतम न्यायालय की स्थापना और गठन—(1) भारत का एक उच्चतम न्यायालय होगा, जो भारत के मुख्य न्यायमूर्ति और जब तक संसद् विधि द्वारा अधिक संख्या विहित नहीं करती है, तब तक अनधिक अन्य न्यायाधीशों से मिलकर बनेगा। वर्तमान में उच्चतम न्यायालय के न्यायाधीशों की संख्या 28 है। संविधान के इसी अध्याय 4 के विभिन्न अनुच्छेदों के तहत उच्चतम न्यायालय के अधिकारों का भी प्रावधान किया गया है। इसी तरह संविधान के भाग 6 के अध्याय 5 अनुच्छेद 214 एवं 216 के तहत राज्यों के उच्च न्यायालयों की स्थापना का प्रावधान किया गया है, जो निम्न प्रकार है—

अनुच्छेद 214—राज्यों के लिए उच्च न्यायालय—प्रत्येक राज्य के लिए एक उच्च न्यायालय होगा।

अनुच्छेद 216—उच्च न्यायालयों का गठन—प्रत्येक उच्च न्यायालय मुख्य न्यायाधीश और ऐसे अन्य न्यायाधीशों से मिलकर बनेगा, जिन्हें राष्ट्रपति समय-समय पर नियुक्त करना आवश्यक समझे। इसी अध्याय में उच्च न्यायालयों के अधिकारों का भी प्रावधान किया गया है।

इस तरह स्पष्ट है कि देश के उच्चतम न्यायालय एवं उच्च न्यायालय संविधान सृजित हैं, किंतु जिला न्यायालयों का गठन दंड प्रक्रिया संहिता के अध्याय 2 के तहत किया गया है। अध्याय 2 का शीर्षक 'Constitution of Criminal Courts and Offices' से ही ऐसा स्पष्ट होता है कि दंड प्रक्रिया संहिता के अध्याय 2 एवं अन्य अध्यायों में इन न्यायालयों के अधिकारों एवं अपनाई जानेवाली प्रक्रियाओं का भी विस्तारपूर्वक प्रावधान किया गया है। उल्लिखित संवैधानिक प्रावधानों एवं दंड प्रक्रिया संहिता के प्रावधानों के अवलोकन मात्र से स्पष्ट होगा कि जहाँ देश का उच्चतम न्यायालय और उच्च न्यायालय संवैधानिक संस्थाएँ हैं, वहीं जिला स्तर के न्यायालय दंड प्रक्रिया संहिता के तहत गठित हैं। संविधान के विभिन्न प्रावधानों से स्पष्ट होगा कि उच्चतम न्यायालय और उच्च न्यायालयों के कुछ ऐसे अधिकार हैं, जो जिला स्तर के न्यायालयों को प्राप्त नहीं हैं। इसके अतिरिक्त उच्चतम न्यायालय और उच्च न्यायालय अपने आप में स्वतंत्र न्यायालय हैं, क्योंकि उच्चतम न्यायालय का उच्च न्यायालय पर Superintendence या किसी अन्य प्रकार का हस्तक्षेप नहीं है, किंतु संविधान के अनुच्छेद 227 के तहत जिला स्तर के न्यायालयों पर उच्च न्यायालय को अधीक्षण शक्ति दी गई है, जो निम्न है—

अनुच्छेद 227—सभी न्यायालयों के अधीक्षण की उच्च न्यायालय की शक्ति—(1) प्रत्येक उच्च न्यायालय उन राज्यों, क्षेत्रों में सर्वत्र, जिनके संबंध में वह अपनी अधिकारिता का प्रयोग करता है, सभी न्यायालयों और अधिकरणों का अधीक्षण करेगा। इस प्रकार स्पष्ट है कि हमारे देश का

उच्चतम न्यायालय और उच्च न्यायालय तो पूर्णतया स्वतंत्र हैं, किंतु हमारे देश के जिला स्तर के न्यायालय अपने राज्य के उच्च न्यायालय से अधीक्षित हैं। अतः न्यायपालिका का यह अंग पूर्ण स्वतंत्र नहीं है। संभवतः जिला स्तर के न्यायालयों को उच्च न्यायालयों के अधीक्षण की न्याय हित में आवश्यकता थी, इसलिए संविधान में ऐसा प्रावधान किया गया था।

उपर्युक्त संवैधानिक, कानूनी एवं देश के अधिकांश नागरिकों की जिला स्तर के न्यायालयों से अपेक्षा के संदर्भ में जिला स्तर के न्यायालयों के महत्त्व एवं इसकी सक्षमता की व्याख्या एवं विश्लेषण की संभवतः आवश्यकता प्रतीत होती है।

जहाँ तक जिला स्तर के न्यायालयों की आवश्यकता एवं महत्त्व का प्रश्न है इस सत्य से हम, विशेषकर देश के गरीब नागरिक, जिनकी संख्या कम-से-कम भी आँकी जाए तो 70 प्रतिशत से कम नहीं है, मुँह नहीं फेर सकते हैं कि इन 70 प्रतिशत गरीब नागरिकों का सामर्थ्य उच्च न्यायालय एवं उच्चतम न्यायालय से न्याय प्राप्त करने का नहीं है। इन सभी 70 प्रतिशत गरीब नागरिकों की अपेक्षा इन्हीं जिला स्तर के न्यायालयों द्वारा दिए गए न्यायादेश एवं न्याय निर्णयों से है। इन गरीब नागरिकों के संदर्भ में देश के उच्च न्यायालयों एवं उच्चतम न्यायालय का विशेष महत्त्व प्रतीत नहीं होता है, क्योंकि इन गरीबों की पहुँच से उच्च एवं उच्चतम न्यायालय काफी दूर होते हैं। अतः जिला स्तर के न्यायालयों का महत्त्व गरीब नागरिकों के लिए बहुत अधिक है, क्योंकि इन्हें जिला स्तर के न्यायालयों से ही न्याय की अपेक्षा होती है। चूँकि जिला स्तर के न्यायालयों से निर्गत न्यायादेश एवं न्याय निर्णय अंतिम नहीं होता है, अतः इन न्यायालयों द्वारा निर्गत न्यायादेश एवं न्याय निर्णय का कोई महत्त्व ही नहीं होता है। आर्थिक एवं अन्य तरह से सक्षम नागरिक ऐसा कहते हुए भी कि उन्हें न्यायालय पर विश्वास है, जिला स्तर के न्यायादेशों एवं न्याय निर्णयों को उच्च एवं उच्चतम न्यायालय तक लेकर चले जाते हैं और साधन एवं सामर्थ्यहीन विपक्षी पूर्णतः टूट जाता है। इन टूटे हुए साधन एवं सामर्थ्यहीन नागरिकों के लिए अगर जिला स्तर के न्यायादेश

एवं न्याय निर्णयों को अंतिम मान लिया जाए तो कुछ हद तक इन साधन एवं सामर्थ्यहीन नागरिकों को राहत मिल सकती है। चूँकि जिला स्तर के प्रत्येक न्यायादेश एवं न्याय निर्णय को अपीलीय बनाया गया है, इसलिए ऐसा कहना भी तर्कसंगत हो सकता है कि जिला स्तर के न्यायालयों द्वारा पारित न्यायादेश एवं न्याय निर्णय का कोई मतलब या अस्तित्व ही नहीं होता है। हमारे देश की त्रिस्तरीय न्यायपालिका में उच्चतम न्यायालय का न्यायादेश एवं न्याय निर्णय ही अंतिम माना जाता है, क्योंकि उच्चतम न्यायालय से ऊपर कोई न्यायालय उपलब्ध नहीं है। उच्चतम न्यायालय से भी ऊपर अगर किसी न्यायालय का गठन कर दिया जाए तो सामर्थ्यवान उच्चतम न्यायालय के न्यायादेश एवं न्याय निर्णयों को उच्चतम न्यायालय के ऊपर के न्यायालय में चुनौती देंगे।

इस तरह जिला स्तर के न्यायालयों के न्यायादेश एवं न्याय निर्णय का महत्त्व गरीब नागरिकों के लिए निश्चित रूप से है एवं जब तक हम इन न्यायालयों के न्यायादेश एवं न्याय निर्णयों को अंतिम नहीं मान लेंगे, तब तक देश के गरीब नागरिक को अपेक्षित न्याय नहीं मिल सकेगा। यह केंद्र सरकार एवं राज्य सरकारों का दायित्व है कि वे देश की त्रिस्तरीय न्यायपालिका में किस तरह का सुधार लाएँ कि देश की न्यायपालिका से देश के गरीब नागरिकों का कल्याण हो सके। संक्षेप में जिला स्तर के न्यायालयों द्वारा ही देश की गरीब जनता को न्याय मिलना संभव है, इसलिए इन न्यायालयों का महत्त्व देश के गरीब नागरिकों के लिए निश्चित रूप से है।

जिला स्तर के न्यायालयों का महत्त्व देश के गरीब नागरिकों के लिए सर्वाधिक है, किंतु यह भी देखना होगा कि जिला स्तर के न्यायालय इन गरीब नागरिकों को न्याय देने में सक्षम हैं? चूँकि जिला स्तर के न्यायालयों द्वारा पारित सभी न्यायादेश एवं न्याय निर्णय अपीलीय हैं, इसलिए इन न्यायालयों द्वारा पारित न्यायादेश एवं न्याय निर्णय गरीब एवं सामर्थ्यहीन नागरिकों के लिए व्यर्थ ही हो जाता है, क्योंकि इन सारे न्यायादेश एवं न्याय निर्णयों के विरुद्ध अपील दायर कर दी जाती है। इसके अतिरिक्त भारत के संविधान

एवं अन्य कानूनों के प्रावधानों की विस्तारपूर्वक व्याख्या की जाए तो स्पष्ट होगा कि देश की त्रिस्तरीय न्यायपालिका पद्धति में, जहाँ उच्च एवं उच्चतम न्यायालय को पूर्ण स्वतंत्रता प्राप्त है एवं उच्च एवं उच्चतम न्यायालय किसी के अधीन नहीं हैं, वहीं जिला स्तर के सभी न्यायालय उच्च न्यायालय के नियंत्रण (संविधान के अनुच्छेद 235) एवं अधीक्षण (संविधान के अनुच्छेद 227) में हैं। ऐसा नहीं कहा जा सकता है कि जिला स्तर के न्यायालयों पर उच्च न्यायालय का नियंत्रण एवं अधीक्षण का प्रावधान न्यायहित में नहीं है, किंतु जब जिला स्तर के न्यायालयों से ही 70 प्रतिशत गरीब नागरिकों की अपेक्षा है तो क्यों नहीं इसे भी उच्च एवं उच्चतम न्यायालय की तरह पूर्ण स्वतंत्रता दे दी जाए। चूँकि जिला स्तर के न्यायालयों को उच्च एवं उच्चतम न्यायालय की तरह स्वतंत्रता प्राप्त नहीं है और ये सारे-के-सारे न्यायालय उच्च न्यायालय के नियंत्रण में कार्यरत हैं, न्याय निर्णय लेने में उच्च एवं उच्चतम न्यायालय के अनुरूप सक्षम नहीं ही हैं। जिला स्तर के न्यायालयों के पीठासीन पदाधिकारी को भी न्यायाधीश ही कहा जाता है और न्यायाधीश वही हो सकता है, जो बिना किसी भय एवं पक्षपात के कार्य कर सके। उच्च एवं उच्चतम न्यायालय में कार्यरत न्यायाधीश के जितने गुण होने चाहिए, उतने ही गुण जिला स्तर के न्यायालयों के न्यायाधीश को भी होना अनिवार्य है, किंतु कारण जो भी हो, जिला स्तर के न्यायालयों के न्यायाधीश को उच्च न्यायालय के अधीन कार्य करना पड़ता है और यह प्राकृतिक सत्य है कि जो जिसके अधीन कार्य करता है, उससे अवश्य डरता है, चाहे डरने की आवश्यकता नहीं भी हो। जिला स्तर के न्यायालयों के न्यायाधीशों के संदर्भ में यह भयानक सत्य है कि इन न्यायाधीशों के मन में एक अदृश्य डर व्याप्त रहता है, जिससे ये सारे न्यायाधीश प्रभावित होते हैं और चाहते हुए भी अपने को न्यायाधीश मानने एवं समझने में सक्षम नहीं हो पाते हैं। ऐसे न्यायाधीशों की ऐसी मानसिकता उन्हें ऊपर उठने नहीं देती है, जबकि एक न्यायाधीश की स्वतंत्रता का महत्त्व इसलिए है कि वह स्वतंत्र रूप से बिना किसी भय एवं दबाव के उनके समक्ष आए प्रश्न का न्यायोचित उत्तर दे सके। जिला

स्तर के न्यायालयों के न्यायाधीशों को निश्चित रूप से उच्च एवं उच्चतम न्यायालय के न्यायाधीशों की तरह पूर्ण स्वतंत्रता नहीं है, संभवतः इसलिए कि इन न्यायाधीशों के संदर्भ में Presumption of Honesty के बदले Presumption of dishonesty पूर्व निर्धारित प्रतीत होता है। चूँकि उच्च एवं उच्चतम न्यायालय के प्रति Presumption of Honesty मान लिया गया है, इसलिए उन्हें स्वतंत्रता प्राप्त है, किंतु जिला स्तर के न्यायाधीशों को हम Presumption of Honesty का लाभ नहीं देते हैं। इसलिए उन्हें उच्च न्यायालय के अधीन रखा गया है। ऐसी बात भी है कि उच्च एवं उच्चतम न्यायालय के न्यायाधीशों पर महाभियोग लगाकर उन्हें पदच्युत करने का प्रावधान है, जो काफी कठिन प्रक्रिया है, किंतु जिला स्तर के न्यायाधीशों को आसानी से पदमुक्त किया जा सकता है। देश के विभिन्न राज्यों में कार्यरत जिला स्तर के न्यायालयों के न्यायाधीशों से संबंधित ऐसे अनेक उदाहरण मिल जाएँगे, जिनसे स्पष्ट होगा कि इन न्यायाधीशों के विरुद्ध आसानी से कारवाई की जाती है, इन्हें निलंबित कर दिया जाता है, यहाँ तक कि बहुतों को पदमुक्त कर दिया जाता है, साथ ही वरिष्ठ न्यायाधीशों की शिकायतें भी होती हैं कि उन्हें समय पर पदोन्नति नहीं दी जाती है। इसके अतिरिक्त बहुत सारे उदाहरण मिलेंगे कि पद रिक्त रहने पर भी इन न्यायाधीशों को ससमय प्रोन्नत नहीं किया जाता है, किंतु वर्तमान व्यवस्था में ये न्यायाधीश अपने आप में घुटते रहते हैं, जिस घुटन से न्याय भी प्रभावित होता रहता है, जिसका असर सिर्फ–और–सिर्फ देश के गरीब नागरिकों पर होता है। तो निश्चित रूप से इन्हें न्यायाधीशों की उपाधि तो प्राप्त है, किंतु यह उपाधि मात्र छलावा है। आवश्यकता है कि अगर जिला स्तर के न्यायालयों के न्यायाधीशों को हम न्यायाधीश के रूप में कार्य करने देना चाहते हैं और करते देखना चाहते हैं तो इन्हें भी न्यायाधीश का स्वरूप प्रदान करना होगा, ठीक वैसा ही, जैसा उच्च एवं उच्चतम न्यायालय के न्यायाधीशों को प्राप्त है। इन्हीं सभी कारणों से पूर्णतया नहीं तो अवश्य ही कुछ हद तक जिला स्तर के न्यायालयों के न्यायाधीशों की सक्षमता उच्च एवं उच्चतम न्यायालय के न्यायाधीशों की

सक्षमता के स्तर की नहीं है। अगर हम देश के गरीब नागरिकों को न्याय दिलाना चाहते हैं तो जिला स्तर के न्यायाधीशों के महत्त्व को समझना होगा और उनकी सक्षमता को उच्च एवं उच्चतम न्यायालय के न्यायाधीशों के अनुरूप करना होगा। अगर ऐसा नहीं किया गया तो गरीब नागरिकों को देश की न्यायपालिका से अपेक्षित लाभ नहीं मिलेगा।

❑

राष्ट्रीय न्यायिक नियुक्ति आयोग

- 70 प्रतिशत गरीब नागरिकों की हैसियत हाईकोर्ट और सुप्रीम कोर्ट जाने की नहीं है।
- दीवानी मुकदमे दायर करनेवालों के बेटे-पोते को भी न्याय मिल पाएगा, यह संदेहास्पद है।
- जिला न्यायालयों को स्वतंत्र करना होगा हाईकोर्ट की मातहतता से।
- आई.ए.एस. और आई.पी.एस. की सेवा की तरह ही न्यायिक सेवा का गठन जरूरी है।
- न्यायिक प्रणाली में सुधार नहीं होने पर न्यायपालिका से गरीबों का विश्वास उठ जाएगा।

भारतीय संविधान के अनुच्छेद 124क, 124ख संविधान के (99वाँ संशोधन) अधिनियम, 2014 द्वारा अंतरस्थापित किए गए, जिसके तहत ही अब उच्च एवं उच्चतम न्यायालयों के न्यायाधीशों की नियुक्ति की जा सकेगी। इस संशोधन के पूर्व संविधान के अनुच्छेद 217 एवं 124 के प्रावधानों के तहत ऐसी नियुक्तियाँ की जाती रहीं। पश्चात् उच्चतम न्यायालय की एक पूर्ण पीठ द्वारा पारित आदेश के अनुरूप उच्च एवं उच्चतम न्यायालयों के न्यायाधीशों की नियुक्ति की जाने लगी। प्रश्न अवश्य उठता है कि जब संविधान निर्माताओं द्वारा ऐसे न्यायाधीशों की नियुक्ति का प्रावधान विस्तृत विचार-विमर्श, तर्क-वितर्क, वाद-विवाद एवं सोच-विचार के पश्चात् ही किया होगा, तब फिर संविधान

के अनुच्छेद 217 एवं 124 को उच्चतम न्यायालय की पूर्ण पीठ द्वारा क्यों निरस्त कर दिया गया था और पुनः संविधान के (99वाँ संशोधन) अधिनियम 2014 द्वारा देश के उच्च एवं उच्चतम न्यायालयों के न्यायाधीशों की नियुक्ति से संबंधित आदेश को निरस्त कर क्यों राष्ट्रीय न्यायिक नियुक्ति आयोग का गठन कर दिया गया है! भले ही इस प्रश्न का एक ही उत्तर हो कि उच्च एवं उच्चतम न्यायालय के न्यायाधीशों की नियुक्तियों से संबंधित संवैधानिक एवं न्यायिक प्रावधानों का बदलाव भारतीय न्यायपालिका के हित को देखते हुए किया गया था एवं किया गया है, लेकिन इस प्रश्न का ऐसा उत्तर अपने आप बहुत कुछ छिपाकर रखता हुआ प्रतीत होता है। संभवतः इस उत्तर के पीछे छिपा हुआ तथ्य उच्च एवं उच्चतम न्यायालय के न्यायाधीशों की नियुक्ति से संबंधित संवैधानिक प्रावधानों एवं न्यायिक आदेश पर क्रमशः उच्चतम न्यायालय की पूर्ण पीठ एवं पश्चात् वर्तमान सरकार का विश्वास ही उठ गया।

संविधान में लाया गया 99वाँ संशोधन, जिसके तहत अब राष्ट्रीय न्यायिक नियुक्ति आयोग ही उच्च एवं उच्चतम न्यायालय के न्यायाधीशों की नियुक्ति कर सकेगा, अगर देश की स्वतंत्र न्यायपालिका के हित में है तो अच्छी बात है, क्योंकि संविधान निर्माण-काल से ही हम अपने देश को सुदृढ एवं स्वतंत्र न्यायपालिका देने का प्रयास करते आ रहे हैं, भले ही ऐसा प्रयास आज तक सफल न हो सका हो। अगर हम उच्च एवं उच्चतम न्यायालय के न्यायाधीशों की नियुक्ति से संबंधित वर्तमान संवैधानिक संशोधन 2014 से भी बढ़कर कुछ ऐसा करने का प्रयास करें, जिससे हमारी न्यायपालिका देश के नागरिकों, खासकर कम-से-कम 70 प्रतिशत सामर्थ्यहीन नागरिकों, जिनका सामर्थ्य उच्च एवं उच्चतम न्यायालय से न्याय प्राप्त करने का बिल्कुल नहीं है, तभी न्याय के साथ विकास की बात कर सकेंगे। वर्तमान न्यायिक प्रक्रिया में ऐसा देखा जा रहा है कि अपराध के अनुसंधान, आपराधिक मामलों में अनावश्यक विलंब हो रहा है। दीवानी मामलों की बात करें तो इन मामलों में न्याय-निर्णय आने में इतना अधिक विलंब हो रहा है कि अगर कोई अपनी संपत्ति संबंधी स्वत्व (Title Suit) आज दायर करे तो वर्तमान न्यायिक प्रक्रिया के तहत ऐसे स्वत्व का

निर्णय वह स्वयं तो नहीं ही सुन सकेगा, बल्कि उस व्यक्ति की दूसरी पीढ़ी या तीसरी-चौथी पीढ़ी ही सुन सकेगी। वर्तमान न्यायिक प्रक्रिया की ऐसी अक्षमता को देखते हुए हमें उच्च एवं उच्चतम न्यायालयों के न्यायाधीशों की नियुक्ति में पारदर्शिता पर ध्यान रखते हुए जिला न्यायालयों को सुदृढ एवं स्वतंत्र करने पर भी विचार करना होगा।

जब तक जिला न्यायालयों को सुदृढ एवं स्वतंत्र करने की दिशा में सरकार कारगर कदम नहीं उठाएगी, तब तक उच्च एवं उच्चतम न्यायालयों के न्यायाधीशों की नियुक्तियों में कितनी भी पारदर्शिता लाई जाएगी, उससे देश के सामर्थ्यहीन नागरिकों को कुछ लाभ नहीं प्राप्त हो सकेगा। ऐसी बात नहीं है कि संविधान निर्माता या उसके बाद की सरकारों ने इस दिशा में कुछ नहीं किया हो, किंतु आज तक ऐसा कुछ नहीं किया जा सका, जिससे जिला न्यायालय सुदृढ एवं स्वतंत्र हो सकें। संभवत: जिला न्यायालयों की सुदृढता एवं स्वतंत्रता के उद्देश्य से ही 'अखिल भारतीय न्यायिक सेवा' के गठन का प्रयास संविधान निर्माण-काल से ही किया जाता रहा है। इसी प्रयास के फलस्वरूप आजादी प्राप्ति के करीब 29 वर्षों बाद संविधान (42वाँ संशोधन) अधिनियम, 1976 द्वारा अखिल भारतीय न्यायिक सेवा के सृजन का प्रावधान किया गया। संविधान के इस संशोधन के पश्चात् भी बनी हुई प्रजातंत्र की सरकारें अखिल भारतीय न्यायिक सेवा का सृजन नहीं कर सकीं, जबकि भारत के विधि आयोग, ऐसे संगठन एवं अन्य आयोग, जिनसे सरकार ने अखिल भारतीय न्यायिक सेवा सृजन के संबंध में अनुशंसा की अपेक्षा की थी, सबों ने एक स्वर में अखिल भारतीय न्यायिक सेवा सृजन करने की अनुशंसा की थी।

यद्यपि करीब चार दशक पूर्व ही भारतीय संविधान के अनुच्छेद 312 में अखिल भारतीय न्यायिक सेवा के सृजन का प्रावधान कर दिया गया, किंतु आज तक भारतीय संविधान के इस प्रावधान का अनुपालन नहीं किया जा सका, क्योंकि संभवत: हमारी सरकारें अपने ही संविधान के प्रावधानों के अनुरूप कार्य करना या तो चाहती ही नहीं है या ऐसे प्रावधानों का

अनुपालन करने में सक्षम ही नहीं हैं। संविधान के ऐसे प्रावधान, जिन्हें सरकार चार दशकों के पश्चात् भी लागू करने में असमर्थ हो रही है तो ऐसा कहने में आम नागरिकों को हिचक नहीं होगी कि हमारी सरकार/सरकारें संविधान का सम्मान नहीं कर पा रही हैं। इतना ही नहीं, जून 2014 में अखिल भारतीय न्यायाधीश संघ ने भी अखिल भारतीय न्यायिक सेवा के सृजन से संबंधित संकल्प लिया, जो जिला न्यायालयों के हित में था, किंतु पूरे देश के जिला न्यायालय के न्यायाधीशों जिनकी संख्या 15000 से भी अधिक है, के इस संकल्प पर न ही तो सरकार का ध्यान गया, न ही उच्चतम न्यायालय ने इस संकल्प को कोई महत्त्व दिया। इस संबंध में भारत के विधि आयोग ने भी अपनी 14वीं रिपोर्ट में अखिल भारतीय न्यायिक सेवा के सृजन की अनुशंसा की थी और कहा था कि अखिल भारतीय न्यायिक सेवा का गठन जिला न्यायालयों की सक्षमता के हित में होगा। पुनः भारत के 8वें वि धि आयोग ने अपने 77वीं रिपोर्ट में भी अखिल भारतीय न्यायिक सेवा के सृजन की अनुशंसा की। पुनः 11th Law Commission of India ने अपने 116वीं रिपोर्ट (1986) में अखिल भारतीय न्यायिक सेवा के सृजन को जिला न्यायालय के हित में माना था। पुनः राष्ट्रीय न्यायिक वेतन आयोग, जिसके अध्यक्ष न्यायमूर्ति के. जगन्नाथ शेट्टी, उच्चतम न्यायालय के पूर्व न्यायाधीश थे, ने भी अपने प्रतिवेदन 1999 में अखिल भारतीय न्यायिक सेवा के सृजन की अनुशंसा की थी, यहाँ तक कि उच्च न्यायालय के मुख्य न्यायाधीशों एवं राज्य के मुख्यमंत्रियों ने भी सिद्धांततः अखिल भारतीय न्यायिक सेवा के सृजन में सहमति प्रदान की, परंतु इसे आगे विचारण के लिए छोड़ दिया। दुर्भाग्यवश उच्च न्यायालयों के मुख्य न्यायाधीशों की बैठक की काररवाई (अप्रैल 2013) में भी अखिल भारतीय न्यायिक सेवा के सृजन पर चुप्पी साध ली गई। आश्चर्य की बात है कि दोनों, देश की वरीय न्यायपालिका (उच्च एवं उच्चतम न्यायालय) तथा नागरिकों द्वारा चुने गए प्रतिनिधियों (कार्यपालिका) भी जिला न्यायालयों को सुदृढ एवं स्वतंत्र कर देने के विषय को गंभीरता से नहीं लिया। National Commission to review the working of the Constituition जिसके अध्यक्ष न्यायमूर्ति एम.एन. वेंकटचेलैया, पूर्व मुख्य न्यायाधीश, उच्चतम न्यायालय थे, ने भी अपने प्रतिवेदन में अखिल भारतीय न्यायिक सेवा के सृजन पर अपना विचार व्यक्त किया। न्यायमूर्ति आर.एन. लोढा, पूर्व मुख्य न्यायाधीश, उच्चतम न्यायालय, जो हाल ही में अवकाश प्राप्त हुए, ने भी अखिल भारतीय न्यायिक सेवा के सृजन करने की आवश्यकता को गंभीरता से लिया था। वर्तमान मुख्य न्यायाधीश, उच्चतम न्यायालय, से उम्मीद की जाती है कि वे अखिल भारतीय न्यायिक सेवा के सृजन के संबंध में वर्तमान सरकार से अवश्य बात करेंगे। उपरोक्त तथ्यों से स्पष्ट होगा कि अखिल भारतीय न्यायिक सेवा का सृजन भारतीय न्यायपालिका के हित में है और वर्तमान केंद्र सरकार ऐसी न्यायिक सेवा के सृजन पर विचार कर सकती है।

यह लेख संक्षिप्त, पर स्पष्ट रूप से वर्तमान में जिला न्यायालयों की कार्य प्रणाली और संवैधानिक तथ्यपरक बिंदुओं पर प्रश्न खड़ा कर रहा है कि क्या न्यायपालिका की स्वतंत्रता संविधान की आत्मा के अनुरूप है?

क्या अखिल भारतीय न्यायिक सेवा की स्थापना गरीबों के हित में है, ताकि जिला न्यायालयों से मिलने वाले न्याय को परिष्कृत, धारदार और उच्च स्तरीय बनाया जा सके?

यह भी प्रश्न है कि क्या जिला न्यायालयों को संविधान की धारा (227 और 235) के अनुरूप उच्च न्यायालयों के मातहत कार्य करना चाहिए?

मेरी स्पष्ट धारणा है कि न्यायपालिका की स्वतंत्रता निश्चित रूप से इसकी आत्मीयता के लिए जरूरी है।

यों राष्ट्रीय न्यायिक नियुक्ति आयोग द्वारा ही उच्च एवं उच्चतम न्यायालय के न्यायाधीशों की नियुक्ति इन भावनाओं एवं विचारों को जन्म देती है कि वर्तमान उच्च एवं उच्चतम न्यायालयों के न्यायाधीशों की नियुक्ति से संबंधित प्रक्रिया न्यायहित में नहीं है, किंतु केंद्र सरकार को इससे भी ऊपर उठकर जिला स्तर के न्यायालयों को सुदृढ एवं स्वतंत्र कर देने के लिए कुछ करना होगा, अन्यथा देश की न्यायपालिका से कम-से-कम सामर्थ्यहीन नागरिकों

का विश्वास उठता चला जाएगा और तब ये सामर्थ्यहीन नागरिक अपने लिए एवं देश के लिए समस्या बन जाएँगे। मानें या न मानें, ऐसे सामर्थ्यहीन नागरिक ही, जिन्हें सस्ता एवं समय पर न्याय नहीं मिल पा रहा है अपने लिए, अपने परिवार के लिए एवं अंतत: अपने देश के लिए, वे समस्या बनते जा रहे हैं। अगर हम और हमारी सरकार ने इस ओर ध्यान नहीं दिया तो देश का भविष्य वैसा नहीं होगा, जैसा बनाने की हम कल्पना ही नहीं दावा भी करते जा रहे हैं। मेरी समझ से इस समस्या का एक ही समाधान है कि हम देश के सामर्थ्यहीन नागरिकों को सुलभ, सस्ता एवं समय पर न्याय देने का यथाशीघ्र प्रावधान करें। ऐसा तभी होगा, जब हमारी सरकार संविधान के अनुच्छेद 312 का अनुपालन कर आई.ए.एस. और आई.पी.एस. की तरह अखिल भारतीय न्यायिक सेवा का गठन कर जिला न्यायालयों में इसी सेवा के सदस्यों की नियुक्ति करना प्रारंभ कर दे और इन्हीं सदस्यों को प्रोन्नत कर उच्च न्यायालय एवं उच्चतम न्यायालयों के न्यायाधीशों के रूप में पदस्थापित करे। दूसरा कोई उपाय है ही नहीं, क्योंकि हमारा ही नहीं सरकार का भी विश्वास जहाँ और जिससे नहीं उठना चाहिए था, उससे उठ चुका है और उसी का परिणाम भारतीय संविधान के अनुच्छेद 124क, 124ख संविधान के (99वाँ संशोधन) अधिनियम, 2014 अधिनियम किया जाना है, जिसके तहत राष्ट्रीय न्यायिक नियुक्ति आयोग का गठन किया गया है।

इस लेख का एक ही उद्देश्य है कि केंद्र सरकार यथाशीघ्र जिला स्तर के न्यायालयों के लिए अखिल भारतीय न्यायिक सेवा का सृजन करे, जिसके फलस्वरूप जिला न्यायालय सुदृढ एवं स्वतंत्र किया जा सके। ❑

देश की न्याय-व्यवस्था का सच

चूँकि प्रजातंत्र में प्रजा अपने सारे अधिकारों, इच्छाओं एवं आकांक्षाओं को चुनी हुई सरकार को समर्पित कर देती है, क्योंकि चुनी हुई सरकार आश्वस्त करती है कि प्रजा के अधिकारों की रक्षा सरकार करेगी। अतः पुलिस और न्याय-व्यवस्था में सुधार लाने का दायित्व सिर्फ-और-सिर्फ वर्तमान केंद्र सरकार पर है।

सच सदा स्थापित रहता है, किसी प्रमाण का मोहताज नहीं होता। देश की न्याय-व्यवस्था से जुड़े भी अनेक स्थापित सच हैं, जिन्हें जानने की आवश्यकता है, क्योंकि न्याय-व्यवस्था में आवश्यक सुधार लाने का प्रयास तभी किया जा सकेगा, जब इससे जुड़े सारे सचों को हम जान लें।

पुलिस देश की न्याय-व्यवस्था का एक महत्त्वपूर्ण अंग है, जो आज पूर्णतः अस्वस्थ है और जब तक यह महत्त्वपूर्ण अंग स्वस्थ नहीं होगा, तब तक न्याय-व्यवस्था भी स्वस्थ नहीं रह सकेगी। हमारी पुलिस एवं न्याय-व्यवस्था का ढाँचा औपनिवेशिक बुनियाद पर टिका हुआ है। आजादी के 67 वर्षों के पश्चात् भी हमारी पुलिस एवं न्याय-व्यवस्था का बुनियादी ढाँचा एवं कार्यप्रणालियों में कुछ ही अंतर दिख सकता है, जिसे नगण्य ही मानना उचित होगा।

देश में न्यायालयों के अतिरिक्त अन्य सक्षम न्याय-व्यवस्था का नहीं होना, वह कारण है, जिससे हमें अपने छोटे-बड़े मतभेदों के साथ ही साधारण एवं संगीन आपराधिक मामलों में न्याय पाने के लिए न्यायालयों का ही दरवाजा खटखटाना होता है। ऐसी परिस्थिति में न्यायालय भी समय पर

न्याय-निर्णय देने में सक्षम नहीं हो पाता है और न्यायालयों में सभी तरह के मामले वर्षों लंबित रहते हैं। समय पर न्याय उपलब्ध नहीं कराए जाने का सीधा अर्थ न्याय से वंचित रखना है। सच ही कहा गया है—"Justice delayed is justice denied."

देश की न्याय-व्यवस्था से संबंधित और बहुत सारे सच हैं, जिन्हें प्रमाणित करने की कोई आवश्यकता नहीं है, यथा—

(1) आपराधिक मामलों का पक्षपातपूर्ण अनुसंधान।

(2) अभियोजन पक्ष, जो सरकार स्वयं होती है, की उदासीनता।

(3) आम लोगों में पुलिस, समाज के असामाजिक तत्त्वों के कारण न्यायालयों में सच बोलने का डर।

(4) अधिवक्ताओं पर मुकदमों को लंबे खींचने का आरोप।

(5) न्यायालयों से जुड़े व्यक्ति या व्यक्ति समूहों की नैतिकता पर संदेह।

(6) न्यायालयों में भी भ्रष्टाचार व्याप्त होने का संदेह।

(7) झूठे मुकदमे दायर कर निर्दोष लोगों को फँसाने का चलन।

देश की न्याय-व्यवस्था से संबंधित अन्य सच पुलिस द्वारा की जा रही आपराधिक मामलों को दर्ज कर अनुसंधान करने से भी जुड़ा है। यह नग्न सच है कि पुलिस आपराधिक मामलों को दर्ज करने एवं इन मामलों का अनुसंधान करने में निष्पक्ष है, स्वीकार्य नहीं है। देश के वर्तमान कानून के तहत पुलिस द्वारा ही आपराधिक मामलों को दर्ज कर अनुसंधान किया जाता है। पुलिस द्वारा किया गया अनुसंधान अगर निष्पक्षता से नहीं किया गया होता है तो इसका असर न्यायालयों के न्याय-निर्णय पर सीधे पड़ता है, क्योंकि वर्तमान कानून में पुलिस द्वारा, अनुसंधान के दौरान उपलब्ध कराए गए साक्ष्यों एवं सरकार द्वारा नियुक्त अभियोजकों द्वारा उन साक्ष्यों की व्याख्या पर ही न्यायालय का निर्णय आधारित होता है।

आपराधिक मामलों में अनुसंधान के पश्चात् पुलिस आरोप-पत्र न्यायालयों को उपलब्ध कराती है। न्यायालय को आरोप-पत्र उपलब्ध करा देने के पश्चात्

पुलिस का दायित्व करीब-करीब समाप्त हो जाता है और सरकार द्वारा नियुक्त लोक अभियोजकों का दायित्व इन मामलों को साबित करने का होता है। यह भी सच है कि लोक अभियोजक भी आज संदेह के घेरे में हैं, जिस संदेह का सत्यापन इन तथ्यों से हो जाता है कि अधिक-से-अधिक आपराधिक मामलों में साधारण से लेकर संगीन अपराध करनेवाले अपराधी भी न्यायालय द्वारा निर्दोष सिद्ध कर दिए जाते हैं। इसी तरह दीवानी मामलों से संबंधित सच है कि सक्षम एवं सामर्थ्यवान पक्षकार कभी-कभी बनावटी एवं झूठे साक्ष्यों एवं कानूनों के प्रतिकूल व्याख्या की सहायता से अपने पक्ष में निर्णय प्राप्त कर लेने में सफल हो जाते हैं।

पूर्व के वाक्यखंडों में पुलिस एवं न्याय-व्यवस्था से जुड़े सचों के आलोक में पुलिस एवं न्याय-व्यवस्था में सुधार अगर नहीं लाया गया तो हमारे प्रजातंत्र की आत्मा ही व्यथित हो जाएगी और इस प्रजातंत्र की हत्या हो जाएगी। संविधान की उद्देशिका (Preamble) में जो हमने संकल्प लिया था कि हम भारत के लोग भारत के समस्त नागरिकों को सामाजिक, आर्थिक और राजनीतिक न्याय (Justice; Social, Economic and Political), विचार, अभिव्यक्ति, विश्वास, धर्म और उपासना की स्वतंत्रता, प्रतिष्ठा और अवसर की समता प्राप्त कराने के लिए तथा उन सब में व्यक्ति की गरिमा और राष्ट्र की एकता और अखंडता सुनिश्चित करनेवाली बंधुता प्रदान करेंगे, मात्र संकल्प ही रह जाएगा। पुलिस एवं न्याय-व्यवस्था में आवश्यक सुधार के अभाव में लोगों को राजदंड (न्यायपालिका द्वारा दी जानेवाली सजा) का भय समाप्त हो जाएगा और अपराधों के साथ अपराधियों की संख्या भी बढ़ती चली जाएगी। एक ऐसी स्थिति उत्पन्न हो जाएगी, जिससे पूरे का पूरा देश अपराधमुक्त नहीं, बल्कि अपराधयुक्त हो जाएगा। इन अपराधियों की संख्या इस हद तक बढ़ जाएगी कि ये अपराधीगण ही पूरे देश को अपने अधीन कर लेंगे। जब ऐसी स्थिति होगी तो ये अपराधीगण ही आनेवाली पीढ़ी का आदर्श (Role Model) हो जाएँगे और अच्छे लोगों को भी कष्टप्रद जीवन व्यतीत करना होगा, लेकिन यह सब जान लेने, बोल देने एवं लिख देने मात्र से ही

देश की वर्तमान पुलिस एवं न्याय-व्यवस्था में आवश्यक सुधार नहीं लाया जा सकता है, जब तक कि हम सब मिलकर कुछ नहीं करेंगे।

प्रस्तुत पुलिस एवं न्याय-व्यवस्था में सुधार लाने की आवश्यकता कुछ ऐसे पाठकों को, जिन्हें वर्तमान पुलिस एवं न्याय-व्यवस्था पर विश्वास है, भले ही अच्छा न लगे, किंतु ऐसे नागरिक, जिन्हें वर्तमान पुलिस एवं न्याय-व्यवस्था से न्याय से वंचित होना पड़ता है, अवश्य चाहेंगे कि देश में एक ऐसी पुलिस एवं न्याय-व्यवस्था की स्थापना हो, जिस व्यवस्था से किसी को न्याय से वंचित न होना पड़े।

इस सच से हम पहले ही परिचित हो चुके हैं कि हमारे देश की पुलिस एवं न्याय-व्यवस्था का ढाँचा औपनिवेशिक हमारे देश में ब्रिटिश साम्राज्य की बुनियाद को मजबूत करना था, न कि भारतीय संस्कृति-सभ्यता की सुरक्षा। हमारे पूर्वजों ने अपनी कुरबानियाँ देकर हमें आजादी तो प्राप्त करा दी, किंतु दुर्भाग्यवश आजादी के पश्चात् भले ही हम भौतिकता से जुड़े विकास पर ध्यान रखते आए हों, किंतु अपने देश की संस्कृति एवं सभ्यता के अनुकूल न्याय एवं न्याय-व्यवस्था पर कुछ भी ध्यान नहीं दिया और आज तक उसी औपनिवेशिक बुनियादवाली पुलिस एवं न्याय-व्यवस्था से काम चलाते रहे, जिस व्यवस्था के माध्यम से हम भारतीयों के व्यक्तित्व को गुलामी के तत्त्वों से युक्त किया जाता रहा।

देश की वर्तमान पुलिस एवं न्याय-व्यवस्था में सुधार एक जटिल समस्या

आज आवश्यकता है कि वर्तमान अंतरराष्ट्रीय परिस्थितियों को ध्यान में रखते हुए ही अपनी पुलिस एवं न्याय-व्यवस्था को अपने देश की संस्कृति एवं सभ्यता के अनुकूल कर लेने का शीघ्रातिशीघ्र प्रयास शुरू कर दें। अगर ऐसा नहीं किया गया तो जो हम दावा करते आ रहे हैं कि हम भारतीय विश्व गुरु थे, गुरु हैं और गुरु रहेंगे, सिर्फ कहते रहेंगे और अंततः गुरु बनने के बदले हम शिष्य बन जाएँगे। प्रजातंत्र के नागरिकों को कागजी नहीं, बल्कि वास्तविक न्याय दिलाने का दायित्व सरकार का होता है, अतः सरकार

वर्तमान पुलिस एवं न्याय-व्यव्सथा का यथाशीघ्र मूल्यांकन करे और अगर इसमें सुधार लाने की आवश्यकता समझे तो तुरंत इस दिशा में कदम उठाए। अगर सरकार कुछ नहीं करे, किंतु देश के नागरिक वर्तमान पुलिस एवं न्याय-व्यवस्था में सुधार लाने की आवश्यकता समझें तो देश के नागरिकों को ही पहल करनी चाहिए। ऐसा देखा जा रहा है कि प्रजातंत्र की सरकार आंदोलन एवं आंदोलनकारियों से प्रभावित होकर कुछ-न-कुछ करती है। पुलिस एवं न्याय-व्यवस्था में सुधार लाना एक जटिल समस्या अवश्य है, किंतु ऐसा नहीं है कि अगर हम चाहें तो सुधार नहीं लाया जा सकता है। चूँकि प्रजातंत्र में प्रजा अपने सारे अधिकारों, इच्छाओं एवं आकांक्षाओं को चुनी हुई सरकार को समर्पित कर देती है, क्योंकि चुनी हुई सरकार आश्वस्त करती है कि प्रजा के अधिकारों की रक्षा सरकार करेगी। अत: पुलिस और न्याय-व्यवस्था में सुधार लाने का दायित्व सिर्फ-और-सिर्फ वर्तमान केंद्र सरकार पर है।

आज पूरे देश में वर्तमान पुलिस एवं न्याय-व्यवस्था के समक्ष ही संगीन आपराधिक घटनाओं का घटित होना एवं ऐसी घटना करनेवाले अपराधियों को भी वर्तमान कानून की प्रक्रियात्मक जटिलता का लाभ मिलते रहना अपने आप में वर्तमान पुलिस एवं न्याय-व्यवस्था में सुधार लाने की आवश्यकता को संपुष्ट करता है।

❑

त्रिस्तरीय न्यायपालिका–एक भ्रम

- न्यायपालिका देश की जन आस्था की सबसे बड़ी केंद्र-बिंदु है।
- न्याय पाने में अक्षम है 70 प्रतिशत आबादी।
- संसद्/विधानमंडल एवं सरकार की है जवाबदेही।

देश की वर्तमान न्याय-व्यवस्था द्वारा पारित न्यायादेश एवं न्याय निर्णय, राजनियमों एवं न्यायालय के समक्ष लाए गए मौखिक और कागजी साक्ष्यों के आधार पर निर्भर हैं। ऐसा न्याय ही कागजी न्याय है। वास्तविक न्याय का आधार अलग होता है। भले ही हम वास्तविक न्याय चाहते हों, हमें इन्हीं कागजी न्याय से संतुष्ट रहने की आदत हो गई है।

यों तो देश की न्यायपालिका की पहचान त्रिस्तरीय न्यायपालिका के रूप में की जाती रही है, किंतु इसकी कार्यप्रणाली पर विचार करने से यह स्पष्ट हो जाता है कि हमारे देश में सिर्फ एक ही न्यायपालिका है, जिसका निर्णय अंतिम होता है, क्योंकि जिला न्यायालयों को हमने सर्वोच्च न्यायालय से संबद्ध कर दिया है। स्थिति ऐसी बनी हुई है कि जिला न्यायालयों द्वारा पारित न्यायादेश एवं न्याय निर्णयों को सर्वोच्च न्यायालय तक चुनौती देने का प्रावधान है। हमारे देश में सर्वोच्च न्यायालय द्वारा पारित न्यायादेश या न्याय निर्णय अंतिम होता है, इसलिए स्पष्ट है कि जिला न्यायालयों एवं देश के उच्च न्यायालयों द्वारा पारित आदेश अंतिम आदेश नहीं होता है। अवश्य

जब पक्षकार इन न्यायालयों के न्यायादेशों एवं न्याय निर्णयों को ऊपर के न्यायालय में चुनौती देने में समर्थ नहीं हो पाता है, तभी जिला न्यायालयों या उच्च न्यायालयों का न्यायादेश एवं न्यायनिर्णय अंतिम होता है। देश की न्यायपालिका की ऐसी संरचना का शिकार (Victim) सिर्फ-और-सिर्फ अक्षम नागरिक, 70 प्रतिशत नागरिक ही होते हैं। इनके लिए उच्च न्यायालय या उच्चतम न्यायालय तक जाकर न्याय प्राप्त करना या न्याय की प्रतीक्षा करते रहना संभव तो है ही नहीं, बल्कि इनकी ऐसी अक्षमता ही इनका दुर्भाग्य है। न्याय के अभाव में ही इन्हें जीवन-बसर करना पड़ता है।

आवश्यकता है देश के ऐसे अक्षम 70 प्रतिशत नागरिकों के लिए एक ऐसी न्यायपालिका की संरचना की जाए, जिसका निर्णय ही अंतिम निर्णय हो और ऐसा न्यायालय देश के हर जिले या ऐसी जगह पर स्थापित हो, जो ऐसे अक्षम नागरिकों से दूर न हो। ऐसे न्यायालयों की कार्यप्रणाली भी इतनी सुदृढ हो कि न्याय निर्णय समय पर हो जाए।

एकमात्र यही उपाय है, जिसे हम कर सकें तो देश के अक्षम नागरिकों को सस्ता, सुलभ एवं ससमय न्याय मिल सकेगा, अन्यथा देश की वर्तमान न्यायपालिका के न्यायादेश एवं न्याय निर्णयों से ये सभी भ्रमित होते रहेंगे। स्थान की अलग दूरी होती है और समय की अलग दूरी होती है। आज 70 प्रतिशत अक्षम नागरिकों के लिए दिल्ली तो दूर है ही, साथ ही न्याय तक पहुँचने में समय की दूरी भी बढ़ती ही जा रही है। एक साधारण फौजदारी या दीवानी मुकदमा को भी अंतिम फैसले तक पहुँचते-पहुँचते वर्षों लग जाते हैं और कभी-कभी तो एक पीढ़ी से दूसरी-तीसरी पीढ़ी तक को वर्तमान न्यायपालिका द्वारा निर्गत अंतिम फैसला सुनने से वंचित रहना पड़ता है।

ऐसा विचार रखने, इन विचारों को प्रकट करने या लिख देने तक ही मेरी सीमा है, क्योंकि मैं स्वयं देश की वर्तमान न्यायपालिका में किसी तरह का परिवर्तन नहीं कर सकता। देश की वर्तमान न्यायपालिका में किसी तरह का परिवर्तन करने की सक्षमता देश की सरकार/राज्य सरकारें एवं संसद्/

राज्य विधानसभाओं को ही है। मेरा सिर्फ अनुरोध/प्रार्थना इन्हीं संस्थाओं से है कि ये देश के अक्षम 70 प्रतिशत नागरिकों को न्याय दिलाने की ओर ध्यान दें और अगर न्यायपालिका में परिवर्तन लाने की आवश्यकता समझें तो कुछ करें अन्यथा सबकुछ ऐसा ही ठीक है।

❑

जिला स्तर के न्यायालय एवं इसमें कार्यरत न्यायाधीशों के प्रति उदासीनता एवं इनकी उपेक्षा

- निचली अदालतों के प्रति उदासीनता चिंतनीय।
- न्यायालय की स्वतंत्रता एवं पारदर्शिता हर हाल में जरूरी।
- जिला स्तर की हो या राज्य या फिर राष्ट्र स्तर की।
- न्यायालयों में रिक्त पड़े पदों पर न्यायाधीशों की नियुक्ति की जाए।
- मुकदमों में न्याय पाने में विलंब, नतीजतन कानून पर से विश्वास डगमगा रहा है।
- अखिल भारतीय न्यायिक वेतन आयोग की तर्ज पर।
- राष्ट्रीय न्यायिक सेवा का गठन समय की माँग।

देश की वर्तमान न्याय-व्यवस्था में जिला स्तर के न्यायालयों की भूमिका भले ही हम कम करके आँकें, किंतु इन न्यायालयों की भूमिका उच्च एवं उच्चतम न्यायालयों से भी अधिक आँकने की आवश्यकता है। जिला स्तर के न्यायालय ही न्याय-मंदिर का द्वार हैं, जिस द्वार को पूर्णतः सुरक्षित रखने की आवश्यकता है। इन न्यायालयों की उपेक्षा का सीधा अर्थ न्याय की उपेक्षा है। जिला स्तर के न्यायालयों एवं इन न्यायालयों में कार्यरत न्यायाधीशों के प्रति हम उदासीन तो हैं ही, साथ ही इनकी उपेक्षा भी करते आ रहे हैं। इन न्यायालयों को हम कभी निम्न न्यायालयों तो कभी अधीनस्थ न्यायालयों की संज्ञा देते आ रहे हैं। न्यायालय, चाहे वह जिला स्तर या उच्च

एवं उच्चतम स्तर का ही क्यों न हो, अधीनस्थ नहीं हो सकता है। न्यायालय, चाहे किसी स्तर पर हो, उसे किसी के अधीन नहीं होना चाहिए और अगर न्यायालय को भी किसी के अधीन होने की आवश्यकता हो तो सभी स्तर के न्यायालयों को किसी के अधीन होना चाहिए। ऐसी बात नहीं है कि आज सिर्फ जिला स्तर के न्यायालयों की आलोचना होती है, बल्कि उच्च एवं उच्चतम न्यायालयों की भी आलोचना होती देखी जाती है। उच्चतम न्यायालय के कई अवकाशप्राप्त मुख्य न्यायाधीशों का ऐसा वक्तव्य भी आया है, जिस वक्तव्य से उच्च एवं उच्चतम न्यायालय की भी आलोचना की गई लक्षित होती है।

संविधान निर्माण काल से लेकर आज तक देश की न्यायपालिका से संबंधित वाद-विवाद, भारत के विधि आयोग की अनुशंसाएँ, न्यायपालिका में सुधार के लिए गठित आयोगों की प्रतिक्रियाएँ एवं देश के प्रधानमंत्री, सर्वोच्च न्यायालय के मुख्य न्यायाधीश, मुख्यमंत्रियों, राज्य के मुख्य न्यायाधीशों के अनेक सम्मेलनों में दिए गए वक्तव्य एवं की गई टिप्पणी प्रमाणित करती है कि हमारी न्यायपालिका, विशेषकर जिला स्तर की न्यायपालिका के प्रति उदासीनता एवं इसकी उपेक्षा न कर उसमें सुधार लाने की ओर कदम उठाना पड़ेगा। न्यायालय और न्याय की स्थापना अगर नहीं की जा सकी तो इसका परिणाम परमाणु बम के विस्फोट से भी भयानक होगा। न्याय की अनुपस्थिति का मानवीय मूल्यों पर ही आघात होगा और जब मानवीय मूल्यों का अवमूल्यन हो जाएगा तो फिर कुछ नहीं बचेगा। भौतिक विकास की आवश्यकता की एक सीमा होती है। सीमा से अधिक भौतिक विकास विनाश का ही कारण हो जाता है। न्यायिक विकास की कोई सीमा नहीं होती है। न्यायिक विकास असीम होता है और अगर इसका विकास होता रहे तो भौतिक विकास हमारा कुछ नहीं बिगाड़ सकता है।

उपर्युक्त स्थिति के आलोक में प्रश्न उठता है कि क्या वर्तमान न्याय-व्यवस्था और इसमें कार्यरत न्यायाधीशों द्वारा दिया गया निर्णय हमारी सुरक्षा कर पा रहा है? उत्तर नकारात्मक है। इस नकारात्मक उत्तर के अनेक कारण हैं—

वर्तमान न्याय-व्यवस्था द्वारा दिए जा रहे निर्णय में इतना विलंब कि निर्णय ही व्यर्थ हो रहा है, वर्तमान न्याय व्यवस्था की प्रक्रियात्मक जटिलता, अनावश्यक खर्च, कमजोर, अनभिज्ञ एवं आर्थिक रूप से विपन्न नागरिकों के लिए वर्तमान न्यायिक व्यवस्था तक पहुँचने में कठिनाई। ऐसी स्थिति में दूसरा यक्ष प्रश्न उठता है—क्यों केंद्र सरकार और राज्य सरकारें, जिन्हें हमने अपनी सुरक्षा के लिए स्थापित किया है, हमें इसी स्थिति में छोड़ देंगी या कुछ करेंगी भी? यों केंद्र सरकार एवं राज्य सरकारें बहुत कुछ करने की बातें ही नहीं करतीं, बल्कि सुधार कर देने का दावा भी करती हैं, किंतु हमारी न्याय-व्यवस्था का स्वरूप आज भी वही है, जो अंग्रेज छोड़कर चले गए। वर्तमान न्याय-व्यवस्था में आवश्यक सुधार नहीं लाने का ही परिणाम है कि आज अपराध एवं अपराधियों की संख्या बढ़ती जा रही है, कानून-व्यवस्था कमजोर होती जा रही है, न्यायालयों में मुकदमों की संख्या इस हद तक लंबित हो गई है, जिनका निष्पादन संभव ही नहीं है। फलतः अधिकांश अच्छे नागरिक (Law abiding Citizens) परेशान दिख रहे हैं।

मेरी समझ से अगर हमारी सरकारें अपने दायित्वों का निर्वहन करना चाहती हैं तो उन्हें अपने क्रिया-कलापों के केंद्र में 'न्याय' (Justice) को रखना होगा और सर्वप्रथम जिला स्तर के न्यायालयों एवं इनमें कार्यरत न्यायाधीशों में विश्वास बढ़ाना होगा। संभवतः जिला स्तर के न्यायालयों एवं इसमें कार्यरत न्यायाधीशों के हित में ही संविधान के अनुच्छेद 312 में संशोधन कर 'अखिल भारतीय न्यायिक सेवा' (Indian Judicial Service) के सृजन का प्रावधान किया गया है। संविधान में ऐसा संशोधन आज से करीब 38 वर्ष पूर्व 1977 में ही किया गया था, किंतु ऐसे महत्त्वपूर्ण संशोधन का क्रियान्वयन आज तक नहीं किया गया है। इस महत्त्वपूर्ण संशोधन का क्रियान्वयन कर 'अखिल भारतीय न्यायिक सेवा' का सृजन नहीं किया जाना निराशाजनक है। ऐसी सेवा के सृजन में पहले से ही भारत के विधि आयोग सहित राष्ट्रीय न्यायिक वेतन आयोग (National Judicial Pay Commission), जिसके अध्यक्ष उच्चतम न्यायालय के पूर्व

न्यायाधीश के. जगन्नाथ शेट्टी थे, की अनुशंसा भी प्राप्त है। भारत के विधि आयोग एवं राष्ट्रीय न्यायिक वेतन आयोग की अनुशंसा के होते हुए भी अखिल भारतीय न्यायिक सेवा का सृजन नहीं होना, न केवल निराशाजनक है, बल्कि जिला स्तर के न्यायालयों एवं इनमें कार्यरत न्यायाधीशों के प्रति उदासीनता एवं उपेक्षा भी है। जब सरकार ने राष्ट्रीय न्यायिक वेतन आयोग की अधिकांश अनुशंसाओं को मानकर इसे क्रियान्वित भी कर दिया है तो फिर 'अखिल भारतीय न्यायिक सेवा' (Indian Judicial Service) से संबंधित अनुशंसाओं का क्रियान्वयन आज तक क्यों नहीं? 'अखिल भारतीय न्यायिक सेवा' (Indian Judicial Service) के गठन के साथ ही न्याय-व्यवस्था में स्वतः सुधार परलिक्षित होने लगेगा। 'अखिल भारतीय न्यायिक सेवा' (Indian Judicial Service) के गठन के साथ ही न्यायपालिका का स्तर प्रांतीय से उठकर राष्ट्रीय हो जाएगा, जो वर्तमान न्यायपालिका को एक नया स्वरूप देगा।

चाहे वह केंद्र सरकार हो या राज्य सरकारें हों, ये सारी सरकारें आम लोगों के लिए हैं, न कि आम लोग सरकार के लिए हैं (State is for the people, not the people are for the state)। आज की न्याय-व्यवस्था की जो स्थिति है, उसमें सुधार लाने के लिए 'अखिल भारतीय न्यायिक सेवा' (Indian Judicial Service) का सृजन आवश्यक है। इसके अतिरिक्त देश की न्याय-व्यवस्था में परिवर्तन कर इसे अपने देश की सभ्यता एवं संस्कृति के अनुकूल करने की भी आवश्यकता है।

वर्तमान न्यायिक व्यवस्था अंग्रेजों की देन है, जिसे उसने गुलामों पर शासन के लिए बनाया था। यह न्याय-व्यवस्था हमारे देश की सभ्यता और संस्कृति के अनुकूल तो है ही नहीं, मानवीय मूल्यों के भी प्रतिकूल ही है। वर्तमान न्याय-व्यवस्था में हत्यारा भी निर्दोष साबित कर दिया जाता है और कभी-कभी निर्दोष को भी फाँसी की सजा दे दी जाती है। वर्तमान न्याय-व्यवस्था मात्र एक निर्णय देती है, जो कभी-कभी न्याय के अनुरूप हो जा सकता है, किंतु न्याय कानून एवं तर्क दोनों से ऊपर होता है, जिसका आधार

मानवीय मूल्य ही होता है। हमारी सरकार वर्तमान न्याय-व्यवस्था को हमारी संस्कृति और सभ्यता के अनुरूप कर सकने में पूर्णत: समर्थ है, सिर्फ इच्छा शक्ति (Will power) की कमी हो सकती है। कहा भी गया है, 'जहाँ चाह, वहाँ राह' (Where there is will, there is a way)

❑

उच्च एवं उच्चतम न्यायालयों के न्यायाधीशों की नियुक्ति

संसद् एवं उच्चतम न्यायालय के बीच मतभिन्नता की स्थिति बन चुकी है। देश के विख्यात अधिवक्ताओं, विचारकों, न्यायाधीशों आदि का भी अलग-अलग मत देखने-सुनने को मिल रहा है। इन भिन्न मतों में कौन मत मान्य है, समझना बहुत कठिन है, क्योंकि ऐसे मत तर्क पर आधारित होते हैं और तर्क पर आधारित मत प्रायः सत्य नहीं होता है। सत्य तर्क से परे ही होता है।

आजादी के पहले उच्च एवं उच्चतम न्यायालय के न्यायाधीशों की नियुक्ति अंग्रेजों द्वारा किए गए प्रावधानों के तहत की जाती थी। आजादी के बाद इन न्यायाधीशों की नियुक्ति संविधान के अनुच्छेद 217 एवं 124 के प्रावधानों के तहत लंबे समय तक की जाती रही, पश्चात् इन न्यायाधीशों की नियुक्ति कॉलेजियम सिस्टम द्वारा की जाने लगी। तत्पश्चात् इन न्यायाधीशों की नियुक्ति भारतीय संसद् द्वारा अधिनियमित अधिनियम-संविधान के (99वाँ संशोधन) अधिनियम द्वारा किए जाने का प्रावधान किया गया। संसद् द्वारा अधिनियमित अधिनियम को सर्वोच्च न्यायालय की एक संवैधानिक पीठ द्वारा निरस्त कर दिया गया एवं कॉलेजियम सिस्टम को पुनःस्थापित कर दिया गया।

प्रश्न अवश्य उठता है कि उच्च एवं उच्चतम न्यायालय के न्यायाधीशों की नियुक्ति से संबंधित संवैधानिक प्रावधानों, कॉलेजियम सिस्टम एवं तत्पश्चात् संसद् द्वारा अधिनियमित अधिनियम पर क्यों चर्चा हो रही है?

संभवतः सबों का एक ही उद्देश्य प्रतीत होता है कि उच्च एवं उच्चतम न्यायालयों के न्यायाधीशों की नियुक्ति की प्रक्रिया पारदर्शी हो। संभवतः प्रक्रिया में पारदर्शिता का एक ही उद्देश्य हो सकता है कि सिर्फ-और-सिर्फ योग्य को ही उच्च एवं उच्चतम न्यायालय का न्यायाधीश बनाया जाए।

सर्वोच्च न्यायालय द्वारा न्यायपालिका की स्वतंत्रता की बात की जा रही है। सर्वोच्च न्यायालय का निर्णय है कि संविधान द्वारा न्यायपालिका की स्वतंत्रता अक्षुण्ण रखी गई है और संसद् को संविधान की आधारभूत संरचना (Basic Structure of the Constitution) को प्रभावित करने की शक्ति नहीं है, किंतु संसद् का कहना है कि संसद् द्वारा अधिनियमित संविधान का (99वाँ संशोधन) अधिनियम संविधान की आधारभूत संरचना (Basic Structure of the Constitution) को प्रभावित नहीं करता है। संसद् द्वारा ऐसी भी दलील दी जा रही है कि संसद् ही सर्वोच्च है, किंतु उच्चतम न्यायालय इस दलील से सहमत नहीं दिखता है। उच्चतम न्यायालय की मान्यता है कि संसद् बहुसंख्यक की ही प्रतिनिधि है, जबकि संविधान भारत के लोग (People of India) द्वारा अंगीकृत, अधिनियमित और आत्मार्पित है, इसलिए, संविधान ही सर्वोच्च है एवं संविधान की सर्वोच्चता को संसद् द्वारा प्रभावित नहीं किया जा सकता है। इन्हीं तथ्यों के आलोक में उच्चतम न्यायालय ने न्यायपालिका की स्वतंत्रता को संविधान की आधारभूत संरचना (Basic Structure of the Constitution) मानते हुए उच्च एवं उच्चतम न्यायालय के न्यायाधीशों की नियुक्ति से संबंधित संविधान के (99वाँ संशोधन) अधिनियम को निरस्त कर कॉलेजियम सिस्टम को पुनः स्थापित कर दिया।

आम लोगों को संविधान, संसद् या न्यायपालिका से अपेक्षा होती है कि ये सारी संस्थाएँ इनके हित में कार्य करें। आम लोगों की धारणा है कि प्रजातंत्र की सारी संस्थाएँ उनके लिए ही बनाई गई है, न कि वे (आम लोग) इन संस्थाओं के लिए बने हैं। आम लोगों के लिए यह अर्थहीन है कि संविधान, संसद्, न्यायपालिका में कौन सर्वोच्च है। अवश्य आम लोगों की

अपेक्षा निष्पक्ष न्यायपालिका एवं निष्पक्ष न्यायाधीशों से है। न्यायपालिका निष्पक्षतापूर्ण निर्णय करे और न्यायाधीश का व्यक्तित्व भी ऐसा अवश्य हो कि पक्षपात न करे। आम लोगों की उपरोक्त धारणा से स्पष्ट हो जाता है कि संसद् और न्यायपालिका; दोनों का उत्तरदायित्व (Accountability) आम लोगों के प्रति है। संसद् हो या न्यायपालिका अगर अपना उत्तरदायित्व नहीं निभा पाती हैं तो इन दोनों संस्थाओं का बने रहना आम लोगों के हित में नहीं ही होगा।

उद्देशिका से लेकर संविधान के सारे प्रावधानों के मात्र अवलोकन से ही स्पष्ट होता है कि संविधान के केंद्र में न्याय-ही-न्याय है। संविधान की संरचना ही देश में न्याय की स्थापना के लिए की गई थी। न्यायपालिका को निश्चित रूप से स्वतंत्रता दी गई थी, किंतु न्यायाधीशों की स्वतंत्रता को सीमित ही रखा गया था, क्योंकि न्यायाधीशों को पूर्ण स्वतंत्रता दिए जाने का अर्थ होता, व्यक्ति को स्वतंत्रता दिया जाना। संविधान निर्माताओं की इतनी दूर-दृष्टि अवश्य थी कि व्यक्तिगत स्वतंत्रता कभी-कभी खतरनाक भी हो सकती है। व्यक्ति अगर अपने आप में पूर्ण हो तो वह स्वयं अपने ऊपर अंकुश लगाता है, किंतु व्यक्ति अगर अपूर्ण हो तो ऐसा व्यक्ति दूसरों के लिए ही नहीं, बल्कि अपने लिए भी खतरनाक हो जाता है।

संविधान में न्यायाधीशों को हटाने की प्रक्रिया का मतलब न्यायाधीश को हटाने की प्रक्रिया नहीं था, बल्कि अयोग्य व्यक्ति से न्यायाधीश का पद छीन लेने से था। संविधान निर्माताओं को अगर व्यक्ति पर विश्वास होता तो न्यायाधीशों को हटाने के लिए महाभियोग का प्रावधान नहीं किया जाता, यहाँ तक कि भारत के राष्ट्रपति को भी महाभियोग प्रक्रिया से संसद् द्वारा हटाया जा सकता है। इस महाभियोग का अर्थ यह नहीं है कि न्यायाधीश या राष्ट्रपति को उसके पद से हटाया जाए, बल्कि इसका अर्थ है कि अयोग्यों को महत्त्वपूर्ण पदों से हटाया जाए।

अगर हम अपनी मानसिकता एवं बौद्धिकता से ऊपर के धरातल पर खड़ा होकर विचार करेंगे तो अवश्य समझ पाएँगे कि संसद् और न्यायपालिका

में जो मतभिन्नता है, वह मानसिक एवं बौद्धिक स्तर की है, किंतु संसद् या न्यायपालिका दोनों से अपेक्षा की जाती है कि ऐसे व्यक्ति को न्यायाधीश न बनाया जाए, जो न्यायाधीश बनने लायक हो ही नहीं। आम लोगों की ऐसी धारणा बनती जा रही है कि कुछ ऐसे व्यक्तियों को भी न्यायाधीश बना दिया जा रहा है, जो न्यायाधीश बनकर भी अपनी मानसिकता एवं बौद्धिकता को न्यायाधीश के अनुरूप नहीं कर पाते हैं।

न्यायाधीश को ईश्वर के समकक्ष माना जाता है और इस मान्यता को स्थापित करने की अवश्य आवश्यकता है। आज भी प्रत्येक गाँव में ऐसे व्यक्ति उपलब्ध हैं, जो भले ही साक्षर न हों, परंतु गलत-को-गलत कहने में न ही संकोच करते हैं और न ही डरते हैं। ऐसा व्यक्ति जन्मजात न्यायाधीश होता है। नियुक्त न्यायाधीशों को भी जन्मजात न्यायाधीश ही होना चाहिए। इस तरह न्यायाधीशों की नियुक्ति में हर तरह की सावधानी की आवश्यकता प्रतीत होती है। संसद् हो या न्यायपालिका, दोनों को अपनी-अपनी सर्वोच्चता का ध्यान न रखकर निष्पक्ष न्यायाधीशों की नियुक्ति की प्रक्रिया ढूँढ़नी चाहिए। न्यायाधीश अगर गलत होगा तो न्यायपालिका भी गलत हो जाएगी एवं न्यायपालिका की स्वतंत्रता पर अवश्य ही विचार करने की आवश्यकता हो जाएगी। न्यायाधीश का कार्यकलाप अगर आलोचना से परे होगा तो न्यायाधीश, न्यायपालिका, संसद् एवं संविधान, सब का अपनी-अपनी जगह पर महत्त्व स्थापित रहेगा।

❑

न्याय के साथ विकास

अंततः मानव कल्याण के लिए मात्र विकास एक अधूरा सिद्धांत प्रतीत होने लगा, फलस्वरूप न्याय पर आधारित विकास को ही मानव कल्याण के हित में स्वीकार कर लिया गया है। इस नई अवधारणा के साथ ही आज विश्व स्तर पर 'न्याय के साथ विकास' का नारा बुलंद किया जाना प्रत्यक्ष हो रहा है। न्याय के साथ विकास की अवधारणा के अनुरूप हमें कर्तव्य करने की आवश्यकता भी होगी। जब तक हम न्याय के साथ विकास के लिए दृढ संकल्पित एवं कर्तव्यनिष्ठ नहीं होंगे, तब तक सिर्फ न्याय एवं विकास ऐसे महत्त्वपूर्ण तत्त्वों की रट लगाते रहने से व्यक्ति, समाज, राष्ट्र और विश्व को कुछ नहीं मिलेगा, बल्कि कुछ दिनों के बाद विश्व की मानवता अपने आप से लज्जा और घृणा करने लगेगी।

न्याय एवं विकास दोनों व्यापक तत्त्व हैं और ऐसे तत्त्वों की स्थापना व्यक्ति से लेकर विश्व के लिए आवश्यक है। जिस तरह न्याय को हम मुख्यतः दो प्रकार के न्यायों—**प्रकृति प्रदत्त न्याय एवं राज प्रदत्त न्याय** के स्वरूप में समझ सकते हैं, उसी प्रकार विकास को मुख्यतः दो प्रकार के विकासों—भौतिक विकास एवं आत्मिक विकास के स्वरूप में समझ सकते हैं।

प्रकृति प्रदत्त न्याय प्राकृतिक नियमों के अनुकूल और पक्षपातरहित होता है। प्राकृतिक नियमों को नियमित करने और इसे अनुपालन करने और करानेवालों को भले ही हम नहीं जानते हों, किंतु इतना अवश्य जानते हैं कि प्राकृतिक नियमों का उल्लंघन कभी नहीं होता है। इन प्राकृतिक नियमों के

तहत ही सभी ग्रह, सूर्य की परिक्रमा करते हैं, सूर्योदय एवं सूर्यास्त समय पर होता है, ऋतु परिवर्तन भी होता रहता है। इन प्राकृतिक नियमों का उल्लंघन कर अगर एक भी ग्रह अपने परिभ्रमण कक्ष को छोड़ दे तो क्या होगा, इसे हम सभी समझ सकते हैं। प्राकृतिक नियमों के उल्लंघन से संभवतः प्रलय ही हो जाएगा, जिस प्रलय में सबकुछ समाप्त हो जाएगा। हम सभी निश्चिंत हैं कि प्रकृति अपने नियमों का उल्लंघन कभी नहीं करेगी।

अब हम राजनियमों और इन नियमों पर आधारित न्याय की बात कर लें तो सुसंगत होगा। प्रजातंत्र में राजनियम प्रजा द्वारा चुने गए प्रतिनिधियों से नियमित किया जाता है, जिसे समय-समय पर प्रजा-हित में संशोधित भी किया जाता है। नियमों के अनुपालन का दायित्व कार्यपालिका एवं न्यायपालिका पर होता है। प्रजा द्वारा चुनी गई विधायिका द्वारा राजनियमों का नियमन एवं कार्यपालिका एवं न्यायपालिका द्वारा इसका अनुपालन यदि प्राकृतिक नियमों के अनुपालन के अनुरूप नहीं किया गया तो अनर्थ ही होगा। प्रकृति-प्रदत्त न्याय पक्षपातरहित होता है। राज-प्रदत्त न्याय को भी पक्षपातरहित ही होना होगा, तभी न्याय की स्थापना होगी और फिर न्याय के साथ विकास भी होना शुरू हो जाएगा।

अब विकास तत्त्व को भी समझने की आवश्यकता होगी। भौतिक विकास की भी उतनी ही आवश्यकता है, जितनी आत्मिक विकास की, किंतु भौतिक विकास आत्मिक विकास के बिना पूर्ण मानवता को विनाश की ओर ही लेकर चल पड़ेगा। आज विश्व में कुछ ऐसा ही हो रहा है। आत्मिक और भौतिक विकास के अनुपात में इतना अंतर होता जा रहा है कि पूर्ण मानवता का विनाश निश्चित होता दिखाई पड़ने लगा है। आज विश्व के पास ऐसे-ऐसे खतरनाक आयुध इकट्ठे हो गए हें कि इनके प्रयोग से ही हम सभी समाप्त हो जाएँगे। आज पूरा विश्व न्याय के साथ विकास करने की बात कर रहा है, साथ ही आए दिन एक देश दूसरे देश का अहित करता दिख रहा है और मानव संहार की अनेकानेक घटनाएँ घटित होती जा रही हैं। विश्व की वर्तमान स्थिति को समझने के लिए इतने तथ्य ही पर्याप्त हैं। इन तथ्यों से विचलित न

होते हुए हम अपने देश में न्याय की स्थिति पर विचार करना चाहेंगे।

अब हम सिर्फ उस न्याय की बात करेंगे, जिसके लिए हमने जिला न्यायालयों से लेकर उच्चतम न्यायालय का गठन किया है। इन न्यायालयों में करोड़ों मुकदमे लंबित हैं, साथ ही प्रतिदिन लाखों की संख्या में नए-नए मुकदमे दायर हो रहे हैं। अगर हम आपसी वाद-विवाद और आपसी मुकदमों का फैसला समय पर न कर सकेंगे तो फिर न्याय की बात ही करना व्यर्थ होगा। ऐसी स्थिति में न्याय के साथ विकास की बात करना एक छलावा ही होगा। आज हमारे देश की शत-प्रतिशत नहीं तो 90 प्रतिशत जनसंख्या अवश्य ही न्याय से वंचित है, क्योंकि हमारे देश में एक ही न्यायालय है और वह है उच्चतम न्यायालय, जिसका ही फैसला/न्याय अंतिम होता है। जिला न्यायालयों एवं उच्च न्यायालयों के छोटे-से-छोटे फैसलों को उच्चतम न्यायालय तक ले जाने का प्रावधान है। ऐसी स्थिति में हमारे देश में सिर्फ एक ही न्यायालय है, जो उच्चतम न्यायालय है और जहाँ तक 90 प्रतिशत लोगों की पहुँच नहीं होती है। उच्चतम न्यायालय को छोड़कर बाकी जिला एवं उच्च न्यायालयों का लाभ गरीब लोगों को मिलता हुआ नहीं प्रतीत होता है। ऐसी परिस्थिति में अगर हम न्याय के साथ विकास में विश्वास रखते हैं तो पहले न्याय को स्थापित कर लेना होगा और उसके बाद ही हमें भौतिक या आत्मिक विकास की बात करनी होगी।

न्याय की स्थापना के लिए प्रत्येक गाँव या प्रखंड में अगर संभव नहीं हो तो कम-से-कम जिला स्तर पर ऐसे न्यायालयों की स्थापना कर देनी पड़ेगी, जिनका फैसला/न्याय अंतिम हो और इन न्यायालयों के फैसले/न्याय के विरुद्ध कहीं नहीं जाना पड़े। इन तथ्यों के आलोक में वर्तमान केंद्रीय सरकार/राज्य सरकारें ही कुछ कर सकती हैं। हमारे जैसे लोग तो सिर्फ बोल एवं लिख सकते हैं। न्याय को स्थापित किए बिना न्याय के साथ विकास का नारा व्यर्थ ही होगा। अतः अगर हम विकास की बात करते हैं तो पहले हमें न्याय को स्थापित करना होगा।

❑

जिला न्यायालयों, उच्च न्यायालयों एवं उच्चतम न्यायालय के पुनर्गठन की आवश्यकता

आजादी के बाद 26 नवंबर,1949 ई. को हम भारत के लोगों ने अपने आपको एक संविधान, जिसे हम 'भारत का संविधान' के नाम से जानते हैं, अर्पित किया था। इसी संविधान के तहत सामाजिक, आर्थिक और राजनीतिक न्याय प्रदान करने की कल्पना करते हुए जिला न्यायालय से लेकर उच्चतम न्यायालय के गठन का प्रावधान किया गया था। आजादी के बाद हमारे देश के न्यायालयों का गठन हमारे देश की संस्कृति एवं सभ्यता के अनुकूल होना अनिवार्य था, किंतु ऐसा नहीं हुआ। हमने अंग्रेजों द्वारा गठित न्यायालयों को ही स्थापित कर लिया। आजादी के 68 वर्ष बाद भी हमारे न्यायालयों का वही स्वरूप है, जो आजादी के पहले रहा करता था। इतना ही नहीं, हमने अंग्रेजों द्वारा ही वर्षों पूर्व बनाए गए कानूनों को माना ही नहीं, बल्कि अपना लिया। आजादी के बाद ही भारत का स्वरूप बदल चुका था, इसलिए भारत का कानून एवं इसके न्यायालय को बदल देने की आवश्यकता थी। शुरू में अगर ऐसा नहीं हो सका था तो आजादी के पश्चात् हमें अपने कानूनों एवं न्यायालयों के स्वरूप को बदलना था। अंग्रेजों द्वारा दिए गए कानूनों एवं न्यायालयों के स्वरूप को नहीं बदलने का कारण या तो हमारी अक्षमता हो सकती है या हम नहीं चाहते हैं कि हमारा कानून और

न्यायालय हमारी संस्कृति एवं सभ्यता के अनुरूप हो। यों संविधान निर्माण काल से लेकर आज तक न्यायपालिका में सुधार लाने की दिशा में बड़ी-बड़ी बातें करते आए हैं, किंतु उन बड़ी बातों का कार्यान्वयन करते नहीं दिखते हैं। अगर केंद्रीय सरकार एवं राज्य सरकारें हमारे देश के कानूनों एवं न्यायालयों का स्वरूप हमारी संस्कृति एवं सभ्यता के अनुकूल परिवर्तित करने में शीघ्रता नहीं करती हैं तो एक ऐसी स्थिति उत्पन्न हो सकती है, जिसे सँभालना अत्यंत कठिन हो जाएगा। मैं विद्वत्तापूर्ण बातों और लेखों में विश्वास नहीं कर सिर्फ-और-सिर्फ न्याय स्थापित करने की बात करना चाहता हूँ। अपने कानूनों एवं न्यायालय के स्वरूप को बदलने के अनेक कारण हैं और सबसे बड़ा कारण है हम भारत के लोग बहुत ही सहनशील हैं, यहाँ तक कि अपने पर होते हुए अन्याय को भी सहन करते जा रहे हैं। ऐसे तथ्यों, जो न्याय के विपरीत जा रहे हैं, से हमारा साक्षात्कार होना आवश्यक है।

प्राकृतिक नियम एवं न्याय (Natural Laws & Justice) की व्यापकता अलग होती है, जिसमें नियम के उल्लंघन करनेवालों की सजा भी सन्निहित होती है (Inbuilt system of implementation and punishment) किंतु राजनियम (Man made laws, State laws) में ऐसा कुछ नहीं होता है। राजनियमों (State laws) का अनुपालन एवं राजनियमों (State laws) के आधार पर सजा देने का दायित्व अलग-अलग संस्थाओं पर होता है। अगर ये सारी संस्थाएँ, जिनका दायित्व, राजनियमों का पालन करवाना एवं इन नियमों के तहत सजा दिलवाना है, पूर्णतः पक्षपातरहित न हों तो इन राजनियमों से लाभ से अधिक हानि होने की संभावना बनी रहती है। यों न्याय एक व्यापक तत्त्व है, जिसकी अनुपस्थिति में हमारा अस्तित्व ही संभव नहीं है, किंतु हम आज सिर्फ उस न्याय की बात करेंगे, जिसकी अपेक्षा हमें अपने न्यायालयों से है। वर्तमान कानून और न्यायालयों के होते हुए भी वर्षों तक हमें न्याय नहीं मिल पा रहा है। न्याय हमसे दूर-और-दूर होता जा रहा है। साधारण फौजदारी मुकदमों का निष्पादन भी वर्षों बाद होता है, क्योंकि हमारी न्यायिक प्रक्रियाएँ इतनी जटिल होती हैं कि न्याय तक पहुँचने में विलंब करा देती हैं।

दीवानी मुकदमों की हालत तो इससे भी खराब है, क्योंकि दीवानी मुकदमों के निष्पादन में और अधिक विलंब देखा जा रहा है। इसके अतिरिक्त वर्तमान कानून, कानूनी प्रक्रिया के तहत झूठे मुकदमों की संख्या बढ़ती जा रही है। फौजदारी मुकदमों में कम-से-कम 50 प्रतिशत मुकदमे झूठे ही होते हैं और बाकी 50 प्रतिशत मुकदमों के कम-से-कम 50 प्रतिशत मुदालय फँसा दिए जाते हैं। ऐसा इसलिए होता है कि हमारे कानून और प्रक्रिया दोषपूर्ण हैं। हमें ऐसे कानून एवं कानूनी प्रक्रिया को बदलकर कुछ ऐसी कानून एवं प्रक्रिया को स्थापित करना होगा, जिस कानून एवं कानूनी प्रक्रिया के होते हुए निर्दोष लोगों को फँसाए जाने की संभावना बिल्कुल नहीं हो या कम-से-कम हो।

आज, खासकर अपराधी प्रवृत्ति के लोग कानून एवं कानूनी प्रक्रिया की कमियों को जानते हैं और इसे जानकर वर्तमान कानून एवं कानूनी प्रक्रिया का दुरुपयोग करते हैं। वर्तमान फौजदारी कानून में पुलिस द्वारा आपराधिक मामलों का अनुसंधान किया जाता है एवं अभियोजन पक्ष द्वारा सरकार का पक्ष रखा जाता है। अनुसंधान में पुलिस द्वारा विलंब एवं अभियोजन द्वारा की गई काररवाई भी न्याय को प्रभावित करती है। न्यायालय पूर्णतया अनुसंधान एवं पक्षों द्वारा की गई बहस को ध्यान में रखते हुए न्याय-निर्णय देता है। अनुसंधान अगर पक्षपातपूर्ण है और अभियोजन भी पक्षपातपूर्ण है तो फिर वास्तविक न्याय तक पहुँचना न्यायालय के लिए भी संभव नहीं हो पाता है और न्याय मात्र एक फैसला बनकर रह जाता है। ऐसी स्थिति से बचने का हमें प्रयास अवश्य करना होगा। इसके अतिरिक्त न्यायालयों का जो वर्तमान स्वरूप है, उसमें न्याय करने में खर्च तो अधिक है ही, साथ ही समय भी अधिक लग जाता है। न्याय के खर्चीले एवं इसमें विलंब होने के कारण से गरीब लोग न्यायालय तक पहुँचने में अपने को पूर्णतया असमर्थ्य पाते हैं। निचली अदालत से अगर न्याय मिल भी जाए तो गरीब लोगों का उच्च एवं उच्चतम न्यायालय तक पहुँचने का सामर्थ्य नहीं होता है।

न्यायपालिका के वर्तमान स्वरूप में जब तक उच्चतम न्यायालय की मुहर नहीं लग जाती, तब तक जिला न्यायालय या उच्च न्यायालय का फैसला

अंतिम नहीं होता है। इस दृष्टिकोण से हमारे देश में केवल एक ही न्यायालय है, जो उच्चतम न्यायालय है। इन सारे तथ्यों से देश के आम लोग से लेकर उच्च-से-उच्च पदस्थ लोग सहमत ही नहीं, बल्कि न्याय-व्यवस्था में सुधार की बातें भी करते पाए जाते हैं, किंतु सुधार नहीं कर पाए हैं। हम वर्तमान न्यायालयों के स्वरूप को बदलना अवश्य चाहते हैं, किंतु इसका स्वरूप कैसे बदला जाए, इस पर ध्यान नहीं दे पाते हैं। अगर हम हिम्मत करें तो अवश्य ही वर्तमान न्यायालय के स्वरूप को बदल सकते हैं।

इस दिशा में कुछ प्रयास भी किए गए हैं और इन प्रयासों के तहत ही Arbitration, Tribunals, Lok Adalat आदि संस्थाओं को स्थापित किया गया, साथ ही हर तरह के कानून में कुछ संशोधन भी किए गए, किंतु ये सारे कदम भी हमें न्याय तक पहुँचा देने में सक्षम नहीं हो सके। ऐसी स्थिति में अगर हम अपने न्यायालयों के स्वरूप को बदलना चाहते हैं तो इसके लिए हमें ठोस कदम उठाना पड़ेगा। जब तक हम एक साधारण आदमी के दर्द और उसका उपाय नहीं ढूँढ़ेंगे और सिर्फ विद्वत्तापूर्ण बातों में जो तर्क पर आधारित होती है, लगे रहेंगे, हम ऐसा कुछ भी नहीं कर सकते हैं, जिसकी आवश्यकता दूसरे को नहीं, बल्कि हमें भी है। आज भले ही आप उच्च पद पर स्थापित हों और वर्तमान न्याय-व्यवस्था ही आपके अनुरूप हो, किंतु कल जब आप उस उच्च पद से हट जाएँगे तो आपको लगेगा कि आपको कुछ करना चाहिए था। प्रश्न उठता है कि न्यायालयों के स्वरूप को कैसे बदला जाए। सर्वप्रथम हमें न्यायालयों के स्वरूप को बदलने के लिए दृढ संकल्पित होना होगा और पश्चात् इस संकल्प का कार्यान्वयन करना होगा।

वर्तमान कानून, कानूनी प्रक्रिया एवं वर्तमान न्यायालयों के स्वरूप में परिवर्तन लाने के कुछ उपाय—

1. सर्वप्रथम केंद्र सरकार को दृढ संकल्पित होकर एक संस्था का निर्माण करना होगा, जिसका दायित्व होगा कि देश के वर्तमान कानून, कानूनी प्रक्रिया एवं न्यायालयों के वर्तमान स्वरूप का विस्तारपूर्वक अध्ययन कर केंद्र सरकार को अपना सुझाव दे।

2. पंचायत राज कानून के तहत पंचायत स्तर पर सरपंच के रूप में न्यायालय का गठन किया गया था, किंतु इसे भी पूर्ण सफलता नहीं मिल सकी।
3. दोनों सिविल और क्रिमिनल कानूनों का अध्ययन कर नए कानून का निर्माण करना होगा। एविडेंस ऐक्ट के भी पुनर्निर्माण की आवश्यकता होगी।
4. प्रखंड या जिला स्तर पर ऐसे न्यायालयों का गठन किया जाना आवश्यक होगा, जिनका निर्णय ही अंतिम निर्णय होगा।
5. भारतीय न्यायिक सेवा का गठन कर जिला न्यायालय के स्तर पर जजों की नियुक्ति करनी होगी और इन्हीं जजों को प्रोन्नत कर उच्चतम न्यायालय तक ले जाना पड़ेगा।
6. जिला न्यायालय के अतिरिक्त किसी भी न्यायालय में जजों की सीधी नियुक्ति बंद कर देनी होगी।

भले ही वर्तमान न्यायालयों के स्वरूप को नहीं बदलने का तार्किक एवं विद्धत्तापूर्ण पक्ष भी हो सकता है, किंतु तर्क पर आधारित पक्ष या विपक्ष, दोनों न्याय से काफी दूर होते हैं, क्योंकि न्याय तर्क से बहुत-बहुत ऊपर का विषय होता है, जिसे हम सबसे अंतिम पायदान पर खड़े नागरिक की आवाज में पा सकते हैं। यह लेख वैसे ही एक अंतिम पायदान पर खड़े नागरिक की आवाज है, जिसे तर्क करना ही नहीं आता है और सिर्फ न्याय पाने की रट लगाता रहता है।

❑

न्याय के शासन, न कि कानून के शासन की आवश्यकता

आज कानून के आधार पर न्याय किया जा सकता है, किंतु कानून अपने आप में न्याय नहीं होता है। कानून मात्र व्यक्ति, समाज, देश एवं विश्व की कुछ मान्यताएँ होती हैं, जिन मान्यताओं का अनुपालन सबों के लिए अनिवार्य होता है। ऐसी मान्यताओं के अनुपालन मात्र से ही न्याय का जन्म होता है एवं इन मान्यताओं के उल्लंघन से अन्याय का जन्म होता है। जब तक हम ऐसी मान्यताओं के अनुरूप व्यवहार करते रहे, तब तक अवश्य ही कानून का शासन रहा और कानून के इस शासन में न्याय भी होता रहा। इसके पश्चात् मानव समुदाय की मानसिकता एवं बौद्धिकता में आए परिवर्तन के फलस्वरूप ऐसी मान्यताओं का उल्लंघन होना शुरू हो गया और कानून के शासन की धारणा भी कमजोर हो गई।

एक समय ऐसा भी था, जब हमारे पास न तो कोई लिखित कानून था और न ही आज की तरह ऐसी संस्था या संस्थाएँ थीं, जिनका दायित्व कानून के उल्लंघन करनेवालों से निपटना था। ऐसी सारी मान्यताएँ नैतिकता पर आधारित होती थीं और व्यक्ति से लेकर समाज तक अपने द्वारा मान्य नीतियों का उल्लंघन नहीं करता था। जैसे-जैसे हम मानव समुदाय की मानसिकता एवं बौद्धिकता में परिवर्तन होते गए, हम अपनी मान्यताओं एवं नीतियों को छोड़ते गए, फलस्वरूप मान्यताओं के उल्लंघन से अन्याय का जन्म होना शुरू हो गया। इस अन्याय के भूत का जन्म हमारे ही अनैतिक क्रियाकलापों

से हुआ था। पुनः जब हम अपने ही द्वारा रचित अन्याय से त्रस्त होने लगे, तब फिर इस अन्यायरूपी भूत से बचने का उपाय भी ढूँढ़ने लगे। आदिकाल में जब तक हम एक-दूसरे के हित को ध्यान में रखते हुए व्यवहार करते रहे, तब तक हमें इस अन्यायरूपी भूत का डर नहीं रहा। जैसे-जैसे इस अन्या-यरूपी भूत का डर बढ़ता गया, वैसे-वैसे हम इस अन्यायरूपी भूत से बचने का उपाय भी ढूँढ़ते रहे।

हमने उस समाज को, जो पहले एक था, खंडित कर कबीलों में बाँट दिया और कबीलों के सरदार को दायित्व दिया गया कि वह अपने कबीलों के सदस्यों की सुरक्षा दूसरे कबीले के सदस्यों से करे। इसी क्रम में राजा का प्रादुर्भाव हुआ एवं कुछ ऐसे राजा भी हुए, जिनके द्वारा अपने राज्य में नैतिकता को स्थापित कर न्याय को भी स्थापित कर दिया गया। ऐसे भी राजा का प्रादुर्भाव हुआ, जो स्वयं अनैतिकता में ही विश्वास करता रहा और अपने अधीन प्रजा का शोषण एवं उस पर अन्याय भी करता रहा। अंततः ऐसे अनैतिक राजा के विरुद्ध प्रजा संगठित होकर अपनी सुरक्षा करने में समर्थ हुई।

इतिहास में अच्छे एवं बुरे; दोनों राजाओं को पढ़ा जा सकता है। हमें बताया जाता है कि रामायण काल में जब राम राजा हुआ करते थे, तब सबकुछ ठीक हुआ करता था। तुलसीदासरचित रामचरितमानस में रामराज्य का वर्णन करते हुए तुलसीदास ने लिखा कि 'दैहिक, दैविक, भौतिक तापा, राम-राज मह काहु न व्यापा।' तुलसीदास के इस कथन से स्पष्ट होगा कि एक ऐसे समाज की स्थापना होनी चाहिए , जिसमें समाज के किसी सदस्य को किसी तरह का दुःख नहीं हो। संभवतः ऐसा तभी हो सकेगा, जब कानून का नहीं, बल्कि न्याय का शासन होगा और न्याय के हित में ही राजा से लेकर प्रजा तक का कार्यकलाप होगा। आज इस न्याय के शासन की बात भर हम कर सकते हैं, किंतु न्याय का शासन स्थापित करने में संभवतः हम समर्थ नहीं हैं। जब तक हम न्याय का शासन स्थापित नहीं कर सकेंगे, तब तक कानून का शासन अपने आप में अर्थहीन ही होगा।

प्रश्न उठता है कि हम अपने देश में न्याय का शासन कैसे स्थापित करें।

हम करीब दो सौ वर्षों तक अंग्रेजों के गुलाम रहे। सर्वप्रथम हमारे देश में अंग्रेजों द्वारा ईस्ट इंडिया कंपनी की स्थापना की गई और जैसे-जैसे कंपनी मजबूत होती गई, वैसे-वैसे अंग्रेजों द्वारा अनेक नए-नए उपाए किए जाने लगे, जिससे कि अंग्रेज भारतीयों पर शासन कर सके। अंततः अंग्रेज सरकार ने स्वयं सबकुछ अपने हाथ में ले लिया और इस देश के लिए एक अलग ही कानून बनाया, जिसे हम Government of India Act, 1935 के नाम से जानते हैं। अंग्रेजों ने इसी अधिनियम में भारतीयों पर कैसे शासन किया जाए, उसका प्रावधान किया, साथ ही संभवतः भारत में कानून का शासन, न कि न्याय का शासन स्थापित करने का प्रावधान किया। आजादी की लंबी लड़ाई एवं अनेक कुरबानियों के पश्चात् हमने अंग्रेजों को अपने देश से भगाकर आजादी तो प्राप्त कर ली, किंतु मात्र अंग्रेजों को देश से भगा देना ही असली आजादी नहीं थी, इसे नहीं समझ सके।

आजादी के बाद हमने अपने देश को एक संपूर्ण प्रभुत्व संपन्न, समाजवादी, धर्मनिरपेक्ष, लोकतंत्रात्मक गणराज्य बनाते हुए समस्त नागरिकों को सामाजिक, आर्थिक और राजनीतिक न्याय दिलाने की प्रतीज्ञा ले ली, किंतु न्याय क्षेत्र में हमें बहुत कुछ करना बाकी ही है। जब तक देश की वर्तमान न्याय-व्यवस्था पर हम ध्यान नहीं देंगे, तब तक कानून का शासन या न्याय के साथ विकास का नारा सफलीभूत नहीं हो सकेगा। हमने अंग्रेजों द्वारा दी गई न्याय-व्यवस्था को ही अपना लिया और सिर्फ इस न्याय-व्यवस्था में सुधार करने की बातें ही करते रहे, किया कुछ नहीं। आज न्यायालय से न्याय प्राप्त करने की बात तो अवश्य ही की जा सकती है, किंतु न्याय सिर्फ न्यायालय का ही विषय नहीं है। हमें सिर्फ न्यायालय से ही नहीं, बल्कि व्यक्ति से लेकर देश की सारी संस्थाओं से न्याय जब तक प्राप्त नहीं होगा, तब तक हम न्याय से वंचित ही रहेंगे। आज न तो हमें व्यक्ति से, न तो पुलिस से, न तो कार्यपालिका से, न तो विधायिका से और न तो न्यायपालिका से ही वास्तविक न्याय मिल पा रहा है। जब तक हमें इन सारी संस्थाओं से न्याय नहीं मिलेगा, तब तक न्याय का शासन स्थापित नहीं हो सकेगा और कानून के शासन का भ्रम होता ही रहेगा।

कानून का शासन तभी हो सकता है, जब हम सभी कानून का अनुपालन करें और कानून के उल्लंघन करनेवालों को तुरंत दंडित करने का उपाय करें।

आज हमारे पास कुछ नहीं है। रोज कानून का उल्लंघन हो रहा है, किंतु कानून के उल्लंघन करनेवालों को तुरंत दंडित कर देने का उपाय नहीं है। कानून बनते जा रहे हैं, किंतु बहुत सारे कानूनों का क्रियान्वयन नहीं हो पा रहा है। स्थिति बड़ी ही भयावह है, क्योंकि जिन्हें हम लोगों ने चुनकर सत्ता में भेजा है, उनका भले ही देश के भौतिक विकास की ओर ध्यान हो और उसी विकास में वे लगे हों, किंतु देश में न्याय का विकास और न्याय की स्थापना कैसे हो, इसकी ओर उनका ध्यान नहीं दिखता है। प्रजातंत्र में ऐसा ही होना अनिवार्य है, क्योंकि जो चुनकर सत्ता में जाते हैं, वे सिर्फ उतना करना चाहते हैं, जिससे कि वे पुनः-पुनः सत्ता में आ सकें। प्रजातंत्र में जब ऐसी स्थिति होती है, तब आम नागरिक ही सुधार लाने की स्थिति में होता है। आज ऐसी स्थिति आ गई है कि अगर इस देश में एक अच्छी न्याय-व्यवस्था की स्थापना की जानी है तो आम जनता को ही इसके लिए खड़ा होना होगा। जिस दिन आम जनता खड़ी हो जाएगी, उसी दिन इस देश में भी एक नई न्याय-व्यवस्था का जन्म हो सकेगा और कानून के बदले न्याय का शासन स्थापित हो सकेगा।

❑

न्याय : क्यों और कैसे!

अकबर का बीरबल से सीधा प्रश्न था कि न्याय और सोने के सिक्के में से वह क्या लेना चाहेगा। बीरबल का भी उत्तर सीधा ही था कि वह सोने के सिक्के लेना पसंद करेगा। बीरबल के इस उत्तर से सभी स्तब्ध हो गए। ऐसी स्थिति में अकबर ने बीरबल से कारण पूछ डाला कि वह सोने के सिक्के लेना क्यों चाहेगा? इस प्रश्न का उत्तर देते हुए अकबर को बीरबल ने कहा कि आपके राज में न्याय तो मिल ही जाता है, फिर मैं न्याय लेना क्यों पसंद करूँगा?

आज यही प्रश्न अगर हमारे देश के गरीब-से-गरीब आदमी से पूछा जाए तो संभवत: ऐसे गरीब आदमी का एक ही उत्तर होगा कि वह न्याय लेना ही पसंद करेगा। गरीब आदमी के इस उत्तर का स्पष्ट अर्थ होगा कि हमारे देश में सोने के सिक्के से न्याय की आवश्यकता अधिक है। देश में न्याय की आवश्यकता सोने के सिक्के से अधिक होने एवं गरीब आदमी के उत्तर से अगर हम सहमत होते हैं तो हमें ही देश में न्याय की स्थापना करने के लिए कुछ-न-कुछ करना होगा। देश में न्याय की स्थापना के लिए अगर शीघ्रातिशीघ्र कुछ नहीं किया जाता है तो न्याय के बदले अन्याय ही स्थापित हो जाएगा।

न्याय की स्थापना का प्रयास करने के पहले हमें समझना होगा कि न्याय क्या होता है और इस न्याय की आवश्यकता भी क्यों है? संभवत: न्याय के महत्त्व एवं इसकी आवश्यकता हम तभी समझ सकेंगे, जब हमारे

साथ ही अन्याय हो। जब तक हम दूसरे पर अन्याय करने की स्थिति में रहेंगे, तब तक हम न तो न्याय के महत्त्व और न तो न्याय की आवश्यकता ही समझ सकेंगे। न्याय एक तत्त्व है, जिसके अभाव में हमारा जीवित रहना ही संभव नहीं है। न्याय का प्रादुर्भाव एक व्यक्ति का दूसरे व्यक्ति के साथ उचित व्यवहार से होता है। इसी तरह एक व्यक्ति का दूसरे व्यक्ति के साथ अनुचित व्यवहार होने से अन्याय का जन्म होता है। भले ही हम दूसरे के लिए न्याय के महत्त्व एवं आवश्यकता की अवहेलना करें, किंतु हम अपने लिए सिर्फ-और-सिर्फ न्याय की ही अपेक्षा करते रहेंगे। न्याय की व्यापकता से स्पष्ट होगा कि प्रत्येक व्यक्ति को दूसरे व्यक्ति से, समाज से, सरकार से, सरकारी संस्थाओं यथा विधायिका, कार्यपालिका, न्यायपालिका, पुलिस, नौकरशाह आदि से न्याय की अपेक्षा होती है। आज इन सारी संस्थाओं से भले ही कुछ हद तक न्याय की स्थापना हो रही हो, किंतु प्रजातंत्र में न्याय स्थापित करने का दायित्व इन्हीं संस्थाओं का है। ये सारी संस्थाएँ यथा विधायिका, कार्यपालिका, न्यायपालिका देश के संविधान में उल्लिखित हैं। संविधान में इन तीनों संस्थाओं—विधायिका, कार्यपालिका एवं न्यायपालिका को एक-दूसरे से अलग एवं स्वतंत्र रखने का प्रावधान किया गया है। ऐसी इन सारी संस्थाओं का दायित्व न्याय स्थापित करने का है, किंतु न्यायपालिका का सीधा संबंध न्याय से है। अतः अगर हम देश में न्याय की स्थापना करना चाहते हैं तो हमें देश की वर्तमान न्याय-व्यवस्था एवं न्यायपालिका में आवश्यक सुधार लाने की आवश्यकता होगी।

न्याय की स्थापना की बात करना जितना सहज है, उतना ही कठिन न्याय की स्थापना करना है। न्याय की स्थापना सिर्फ न्याय-व्यवस्था एवं न्यायपालिका में कुछ सुधार लाने से ही संभव नहीं हो सकती, क्योंकि न्याय व्यक्ति के Honesty, Morality, Ethics पर कहीं अधिक निर्भर करता है। राजनियम एवं इस नियम के ही तहत कार्यरत न्यायपालिका अपने आप न्याय स्थापित करने में कुछ हद तक ही सक्षम हो सकती है, क्योंकि न्याय का स्रोत Equity, Natural Justice आदि होता है। जब तक हमारी संवैधानिक

संस्थाओं में कार्यरत व्यक्ति एक पूर्ण व्यक्ति नहीं होगा, तब तक न्याय की स्थापना की कल्पना करना भी निरर्थक होगा। अगर हम न्याय की स्थापना करना चाहते हैं तो हमें सर्वप्रथम अपने चरित्र का निर्माण करना होगा।

अगर हम चरित्रवान हो गए तो न्याय स्थापित करने की राह में आनेवाली सारी बाधाओं को भी हम दूर कर लेंगे और अगर हम चरित्रवान नहीं हैं तो अच्छे-से-अच्छे राजनियम, अच्छी-से-अच्छी न्याय व्यवस्था एवं बड़े-बड़े न्यायालय-कक्ष भी उपयोगी नहीं होंगे। आज कुछ ऐसी ही स्थिति बनी हुई है। हमारे देश में अच्छे-से-अच्छे कानून हैं, किंतु ऐसे अच्छे कानूनों का कार्यान्वयन नहीं होता दिखता है, यहाँ तक कि कुछ अच्छे कानूनों का दुरुपयोग भी होता दिखता है। न्यायालयों में मुकदमों की संख्या बढ़ती ही जा रही है। वर्तमान में हमारे देश में नगरिकों की, खासकर आर्थिक, सामाजिक एवं शैक्षणिक रूप से कमजोर नगारिकों की स्थिति बिल्कुल अच्छी नहीं है, भले ही इनकी स्थिति सुधारने की दिशा में अच्छे-से-अच्छे कानून हों। ऐसी स्थिति में जीवन व्यतीत कर रहे नागरिकों की एक ही अपेक्षा होती है कि उन्हें न्याय मिले, किंतु ऐसे नागरिकों को प्रजातंत्र के हर अंश के क्रियाकलापों से सिर्फ-और-सिर्फ निराश ही होना पड़ता है। जब वे पुलिस के पास जाते हैं तो उनके साथ दुर्व्यवहार किया जाता है। जब वे कार्यपालिका के पास जाते हैं, वहाँ भी उन्हें कुछ प्राप्त नहीं होता है। थक-हारकर जब वे न्यायपालिका की शरण लेते हैं तो वहाँ भी उन्हें वर्षों दौड़ते रहने के सिवा कुछ नहीं मिलता है। वर्तमान न्यायपालिका की कार्यप्रणाली ही कुछ ऐसी है, जिससे न्याय पाने में इतना विलंब हो जाता है कि न्याय ही दम तोड़ देता है। हम सभी जानते हैं कि किसी बीमार को अगर समय पर चिकित्सकीय सहायता न मिल सके तो वह बीमार ही दम तोड़ देगा और उसके लिए चिकित्सा विज्ञान का कुछ भी महत्त्व नहीं रह जाएगा। इसी तरह समय पर अगर न्याय नहीं मिलता है तो सबकुछ समाप्त हो जाता है। प्रश्न उठता है कि न्याय कैसे स्थापित किया जाए। न्याय निश्चित रूप से स्थापित हो सकता है, अगर इस दिशा में हम सिर्फ बड़ी-बड़ी बातें करना छोड़, काम करना शुरू करें। हमें समझना होगा कि देश के

वर्तमान कानूनों एवं वर्तमान न्यायालयों में किस तरह का परिवर्तन करने की आवश्यकता होगी, जिससे न्याय स्थापित हो सके।

अगर हम देश में न्याय को स्थापित करना चाहते हैं तो सर्वप्रथम देश के कानूनों में आवश्यक परिवर्तन करना होगा, जिससे कि प्रक्रियात्मक विलंब को दूर किया जा सके। देश के वर्तमान कानूनों, चाहे फौजदारी मुकदमों से संबंधित कानून हो या दीवानी मुकदमों से संबंधित कानून हो, का अध्ययन करना होगा और उसमें आवश्यक परिवर्तन लाना होगा। सिर्फ कानूनों में परिवर्तन लाने से ही न्याय की स्थापना नहीं हो सकेगी, बल्कि इन कानूनों के तहत न्याय देनेवाले न्यायालयों का भी पुनर्गठन अवश्य ही करना होगा। आज हमारे देश में जो भी न्यायालय हैं, ये वही हैं, जिन्हें अंग्रेजों ने गठित किया था। आज गरीब के लिए तो न्यायालय है ही नहीं, क्योंकि देश में सिर्फ उच्चतम न्यायालय का ही निर्णय अंतिम होता है, जहाँ तक गरीब पहुँच ही नहीं सकता। हमें प्रखंड स्तर पर नहीं तो कम-से-कम जिला स्तर पर ऐसे न्यायालयों को स्थापित करना होगा, जिनका निर्णय अंतिम निर्णय होगा और गरीब को न्याय पाने के लिए जिला से बाहर देश की राजधानी तक नहीं जाना पड़ेगा। न्याय की स्थापना हो सके, इसके लिए वर्तमान सरकार को ही इस ओर ध्यान देना होगा, क्योंकि न्याय की स्थापना के अभाव में असीम भौतिक विकास भी हम सबों के लिए व्यर्थ ही सिद्ध होगा।

❑

न्याय एवं हमारी न्याय-व्यवस्था

आदिकाल से मानव न्याय चाहता ही नहीं रहा है, बल्कि न्याय प्राप्त करने के लिए संघर्ष भी करता आ रहा है। जब-जब मानव को न्याय से वंचित रहने की अनुभूति हुई, तब-तब न्याय के लिए संघर्ष हुआ। न्याय के लिए किया जानेवाला ऐसा संघर्ष कभी विफल नहीं हुआ, बल्कि ऐसे संघर्ष से ही न्याय की स्थापना होती रही। अगर हमें अतीत में जाने और अतीत में हुई घटनाओं का दर्शन करने की शक्ति हो तो हम अतीत में हुए न्याय-संघर्षों की सफलताओं को देख सकते हैं। न्याय-संघर्षों द्वारा स्थापित किए गए न्याय के प्रमाण सिर्फ हमारे अपने देश के अतीत में ही नहीं मिलेंगे, बल्कि विश्व के सारे देशों के अतीत में न्याय-संघर्षों से ही न्याय स्थापित हो जाने के अनेक उदाहरण उपलब्ध होंगे।

विश्व के अतीत में न झाँककर अगर हम अपने देश के अतीत का ही स्मरण करना चाहेंगे तो देख पाएँगे कि हमने भी न्याय स्थापित करने के लिए ऐसा संघर्ष किया था। 15 अगस्त, 1947 के पहले हम पर अंग्रेज शासन करते थे, जिस शासन के विरुद्ध हमने संघर्ष किया था। अंग्रेजों के शासनकाल में अंग्रेजों द्वारा हमारे साथ जो व्यवहार किए जाते रहे, वे सारे व्यवहार हमें स्वीकार्य नहीं थे, क्योंकि अंग्रेजों द्वारा हमारे प्रति किया गया व्यवहार कभी भी न्यायपूर्ण नहीं था। उन दिनों हमारा जीना कष्टप्रद ही नहीं, बल्कि मुश्किल हो गया था। जब-जब हमने अंग्रेजी शासन के विरुद्ध कदम उठाना शुरू किया, तब-तब अंग्रेजों ने अपने द्वारा बनाए गए कानूनों

एवं स्थापित न्यायालयों के आदेश से हमें सिर्फ कैदखानों में ही नहीं डाला, आजीवन कैद की सजा ही नहीं दी, मृत्युदंड की सजा ही नहीं दी, बल्कि जहाँ और जब चाहा, गोली मार दी। जलियाँवाला बाग—जैसी अनेक घटनाएँ घटती रहीं, किंतु हमारा संघर्ष भी चलता रहा। अंत में हमारी ही विजय हुई, हम अंग्रेजों के शासन से मुक्त हो गए और अपने देश के लिए अपना संविधान निर्माण करने में लग गए। अंततः हमने 'भारत का संविधान' का निर्माण कर ही डाला एवं 26 जनवरी, 1950 से इसी संविधान के प्रावधानों के तहत देश ने आगे बढ़ना शुरू कर दिया। अगर आप भारत के संविधान के प्रावधानों का अध्ययन कर चुके हैं या अध्ययन करना चाहेंगे तो समझ सकेंगे कि इस संविधान की आत्मा ही 'न्याय' है और इस संविधान का मुख्य उद्देश्य देश के नागरिकों को हर तरह का, यथा सामाजिक, आर्थिक और राजनीतिक न्याय प्राप्त कराने का है। इसी संविधान के प्रावधानों के तहत नागरिकों को न्याय प्राप्त कराने के लिए विभिन्न न्यायालयों का भी गठन किया गया, जिनका दायित्व नागरिकों को हर तरह का न्याय प्राप्त करा देने का है।

इससे पहले कि हम वर्तमान न्याय-व्यवस्था की सार्थकता या पूर्णता की समीक्षा करें, हमें अपने अतीत की न्याय-व्यवस्थाओं का भी समरण करने की आवश्यकता होगी। इतिहास के पन्नों में पढ़ा जा सकता है कि हमारे देश में सबसे अधिक महत्त्व न्याय को दिया गया था। जब देश में राजाओं का शासन हुआ करता था तो राजा का ही दायित्व अपनी प्रजा को न्याय उपलब्ध कराने का था। राजा को ईश्वर का दर्जा दिया जाता था, अगर वह न्याय स्थापित करने में सक्षम होता था। जो राजा न्याय स्थापित करने में सक्षम नहीं होता था, उस राजा को ही अन्यायी घोषित कर दिया जाता था और अंततः ऐसे अन्यायी राजाओं का अंत भी होता ही था। यह तो राजा की न्याय-व्यवस्था हुआ करती थी, किंतु इसके अतिरिक्त भी हमारे देश में एक न्याय-व्यवस्था थी, जिस व्यवस्था के तहत प्रजा आपस में मिलकर न्याय ही नहीं करती थी, बल्कि न्याय की स्थापना भी करती थी। ऐसी न्याय-व्यवस्था अंग्रेजों के शासनकाल में भी कार्यरत थी,

जिसकी चर्चा हमें मुंशी प्रेमचंद—जैसे महान् लेखक की रचनाओं में मिलती है। महान् लेखक मुंशी प्रेमचंदजी ने अपनी एक कहानी 'पंच परमेश्वर' में पंच, यानी न्यायाधीश में ईश्वर का दर्शन किया था। उन दिनों ऐसी धारणा थी कि किसी भी व्यक्ति को अगर पंच बनाकर न्याय करने का दायित्व दे दिया जाए तो वह व्यक्ति बदल जाता है और ईश्वर की तरह पक्षपातपूर्ण व्यवहार से ऊपर उठ जाता है। आज पंच परमेश्वर की अवधारणा भी समाप्त ही होती दिखती है और हमें न्याय के लिए गाँव से निकलकर शहर में स्थापित न्यायालयों में जाना पड़ता है। पता नहीं पंचों द्वारा न्याय देने की व्यवस्था देश में कब समाप्त हुई, किंतु जब हमारे देश में अंग्रेजों द्वारा अनुमंडल से लेकर प्रिवी काउंसिल के न्यायालयों की स्थापना कर दी गई, तब हमें न्याय पाने के लिए गाँव से बहुत-बहुत दूर लंदन जाना पड़ा। ऐसी स्थिति में हमें गाँव में न्याय मिलने की संभावना भी समाप्त हो गई और इतनी दूर जाकर न्याय पाने का सामर्थ्य भी नहीं रहा और हम अन्याय के साथ ही जीना सीख गए।

आज भी हमें अपने गाँव में न्याय नहीं मिलता है और न्याय पाने के लिए दिल्ली तक की दौड़ लगानी पड़ती है, जिसकी दौड़ हम नहीं लगा सकते हैं और लाचार होकर न्याय प्राप्त करने की असमर्थता के कारण अन्याय के साथ ही जीना सीख लिये हैं। क्या यह ऐसी परिस्थिति नहीं है, जिससे न्याय की हत्या हो रही है? क्या ऐसी स्थिति नहीं आ गई है, जिस स्थिति में न्याय स्थापित करने के लिए एक संघर्ष की आवश्यकता है? भारत के राष्ट्रपति, प्रधानमंत्री, भारत के मुख्य न्यायाधीश से लेकर अन्य बड़े-बड़े पदों पर आसीन व्यक्ति एवं राजनीतिज्ञों के वक्तव्यों को सुनने या पढ़ने से स्पष्ट होता है कि इन सबों की एक ही राय है कि हमारी वर्तमान न्याय-व्यवस्था में सुधार की आवश्यकता है, किंतु दुःख ही नहीं, आश्चर्य इस बात का है कि न्याय-व्यवस्था में सुधार लाने के लिए ऐसा कुछ भी नहीं किया जा रहा है। आज देश की न्याय-व्यवस्था में आवश्यक सुधार लाने की आवश्यकता है। अगर देश की न्याय-व्यवस्था में आवश्यक सुधार नहीं लाया गया तो हमारा विकास ही रुक जाएगा। न्यायिक व्यवस्था में सुधार

लाने की बात करना जितना सरल है, उतनी ही कठिनाई इसके कार्यान्वयन में है। न्याय-व्यवस्था में सुधार लाने के लिए हमें अपने सारे कानूनों का अध्ययन करना होगा, उसे वर्तमान के अनुकूल करना होगा। न्यायालयों के गठन एवं इसके कार्यकलापों में भी सुधार लाना होगा, जिससे समय पर न्याय प्राप्त कराया जा सके। न्याय पाने में अधिक खर्च न हो, इसकी व्यवस्था भी अवश्य ही करनी होगी। त्वरित न्याय दिलाने का हर संभव प्रयास करना होगा। अभी की जो स्थिति है, उससे स्पष्ट है कि हम सभी वर्तमान न्याय-व्यवस्था में सुधार लाना तो अवश्य चाहते हैं, किंतु या तो सुधार लाने में हम सक्षम नहीं हैं या सुधार लाना ही नहीं चाहते हैं।

लोकतंत्र में व्यक्ति अपना सबकुछ अपने चुने हुए प्रतिनिधियों को ही समर्पित कर देता है और उसके पास अपना कुछ नहीं रहता है। उसके पास अगर कुछ रह जाता है तो सिर्फ वोट देकर अपने प्रतिनिधि को चुनने का अधिकार। ऐसी स्थिति में सरकार का ही दायित्व बनता है कि वह न्याय-व्यवस्था में यथाशीघ्र आवश्यक सुधार लाए। सरकार से मेरा मतलब है, सिर्फ सरकार, न कि व्यक्ति, जिसको सरकार चलाने का अवसर मिलता है। व्यक्ति जब सरकार चलाने का अवसर पा लेता है, तब वह व्यक्ति नहीं रहता, बल्कि सरकार होता है, जिसका दायित्व प्रजा के हित में ही कुछ करने का होता है।

वर्षों से हमारी न्याय-व्यवस्था में सुधार लाने की बात अवश्य ही की जा रही है, किंतु हमारी न्याय-व्यवस्था वैसी-की-वैसी ही है। भले ही हम कहते रहते हैं कि हमें अपनी न्याय-व्यवस्था पर विश्वास है और हम इस न्याय-व्यवस्था से संतुष्ट हैं, किंतु ऐसा कहकर हम अपने को ही भ्रमित करते रहते हैं। स्पष्ट है कि आज सरकार सिर्फ-और-सिर्फ न्याय-व्यवस्था में सुधार लाने की बात करती है, किंतु करती कुछ नहीं है। ऐसी स्थिति में हम देश के नागरिकों को ही हमारी न्याय-व्यवस्था में सुधार लाने के लिए आगे आना होगा। संभवतः आज न्याय स्थापित करने के लिए संघर्ष करने की स्थिति आ गई है। अगर हम सभी हमारी अपनी न्याय-व्यवस्था में आवश्यक

सुधार लाने की आवश्यकता समझते हैं तो हमें अवश्य ही संघर्ष करना होगा। यह संघर्ष तो होगा, किंतु बिल्कुल सहज और सरल। हमें एक साथ सिर्फ आवाज उठानी होगी और उस आवाज को अपनी चुनी हुई सरकार तक पहुँचा देना होगा। जैसे ही हमारे संघर्ष की आवाज सरकार तक पहुँचेगी, वैसे ही हमारी न्याय-व्यवस्था में सुधार लाने के लिए सरकार भी तत्पर हो जाएगी। सरकार स्वयं जानती है कि देश की न्याय-व्यवस्था में सुधार कैसे किया जाना है।

❑

न्याय के लिए एक आंदोलन की आवश्यकता

जिला न्यायालयों से लेकर उच्चतम न्यायालय में करोड़ों मुकदमे लंबित हैं, साथ ही रोज नए-नए मुकदमे दायर भी हो रहे हैं, जिनका निष्पादन निकट या दूर भविष्य में भी हो सकेगा या नहीं? हमारे देश के नागरिकों की, हमारी वर्तमान न्याय-व्यवस्था की ही नहीं, बल्कि हमारी सरकार के समक्ष एक विचारणीय समस्या ही नहीं, उन सबों से ही पूछे जानेवाला एक ज्वलंत प्रश्न है।

आम नागरिकों की स्पष्ट धारणा बनती जा रही है कि फौजदारी मामलों के अनुसंधान में विलंब होता है। फौजदारी मामलों के निष्पादन में वर्षों लग जाते हैं जिसका परिणाम विपरीत होता है। फौजदारी मुकदमों का त्वरित निष्पादन नहीं होने से अपराधियों को लाभ मिल जाता है। फौजदारी मुकदमों का निष्पादन अगर समय पर होने लगे तो अपराधियों का मनोबल अवश्य ही टूटेगा और अपराध करने से डरेगा। आज की स्थिति में हत्या—जैसे जघन्य अपराध के निर्णय निष्पादन में भी वर्षों लग जाते हैं। वर्षों बाद हत्याओं जैसे जघन्य अपराध के निर्णय का निष्पादन होने के अनेक उदाहरण हैं। सिर्फ एक उदाहरण, जिसे आप भी जानते होंगे। स्वर्गीय ललित नारायण मिश्रा, पूर्व केंद्रीय मंत्री की हत्या के मामले को याद कर लेने से ही समझ लेंगे कि हत्या—जैसे जघन्य अपराध के निष्पादन में कितना विलंब होता है। स्वर्गीय ललित नारायण मिश्रा की हत्या के मामले का निर्णय 40 वर्षों बाद हो सका। अगर हत्यारा 40 वर्ष तक रहा होगा तो वह बिना सजा पाए ही पूरी आयु जी

लिया होगा। ऐसी स्थिति में ऐसे जघन्य अपराधियों के लिए न्यायालयों के होने या न होने में कुछ अंतर नहीं पड़ेगा। ऐसी स्थिति अगर बनी रही तो अपराधी इस स्थिति का लाभ लेते ही रहेंगे। 40 साल की उम्र में ऐसे अपराधी अपराध भी करेंगे और अपनी पूरी आयु जी भी सकेंगे। यहाँ भी एक प्रश्न उठता है कि फौजदारी मुकदमों का निष्पादन समय पर कैसे हो ?

इसी तरह दीवानी मुकदमों के संबंध में भी आम नागरिकों की स्पष्ट धारणा बनती जा रही है कि दीवानी मुकदमों का निष्पादन उनके जीवन काल में तो नहीं ही हो पाता है, बल्कि दूसरी, तीसरी या चौथी पीढ़ी तक को भी जिला न्यायालयों से लेकर उच्चतम न्यायालय तक दौड़ते रहने के लिए विवश होना पड़ता है। उनकी धारणा है कि न्यायालयों से अगर उसे कुछ मिलता रहता है तो सिर्फ तारीख-पर-तारीख, जिसका परिणाम ऐसे मुकदमों में इतने खर्च की आवश्यकता हो जाती है, जिस खर्च के लिए वे समर्थ नहीं होते हैं। फिर भी ऐसे नागरिक कभी तो घर में पड़े जेवर-जेवरात और कभी अपनी स्थायी संपत्ति मकान और जमीन बेचकर मुकदमों का खर्च जुटाने में लग जाते हैं। ऐसा करने के पश्चात भी ऐसे नागरिकों को निराशा ही मिलती है और साथ ही उसका सबकुछ लुट जाता है। चाहे मुकदमा फौजदारी प्रकृति का हो या दीवानी प्रकृति का, इसके निर्णय निष्पादन में विलंब होने के अनेक कारण हैं और इन कारणों में एक कारण हम स्वयं हैं, क्योंकि न्याय-व्यवस्था की ऐसी स्थिति से भी हम समझौता करते आ रहे हैं।

हमारी न्याय-व्यवस्था की ऐसी स्थिति का मूल कारण है हमारे देश की पुलिस, कानून एवं न्यायालय समाज की गति के साथ कदम मिलाकर नहीं चल पा रहे हैं। व्यक्ति और व्यक्तियों से बना समाज बदल चुका है, किंतु देश की पुलिस, कानून एवं न्याय-व्यवस्था स्थिर है। आज भी वही पुलिस है, वही कानून है, वही न्याय-व्यवस्था है, जिसे अंग्रेजों ने स्थापित किया था। सारे-के-सारे, चाहे वे अपराध से संबंधित कानून हों या नागरिकों के अधिकार से संबंधित कानून हों, वे ही सब हैं, जिन्हें वर्षों पहले अंग्रेजों द्वारा अधिनियमित किया गया था। ऐसी बात भी है कि नए अच्छे-अच्छे कानून का

कार्यान्वयन पूर्णरूपेण नहीं हो सका। ऐसे अच्छे कानून मृतप्राय होते जा रहे हैं और सिर्फ कानून की किताबों में ही रह गए हैं। कानून कितना भी अच्छा, कितना भी सख्त हो, अपने आप में न्याय नहीं होता है। कानून न्याय तक पहुँचने का माध्यम मात्र होता है। अगर आपसे पूछा जाए कि कानून क्या है तो आपका उत्तर होगा, कानून न्याय नहीं है। इसी तरह अगर आपसे पूछा जाए कि न्याय क्या होता है तो आपका उत्तर होगा कि न्याय कानून नहीं होता है, न्याय-सिर्फ-न्याय होता है। आज हम राजनियमों से अपने को तथा देश को भी चलाना चाहते हैं। राजनियम से ऊपर जो नियम होता है, उसे प्राकृतिक नियम कहते हैं। आज हम प्रकृति के नियमों की भरपूर अवहेलना करते हैं और राजनियमों से काम चलाना चाहते हैं, जिसके फलस्वरूप हम न अपने आपको, न आम नागरिकों को ही गुणवत्तापूर्ण जीवन प्रदान कर सकते हैं। प्रकृति का बिल्कुल साधारण नियम है कि हम अपने ही चरित्र को ठीक करें, सादा जीवन एवं उच्च विचार को अपनाएँ। प्रकृति के इस एक नियम का ही अगर हम अनुपालन करें तो परिणाम वही होगा, जिसकी हमें अपेक्षा है।

जब तक हम पर अंग्रेजों का शासन था और हमारी अपनी सरकार नहीं थी, तब तक अपनी पुलिस, कानून एवं न्याय-व्यवस्था को अपने अनुरूप करने में हम समर्थ नहीं थे। उन दिनों हम गुलामी की जंजीर को तोड़ना चाहते थे और तोड़ भी दिया। आजादी के बाद अपना संविधान भी बना लिया और अपने द्वारा बनाए गए संविधान में ही देश के लिए सबकुछ अच्छा करने की प्रतिज्ञा भी कर ली, जो अभी भी संविधान में उपलब्ध है। आजादी के पश्चात् जब हमने अपनी सरकार बनाई तो उस सरकार द्वारा सभी क्षेत्रों का विकास अवश्य किया गया, किंतु पुलिस, कानून एवं न्याय-व्यवस्था जैसे महत्त्वपूर्ण क्षेत्र की ओर उतना ध्यान नहीं दिया जा सका, जितना देना चाहिए। इस क्षेत्र में ध्यान नहीं देने का परिणाम हुआ कि आज हमारी पुलिस, कानून एवं न्याय-व्यवस्था ही समस्या बनती जा रही हैं। आज आवश्यकता है कि सरकार इस ओर ध्यान दे। इसके लिए सरकार को वर्तमान पुलिस, कानून एवं न्याय-व्यवस्था का अध्ययन करना होगा और वर्तमान समाज के चरित्र के अनुरूप

पुलिस को तैयार करना होगा, कानून बदलना होगा, साथ ही न्यायालयों के कार्यकलाप में भी परिवर्तन लाना होगा। प्रखंड नहीं तो कम-से-कम जिला स्तर पर ऐसे न्यायालयों का गठन करना होगा, जिनका न्यायादेश/न्याय-निर्णय अंतिम होगा। आज गरीब-से-गरीब आदमी को न्याय के लिए उच्चतम न्यायालय, दिल्ली तक जाना पड़ता है। वर्तमान न्याय-व्यवस्था में सुधार लाने की बात हम बहुत करते आ रहे हैं, किंतु इन बातों से कुछ लाभ होना नहीं है।

आज सरकार ही नहीं, बल्कि देश का आम नागरिक भी सोचता बहुत अच्छा है, बोलता बहुत अच्छा है, लिखता भी बहुत अच्छा है, किंतु संभवतः जैसा सोचता है, जैसा बोलता है, जैसा लिखता है, वैसा कर नहीं पाता। अगर हम और हमारी सरकार अपनी-अपनी अच्छी सोच के अनुरूप थोड़ा भी करें तो अवश्य ही देश का विकास होगा। भौतिक विकास हम कितना भी कर लें, अगर नैतिक विकास नहीं हो सका तो परिणाम विपरीत ही होगा। न्याय-व्यवस्था को अगर ठीक नहीं कर सके तो इसका कुपरिणाम किसी भी घातक परमाणु बम से अधिक ही होगा। भले ही इसे हम न समझ पाएँ। जब देश के नागरिकों का विश्वास हमारी वर्तमान न्याय-व्यवस्था से उठ जाएगा तो चारों तरफ अराजकता फैल जाएगी। ऐसी स्थिति में उग्रवाद, आतंकवाद, नक्सलवाद, क्षेत्रवाद, सांप्रदायिकता आदि मानसिकताओं का उदय होगा और ऐसी स्थिति में हममें से कोई भी सुरक्षित नहीं रह पाएगा।

हमारी पुलिस, कानून एवं न्याय-व्यवस्था इस स्थिति में हैं, इन्हें भले ही हम व्यक्त करने से दूरी बनाए रखना चाहें, किंतु हम सबों की अंतरात्मा अवश्य चाहती है कि कुछ अच्छा हो। संभवतः वर्तमान स्थिति में आवश्यक परिवर्तन लाने के लिए हमें ही अपनी आवाज उठाकर इस ओर सरकार का ध्यान आकृष्ट करना होगा। प्रजातंत्र में जनता की आवाज का महत्त्व होता है और सरकार जनता की आवाज सुनती है। अगर हम वर्तमान पुलिस, कानून एवं न्याय-व्यवस्था को अपने अनुरूप करना चाहते हैं तो देश स्तर पर एक न्यायिक आंदोलन करने की आवश्यकता होगी। न्यायिक आंदोलन के माध्यम से हम सरकार से माँग कर सकते हैं—

1. भारत सरकार तुरंत एक समिति का गठन करे।
2. सरकार द्वारा गठित समिति वर्तमान पुलिस, कानून एवं न्याय-व्यवस्था का अध्ययन कर सरकार को एक सुझाव दे कि देश की पुलिस, कानून एवं न्याय-व्यवस्था को वर्तमान सामाजिक परिवेश के अनुरूप कैसे परिवर्तित किया जाए।
3. सुझाव के आलोक में सरकार तुरंत फैसला ले।

❑

न्याय या न्यायपालिका की स्वतंत्रता

आजादी के इतने वर्षों बाद 'न्यायपालिका की स्वतंत्रता' पर चर्चा होने लगी है। न्यायपालिका की स्वतंत्रता के संबंध में आज से पहले ऐसी चर्चा क्यों नहीं हुई और आज ही इस संबंध में ऐसी चर्चा की क्यों आवश्यकता हुई है? अपने आप में यह एक समस्या ही नहीं, बल्कि देश के समक्ष एक यक्ष प्रश्न है।

इस समस्या के समाधान एवं इससे संबंधित प्रश्न का उत्तर खोजने के पहले हमें यह जानना आवश्यक होगा कि ऐसी समस्या एवं प्रश्न का कारण क्या है?

संभवत: ऐसी समस्या एवं प्रश्न का कारण प्रजातंत्र के हित से जुड़ा हो, किंतु वर्तमान में इसका मूल कारण देश के उच्च न्यायालयों एवं उच्चतम न्यायालय में न्यायाधीशों की नियुक्ति से जुड़ा प्रतीत होता है। एक लंबे संघर्ष एवं बलिदानों के पश्चात् हमें अंग्रेजों की गुलामी से मुक्ति मिली। स्वतंत्रता आधी रात में आई। आजादी के तुरंत बाद हमने भारत के संविधान का निर्माण भी कर लिया। इसी संविधान के प्रावधानों के अधीन हमने अपने प्रजातंत्र के तीन अंगों यथा—विधायिका, कार्यपालिका एवं न्यायपालिका को एक-दूसरे से अलग रखा। उच्च न्यायालयों एवं उच्चतम न्यायालय के न्यायाधीशों की नियुक्तियों का प्रावधान भी संविधान में ही कर दिया गया।

संविधान के अनुच्छेद 217 के तहत उच्च न्यायालयों के न्यायाधीशों की एवं अनुच्छेद 124 के तहत उच्चतम न्यायालय के न्यायाधीशों की नियुक्ति की

जाती रही। बाद में उच्च न्यायालयों एवं उच्चतम न्यायालय के न्यायाधीशों की नियुक्ति उच्चतम न्यायालय के निर्णयानुसार 'कोलेजियम' द्वारा की जाने लगी। पुनः भारत की संसद् द्वारा संविधान के अनुच्छेद 124 एवं 217 को संशोधित करते हुए उच्चतम न्यायालय के न्यायाधीशों एवं उच्च न्यायालयों के न्यायाधीशों की नियुक्ति राष्ट्रीय न्यायिक नियुक्ति आयोग की सिफारिश पर ही करने का प्रावधान किया गया। राष्ट्रीय न्यायिक नियुक्ति आयोग को उच्चतम न्यायालय में चुनौती दी गई और उच्चतम न्यायालय ने इस आयोग को इस आधार पर निरस्त कर दिया कि ऐसे आयोग के गठन का प्रभाव न्यायपालिका की स्वतंत्रता पर पड़ेगा। उच्चतम न्यायालय द्वारा राष्ट्रीय न्यायिक नियुक्ति आयोग को निरस्त करते हुए वर्तमान कोलेजियम सिस्टम में आवश्यक सुधार की आवश्यकता समझते हुए सुझाव भी माँगा गया। संभवतः अभी तक वर्तमान कोलेजियम सिस्टम में आवश्यक सुधार नहीं किया जा सका है। ऐसी परिस्थिति में उच्च न्यायालय एवं उच्चतम न्यायालय के न्यायाधीशों की नियुक्तियाँ लंबित हैं। उच्च न्यायालयों एवं उच्चतम न्यायालय के न्यायाधीशों की नियुक्तियाँ लंबित रहने से इन दोनों न्यायालयों में मुकदमों की संख्या बढ़ती जा रही है।

उपरोक्त तथ्यों से स्पष्ट है कि न्यायपालिका की स्वतंत्रता की समस्या एवं प्रश्न का मूल कारण उच्चतम न्यायालय द्वारा राष्ट्रीय न्यायिक नियुक्ति आयोग को निरस्त कर दिया जाना ही है। जब तक संविधान के अनुच्छेद 124 एवं 217 या कोलेजियम सिस्टम के तहत उच्चतम न्यायालय एवं उच्च न्यायालयों के न्यायाधीशों की नियुक्ति होती रही, तब तक न्यायपालिका की स्वतंत्रता की समस्या सामने नहीं आई, साथ ही इससे संबंधित प्रश्न भी नहीं उठा। आज देश की न्यायपालिका एवं देश की संसद् के बीच न्यायपालिका की स्वतंत्रता को लेकर ठन-सी गई है। एक तरफ देश की संसद् उच्चतम न्यायालय एवं उच्च न्यायालयों के न्यायाधीशों की नियुक्ति में अपने तरीके से सुधार लाना चाहती है तथा ऐसी नियुक्तियों को पारदर्शी बनाना चाहती है तो दूसरी तरफ देश की न्यायपालिका संसद् द्वारा संविधान में लाए गए संशोधन को न्यायपालिका की स्वतंत्रता के विरुद्ध मानती है। संक्षेप में न्यायपालिका

की स्वतंत्रता की समस्या एवं इससे संबंधित यक्ष प्रश्न का मूल कारण उच्चतम न्यायालय एवं उच्च न्यायालयों में न्यायाधीशों की नियुक्ति ही है।

उच्चतम न्यायालय एवं उच्च न्यायालयों के न्यायाधीशों की नियुक्ति उच्चतम न्यायालय के न्याय निर्णय के आलोक में ही की जाए या संसद् द्वारा अधिनियमित संविधान के (99वाँ संशोधन) अधिनियम, 2014 के अधीन की जाए, इससे देश के आम नागरिकों को कुछ अंतर नहीं पड़ेगा अगर उसे देश की वर्तमान न्यायपालिका से न्याय मिलता रहे। आम नागरिकों को तो सिर्फ-और-सिर्फ सस्ता, सुलभ और त्वरित न्याय चाहिए। देश के न्यायाधीशों या देश की संसद् के लिए भले ही न्यायपालिका की स्वतंत्रता एक समस्या एवं एक यक्ष प्रश्न बन गई हो, किंतु आज यह नग्न सत्य है कि देश की न्यायपालिका आम नागरिकों को सस्ता, सुलभ एवं त्वरित न्याय देने में सक्षम नहीं दिख रही है। ऐसी परिस्थिति में देश के न्यायाधीशों एवं देश की संसद् का दायित्व बनता है कि दोनों मिलकर कुछ ऐसा करें, जिससे देश के नागरिकों को सस्ता, सुलभ एवं त्वरित न्याय मिल सके। अगर ऐसा नहीं किया गया तो न्यायपालिका की स्वतंत्रता या अस्वतंत्रता का महत्त्व देश के नागरिकों या प्रजातंत्र के लिए निरर्थक ही होगा। ऐसा कहा जाता है कि न्यायपालिका प्रजातंत्ररूपी शरीर की रीढ़ की हड्डी होती है, जिसके स्वास्थ्य पर ही प्रजातंत्र की स्वस्थता निर्भर करती है। ऐसे कथन के आलोक में न्यायपालिका की स्वस्थता के लिए इसका स्वतंत्र होना भी एक आवश्यक तत्त्व हो सकता है, किंतु स्वतंत्रता की सीमा भी अवश्य ही होती है। किसी व्यक्ति या किसी संस्था की स्वतंत्रता एक सीमा तक ही रहना उचित होता है, अन्यथा असीमित स्वतंत्रता उस व्यक्ति या उस संस्था के भी हित में नहीं हो सकती है।

सच कहना कभी-कभी भले ही सच कहनेवाले के हित में नहीं हो, किंतु सच कहने की आवश्यकता होती है। हमारा नीतिशास्त्र भी चेतावनी देता है कि सच बोलो, प्रिय सच बोलो, अप्रिय सच नहीं बोलो। 'सत्यम् ब्रूयात्, प्रियम् ब्रूयात्, न ब्रूयात् सत्यम् अप्रियम्।' सच तो यह है कि कुछ लोगों की ऐसी धारणा है, भले ही गलत हो कि न्यायपालिका की स्वतंत्रता सिर्फ-और-

सिर्फ न्यायाधीशों की नियुक्ति को लेकर है। देश की न्यायपालिका अपने तरीके से न्यायाधीशों की नियुक्ति करना चाहती है, जो देश की संसद् को स्वीकार्य नहीं है। ऐसे लोगों का तर्क है कि देश के संविधान का उद्देश्य न्यायपालिका की स्वतंत्रता से था, न कि न्यायाधीशों की स्वतंत्रता से। इस तर्क के पीछे भी उनका एक तर्क है कि अगर संविधान न्यायाधीशों की स्वतंत्रता भी सोचता तो न्यायाधीशों को उनके पद से हटाने के लिए महाभियोग का प्रावधान नहीं करता। भले ही कुछ ही लोग ऐसा तर्क कर रहे हैं, किंतु न्यायपालिका एवं न्यायाधीशों के संबंध में ऐसा तर्क न्यायपालिका के हित में तो नहीं है, साथ ही प्रजातंत्र के हित में भी नहीं है। आज की ऐसी परिस्थिति में देश के न्यायाधीशों और देश की संसद् को भी एक नई न्यायपालिका को स्थापित करना होगा, जो न्यायपालिका किसी भी तरह की आलोचना से ऊपर हो। संभवतः इस दिशा में न तो न्यायाधीशों और न तो देश की संसद् द्वारा ही कुछ प्रयास किया जा रहा है। आज अगर उच्चतम एवं उच्च न्यायालयों के न्यायाधीशों की नियुक्ति को लेकर ही देश की न्यायपालिका एवं संसद् में ठन सी गई है तो इसका समाधान अवश्य ढूँढ़ना होगा। हमारी वर्तमान न्यायपालिका अवश्य ही अंग्रेजों की देन है और हमारी संस्कृति एवं सभ्यता के अनुकूल नहीं है। समय के साथ व्यक्ति और समाज की मानसिकता एवं बौद्धिकता बदलती जा रही है तो प्रजातंत्र से जुड़ी संस्थाओं, चाहे वह न्यायपालिका ही क्यों न हो, को बदलना होगा। अगर न्यायाधीशों की नियुक्ति समस्या बन रही हो तो क्यों नहीं हम न्यायाधीशों की नियुक्ति की प्रक्रिया में आमूल-चूल परिवर्तन कर डालें। कुछ ऐसा करें, जिससे न्यायाधीशों की नियुक्ति में न तो न्यायाधीशों का और न तो संसद् की ही कोई सहभागिता हो। न्यायाधीशों की नियुक्ति की एक ऐसी प्रक्रिया हो, जिससे न्यायपालिका की स्वतंत्रता को अक्षुण्ण रखा जा सके।

हमारी न्यायपालिका त्रिस्तरीय है। त्रिस्तरीय न्यायपालिका में उच्च एवं उच्चतम न्यायालय तो अवश्य ही स्वतंत्र हैं, किंतु जिला न्यायालयों के विषय में ऐसा नहीं माना जा सकता, क्योंकि जिला न्यायालयों को उच्च

न्यायालय के अधीन रखा गया है। जब तक तीनों स्तर के न्यायालयों को हम स्वतंत्रता प्रदान नहीं करेंगे, तब तक न्यायपालिका की स्वतंत्रता की अवधारणा अपूर्ण ही रहेगी। स्वतंत्रता से मेरा अर्थ सिर्फ-और-सिर्फ स्वतंत्रता है, न कि स्वेच्छाचारिता। क्यों नहीं देश के न्यायाधीशगण एवं देश की संसद् मिल-बैठकर हर स्तर पर न्यायाधीशों की नियुक्ति स्वतंत्र प्रतियोगिता के आधार पर करने का सोचें एवं ऐसा निर्णय लें। ऐसा भी निर्णय लिया जा सकता है कि भारतीय न्यायिक सेवा का तुरंत गठन कर दिया जाए एवं भारतीय न्यायिक सेवा के माध्यम से ही जिला न्यायालयों में न्यायाधीशों की नियुक्ति की जाए। जिला न्यायालयों में पदस्थापित भारतीय न्यायिक सेवा के सदस्यों को ही प्रोन्नति देकर उच्च एवं उच्चतम न्यायालय तक ले जाया जाए। राष्ट्र स्तरीय प्रतियोगिता द्वारा योग्यतम विधि स्नातक/अधिवक्ता ही नियुक्त हो सकेंगे, साथ ही ऐसे योग्यतम विधि स्नातक/अधिवक्ता उच्च न्यायालय तक पहुँचते-पहुँचते न्यायिक कार्यों में निपुण भी हो जाएँगे, क्योंकि उच्च न्यायालय तक पहुँचने में कम-से-कम 20-25 वर्ष अवश्य लग जाएँगे। ऐसी परिस्थिति में संभवतः उच्च न्यायालयों एवं उच्चतम न्यायालय में न्यायाधीशों की नियुक्ति में सुविधा तो होगी ही, विलंब भी नहीं होगा, साथ ही ऐसी नियुक्तियों की आलोचना भी नहीं की जा सकेगी। अगर ऐसा नहीं किया जा सके तो कोई दूसरा ही उपाय किया जाना आवश्यक होगा, जिससे न्यायपालिका की स्वतंत्रता अक्षुण्ण रहे और न्यायपालिका की स्वतंत्रता समस्या एवं प्रश्न नहीं बन सके।

आज जिला न्यायालय से लेकर उच्चतम न्यायालय तक करोड़ों मुकदमे लंबित हैं। नए-नए मुकदमे दायर किए जा रहे हैं। मुकदमों का त्वरित निष्पादन असंभव सा हो गया है। आम नागरिक त्रस्त अवश्य है, किंतु कुछ करने की तो बात दूर, कुछ बोलने में भी सक्षम नहीं है। ऐसी स्थिति अगर बनी रही तो देश के नागरिकों का विश्वास अवश्य ही वर्तमान न्यायपालिका से उठता चला जाएगा। देश के नागरिकों को सिर्फ न्याय और न्याय से मतलब होता है, न कि न्यायपालिका की स्वतंत्रता या अस्वतंत्रता से।

❑

हमें एक सुदृढ न्याय-व्यवस्था चाहिए

अखिल भारतीय न्यायिक सेवा के गठन का प्रावधान संविधान (42वाँ संशोधन) अधिनियम, 1976 द्वारा वर्षों (करीब 40 वर्ष) पूर्व कर दिए जाने के पश्चात् भी आज तक इस सेवा का गठन नहीं किया जाना एक संदेश देता है कि अखिल भारतीय न्यायिक सेवा का गठन राष्ट्रहित में आवश्यक (necessary) या समीचीन (expedient) नहीं है। आजादी के पश्चात् भारतीय प्रशासनिक सेवा, भारतीय पुलिस सेवा, भारतीय विदेश सेवा, भारतीय अभियांत्रिक सेवा, भारतीय वन सेवा आदि अनेक सेवाओं का गठन संभवतः राष्ट्रहित में किया जाना उचित समझा गया। भले ही हम अखिल भारतीय न्यायिक सेवा का गठन करने में विलंब करें या नहीं करें, परंतु इस सेवा का गठन राष्ट्रहित में ही नहीं, बल्कि न्याय हित में यथाशीघ्र कर दिया जाना आवश्यक प्रतीत होता है। अपनी न्याय-व्यवस्था में अगर हम सुधार करना चाहते हैं तो न्यायिक सेवा को भारतीय स्तर का बनाना होगा। अखिल भारतीय न्यायिक सेवा के माध्यम से हम प्रतिभावान विधि स्नातकों की नियुक्ति भी कर सकेंगे। पश्चात् इन प्रतिभावान विधि स्नातकों को ही उनके न्यायिक-कार्य के अनुभव एवं योग्यता के आधार पर उच्च न्यायालयों एवं उच्चतम न्यायालय के न्यायाधीशों के रूप में नियुक्त भी कर सकेंगे। ऐसी स्थिति में उच्च न्यायालयों एवं उच्चतम न्यायालय के न्यायाधीशों की नियुक्ति में कठिनाई कम एवं पारदर्शिता अधिक होगी। आज जिस पद्धति से उच्च न्यायालयों एवं उच्चतम न्यायालय के न्यायाधीशों की नियुक्ति की जाती है,

वह पद्धति विवादित दिखती है।

हमारी न्यायपालिका जिस पद्धति से उच्च न्यायालयों एवं उच्चतम न्यायालय के न्यायाधीशों की नियुक्ति करना चाहती है, वह पद्धति हमारी संसद् को स्वीकार्य नहीं है। ऐसे विवाद के कारण देश के उच्च न्यायालयों एवं उच्चतम न्यायालय के न्यायाधीशों की नियुक्ति में विलंब होता दिख रहा है, जिसका परिणाम देश के नागरिकों को ही भुगतना पड़ रहा है। ऐसी स्थिति से हमें जल्द ही बाहर निकलना होगा और एक ऐसी पद्धति का निर्माण करना होगा, जिस पद्धति से उच्च न्यायालयों एवं उच्चतम न्यायालय के न्यायाधीशों की नियुक्ति की जा सके। न्यायाधीशों की नियुक्ति के लिए कोई ऐसी पद्धति की खोज कर लेनी होगी, जिस पद्धति से योग्यतम नागरिकों की ही नियुक्ति न्यायाधीश के पद पर की जा सकेगी। अगर हम अखिल भारतीय न्यायिक सेवा का गठन कर लें एवं इसी सेवा के सदस्यों को उनके न्यायिक-कार्य के अनुभव एवं योग्यता के आधार पर उच्च एवं उच्चतम न्यायालय के न्यायाधीशों के पद पर नियुक्त करना शुरू कर दें तो आज न्यायाधीश की नियुक्ति संबंधी न्यायपालिका एवं संसद् के बीच का विवाद स्वयं समाप्त हो जाएगा। संभवतः अखिल भारतीय न्यायिक सेवा के सदस्यों को ही उच्च एवं उच्चतम न्यायालय के न्यायाधीशों के रूप में नियुक्त करना एकमात्र उपाय प्रतीत होता है, क्योंकि ऐसी नियुक्तियों को न्यायपालिका या संसद् द्वारा प्रभावित करना कठिन होगा। अगर देश उच्च एवं उच्चतम न्यायालयों के न्यायाधीशों की नियुक्ति को पारदर्शी नहीं बना पाता है तो हमारी न्यायपालिका निष्प्रभावी ही नहीं, बल्कि इस पर से नागरिकों का विश्वास भी उठता चला जाएगा। जिस दिन देश की न्यायपालिका निष्प्रभावी हो जाएगी और उस पर से नागरिकों का विश्वास उठने लगेगा, उस दिन हम सभी, चाहे कितने ही बड़े हों या कितने ही छोटे, एक साथ असुरक्षित हो जाएँगे। वर्तमान में देश की जो न्याय-व्यवस्था है, वह सुधार चाहती है, जिसका दायित्व केंद्र सरकार का है। केंद्र सरकार न्यायिक व्यवस्था में सुधार लाना चाहती है और आशा की जा सकती है कि जल्द ही एक सुदृढ न्याय-व्यवस्था की स्थापना कर ली जाएगी।

न्याय-क्षेत्र में हम भारत के लोग आज भी वहीं हैं, जहाँ अंग्रेजों ने हमें छोड़ा था। आज तक हम न तो अपना न्याय-शास्त्र (Jurisprudence), न तो अपनी संस्कृति-सभ्यता के अनुरूप अपना राज-नियम (State Laws) और न तो न्यायालयों का ही गठन कर सके। अवश्य ही आजादी के बाद हम भारत के लोग अपना संविधान निर्माण करने का दावा करने लगे, किंतु ऐसा प्रतीत होता है कि हमने पुनः भारत सरकार अधिनियम, 1935 (Government of India Act, 1935) में ही थोड़ा-बहुत संशोधन कर अपना संविधान बनाया। अवश्य ही हमने विश्व के अन्य देशों के संविधान से भी अच्छे-अच्छे प्रावधान अपने संविधान में समाहित कर लिये, जो हमारे प्रजातंत्र के हित में जान पड़ा। इस तरह ऐसा प्रतीत होता है कि हम भारतीयों ने जो संविधान बनाया, उसमें अधिकतर प्रावधान ऐसे हैं, जिन्हें हमने दूसरे देशों के संविधानों से लिया, किंतु अपने देश की संस्कृति और सभ्यता के अनुरूप संविधान बनाने का जितना प्रयास करना चाहिए था, उतना नहीं कर सके।

दूसरे देशों की अच्छी बातें एवं दूसरे देशों के संविधान के अच्छे प्रावधानों को अपना लेना अवश्य ही अच्छी बात हो सकती है, किंतु अपने देश की सभ्यता और संस्कृति एवं ज्ञान, जिसके बल पर, हम कभी विश्व गुरु कहलाते थे और आज भी हम विश्व गुरु होने का दावा करते हैं, से दूर हटकर संविधान का निर्माण करना हमारे ही हित के विरुद्ध सिद्ध होता जा रहा है। अपनी संस्कृति एवं सभ्यता के अनुरूप न्याय-शास्त्र एवं शास्त्रसम्मत नियम (Laws), अपना न्यायालय एवं अपना न्यायाधीश (Judges) जिसकी तुलना हम भगवान् से किया करते थे, भी था, जिसे हमने अपने संविधान में स्थान देना स्वीकार ही नहीं किया। आज भी हमारा न्यायालय विदेशी न्याय-शास्त्र, विदेशी पेनल कोड, विदेशी साक्ष्य अधिनियम एवं विदेशी प्रक्रियात्मक कानून के आधार पर ही न्यायादेश या न्याय-निर्णय पारित करने को बाध्य है। जब तक हम अपने न्याय-शास्त्र, अपनी संस्कृति एवं सभ्यता के अनुरूप कानून एवं न्यायालय की प्रक्रिया का सृजन नहीं करेंगे, तब तक हम न्याय तक नहीं पहुँच सकेंगे।

आज हम जजों की नियुक्ति के लिए नियम पर निर्भर करने लगे हैं, नए-नए कानून बनाकर कानून का जंगल बना लिया है। भले ही बनाए कानून का अनुपालन न किया जा सके और बहुत सारे कानून मृत हो गए हों, यहाँ तक कि हम अपने चरित्र-निर्माण की दिशा में भी कुछ नहीं कर सके। हमने 'वसुधैव कुटुंबकम्', 'सर्वे भवन्तु सुखिन:' ऐसे उच्च विचारों से अपने चरित्र का निर्माण किया था एवं पूरे विश्व को ऐसा ही संदेश दिया था। आज हम न तो अपने इन उच्च विचारों में विश्वास रखते हैं, न तो विश्व को कुछ संदेश देने की स्थिति में हैं। इसके विपरीत आज हमने विश्व से संदेश लेना सीख लिया एवं सिर्फ-और-सिर्फ भौतिक विकास में ही विश्वास करना शुरू कर दिया। हम जानते थे कि भौतिक विकास से अधिक महत्त्व नैतिक एवं आत्मिक विकास का था। हमारे यहाँ जजों की नियुक्ति नहीं होती थी, बल्कि जन्मजात जज हुआ करते थे। जज का चरित्र जन्म से ही ऐसा होता था कि भगवान् भी उसके यहाँ पैरवी करें तो ऐसा जन्मजात जज सिर्फ-और-सिर्फ न्याय की सुनता था, भगवान् का नहीं।

उपरोक्त सारे तथ्य नग्न सत्य हैं, किंतु इसे हम स्वीकारना नहीं चाहते हैं, क्योंकि हम अब तक काफी कमजोर हो चुके हैं। आज हम इन्हीं सारे नग्न तथ्यों के साथ जीना चाहने लगे हैं। आज अर्थ उपार्जन से अधिक कुछ भी हमारे लिए महत्त्वपूर्ण नहीं है। आज सबकुछ व्यक्ति केंद्रित हो चुका है। चाहे शासक वर्ग हो, न्यायाधीश वर्ग हो, व्यापारी वर्ग हो, यहाँ तक कि आध्यात्मिक गुरुओं का वर्ग हो, सभी-के-सभी अर्थोपार्जन में ही लगे हुए दीख पड़ते हैं। हम अवश्य ही तर्क प्रस्तुत कर सकते हैं कि हम आज भी ठीक हैं, किंतु तर्क से सत्य को नहीं बदल सकते। हमें दिशा परिवर्तन करने की आवश्यकता है। जब तक हम अपने आप में बदलाव नहीं लाएँगे, तब तक कुछ अच्छा नहीं हो सकेगा।

आम आदमी, आम आदमी होता है। वह पहले से ही इतना नीचे होता है कि उसे और नीचे जाने का डर नहीं होता है। आप भले ही आम आदमी पर दया करने की भूलकर सकते हैं, किंतु आम आदमी आप—जैसे खास

आदमी से अवश्य ही बेहतर स्थिति में जीवनयापन करता है। आम आदमी को न तो शासक वर्ग से, न तो न्यायालयों से और न तो आध्यात्मिक गुरुओं से ही वास्ता होता है।

आज की त्रासदी है कि हमारी न्याय-व्यवस्था ही दिशाहीन दिख रही है। सच तो यह है कि वर्तमान न्याय-व्यवस्था से हम संतुष्ट नहीं हैं, किंतु हमारी ऐसी क्षमता भी नहीं है कि हम अपनी न्याय-व्यवस्था को एक नई दिशा दे सकें। प्रजातंत्र में आम आदमी ही परिवर्तन ला सकता है, किंतु आज आम आदमी का एकजुट होना असंभव सा प्रतीत होता है, क्योंकि आम आदमी को सही नेतृत्व प्राप्त ही नहीं हो पा रहा है। आम आदमी जब किसी नेतृत्व में विश्वास कर आगे बढ़ना चाहता है तो उसे पता चलता है कि वह अपने नेता से ही ठगा जा रहा है। जब तक हम अपनी न्याय-व्यवस्था को सुदृढ नहीं करेंगे, तब तक हम कितना भी भौतिक विकास कर लें, हमारा जीवन भयावह होता चला जाएगा। आज न्याय-व्यवस्था को सुदृढ करने के लिए, जो सक्षम हैं, पता नहीं वे सभी क्यों वर्तमान न्याय-व्यवस्था के ही पक्षधर हैं। हमें एक सुदृढ न्याय-व्यवस्था की आवश्यकता है। अगर हम चाहें तो रातोरात नहीं, बल्कि क्षण भर में ही एक सुदृढ न्याय-व्यवस्था की स्थापना कर सकते हैं। हमें कुछ ऐसी न्याय-व्यवस्था को स्थापित करना होगा, जिसमें किसी व्यक्ति के मन-मस्तिष्क या बुद्धि की भूमिका कम-से-कम हो।

❑

देश के विधिवेत्ताओं के समक्ष चुनौतियाँ

- वर्तमान न्याय-व्यवस्था देश की सभ्यता एवं संस्कृति के अनुरूप नहीं
- वर्तमान समाज अपने अधिकारों से वंचित
- सामाजिक न्याय के बहाने सत्ता हासिल करने की कवायद
- वर्तमान समाज अर्थहीन।

व्यक्ति के समूह से बना आज का समाज, सरकार एवं सरकार के अंग यथा—विधायिका, कार्यपालिका, न्यायपालिका, विभिन्न सरकारी सेवा के पदाधिकारियों तथा सरकार द्वारा गठित विभिन्न न्यायाधिकरणों, आयोगों, परिषदों आदि पर ही आश्रित होता दिख रहा है। आज का व्यक्ति एवं समाज की अवधारणा बनती जा रही है कि उसके लिए सबकुछ सरकार ही कर देगी। ऐसी अवधारणा का ही परिणाम है कि आज का व्यक्ति या समाज छोटी-से-छोटी दुर्घटना के लिए भी सरकार को ही जिम्मेदार मानता है, भले ही बड़ी-से-बड़ी या छोटी-से-छोटी दुर्घटनाओं के लिए जिम्मेदार स्वयं व्यक्ति या समाज ही क्यों न हों? आज के व्यक्ति और इसके समूह से बने समाज की ऐसी स्थिति गंभीर समस्या बनती जा रही है, जिसके समाधान की आवश्यकता है। अगर हम इस गंभीर समस्या का समाधान यथाशीघ्र न कर सके तो आज का व्यक्ति, समाज और सरकार एक साथ अर्थहीन एवं असुरक्षित होता चला जाएगा। वैसी स्थिति में भी सरकार तो अवश्य बनेगी, किंतु कुछ कर नहीं सकेगी। संभवतः ऐसी स्थिति उत्पन्न हो जाने का कारण भी आज के व्यक्ति

और समाज, दोनों की दिशाहीनता ही प्रतीत होती है। आज जिस स्थिति में हम पहुँच चुके हैं, वही स्थिति हम सबों की दिशाहीनता को प्रमाणित करती है। संभवत: हमारी सारी अवधारणाएँ, चाहे वे व्यक्ति या समाज से संबंधित हों, सामाजिक न्याय या न्यायिक न्याय से संबंधित हों या इसी तरह की अन्य अवधारणाओं से संबंधित हों, हमें व्यवस्थित करने में असमर्थ रहीं। ऐसी ही कुछ अवधारणाओं पर विचार किया जा सकता है।

व्यक्ति और समाज

आदिकाल से हम व्यक्ति और समाज के संबंध को जानते हैं। हम जानते हैं कि व्यक्ति और समाज में अन्योन्याश्रय संबंध है, जिसका अर्थ होता है कि व्यक्ति समाज पर आश्रित होता है और समाज व्यक्ति पर। व्यक्ति समाज को प्रभावित करता है और इसी तरह समाज व्यक्ति को प्रभावित करता है। व्यक्ति से समाज का निर्माण होता है और समाज से व्यक्ति का निर्माण होता है। अंततः जैसा व्यक्ति होगा, वैसा ही समाज भी होगा और जैसा समाज होगा, वैसा ही व्यक्ति भी होगा। व्यक्ति यथार्थ होता है, जबकि समाज इसी यथार्थ का विराट् स्वरूप होता है। अपने देश के इतिहास के पन्नों का अवलोकन करने से स्पष्ट होता है कि हमने व्यक्ति निर्माण पर विशेष ध्यान दिया था। हमारे पास ऐसा ज्ञान था, जिस ज्ञान से हमने न केवल अपने देश के व्यक्तियों को चरित्रवान बनाया था, बल्कि उसी ज्ञान से पूरे विश्व को भी प्रभावित किया था। जब तक व्यक्ति चरित्रवान रहा, तब तक समाज भी चरित्रवान बनता रहा और चरित्रवान समाज भी चरित्रवान व्यक्ति का निर्माण करता रहा। जैसे-जैसे व्यक्ति में बदलाव आता गया, वैसे-वैसे ही समाज भी बदलता गया और एक ऐसी स्थिति आ गई कि व्यक्ति तो काफी मजबूत हो गया, किंतु समाज ही कमजोर पड़ गया। आज व्यक्ति ही समाज से मजबूत दिख रहा है, क्योंकि ऐसा देखा जा रहा है कि एक व्यक्ति ही पूरे समाज को प्रभावित करने में सक्षम हो रहा है। व्यक्ति का समाज से मजबूत होना तभी तक अच्छा है, जब तक ऐसा मजबूत व्यक्ति समाज को सही दिशा दे सके और उसे सुरक्षित रख सके।

अगर व्यक्ति समाज से मजबूत होकर पूरे समाज को दिशाहीन कर दे तो एक भयावह स्थिति हो जाएगी। जब व्यक्ति और समाज मिलकर भी अपने को सुरक्षित करने में असमर्थ होने लगे, तब व्यक्ति और समाज ने अपना अस्तित्व मिटाकर सरकार की कल्पना ही नहीं की, बल्कि अपने लिए एक सरकार का निर्माण भी कर लिया। जब सरकार का निर्माण हो गया, तब व्यक्ति या समाज को करने के लिए कुछ नहीं बचा। व्यक्ति और इससे बना समाज सरकार के कार्यकलापों पर ही आश्रित हो गया। ऐसी स्थिति में सरकार व्यक्ति और समाज को सुरक्षित रख सकने में सफल होती है, तब तो एक अच्छी बात, अन्यथा सरकार के अस्तित्व को भी खत्म कर देने की आवश्यकता होगी और हमें पुनः एक ऐसे समाज का निर्माण करना होगा, जो अपने सदस्यों (व्यक्तियों) को सुरक्षित कर सकने में समर्थ हो।

जहाँ तक न्याय की बात है, जब न्यायालय नहीं हुआ करता था तो भी हम न्याय किया करते थे। ऐसा न्याय व्यक्ति से बने समाज द्वारा ही किया जाता था, जिस न्याय पर व्यक्तियों का विश्वास भी देखा जाता रहा। जब सरकार बन गई तो न्याय के लिए न्यायालय का जन्म भी हुआ और समाज के हाथ में कुछ नहीं रहा। उपरोक्त पृष्ठभूमि में हम समझना चाहेंगे कि सामाजिक न्याय की अवधारणा से हमारा क्या अर्थ हुआ करता था।

सामाजिक न्याय

हमारा संविधान सामाजिक न्याय (Social Justice) के महत्त्व को समझते हुए इस न्याय को सुरक्षित एवं सुनिश्चित कर देने के लिए संकल्पित प्रतीत होता है। राजनीति के मैदान में भी सामाजिक न्याय की सिर्फ प्रखरता से चर्चा ही नहीं की जा रही है, बल्कि सत्ता की दौड़ में जो भी हैं, वे सभी इसी सामाजिक न्याय की अपनी-अपनी अवधारणा के आधार पर सत्ता प्राप्त करने में संलग्न दिखते हैं। हमारे संविधान में सामाजिक न्याय की बात तो अवश्य की गई है, किंतु इसे परिभाषित नहीं किया गया है। फलस्वरूप सभी अपने अनुरूप एवं अनुकूल सामाजिक न्याय का अर्थ समझने में लगे हुए हैं। सामाजिक न्याय पर आज जितनी भी चर्चाएँ हो रही हैं, इन्हें अगर एक साथ

देखा जाए तो ऐसा लगेगा कि सामाजिक न्याय का अर्थ समाज के दलितों, पिछड़ों, गरीबों आदि को कुछ आर्थिक, राजनीतिक आदि लाभ दे देने से है। संभवत: सामाजिक न्याय की इसी अवधारणा से सामाजिक न्याय की स्थापना नहीं हो पा रही है।

सामाजिक न्याय (Social Justice) का सत्य

सामाजिक न्याय का सत्य संभवत: उस न्याय से है, जो समाज द्वारा व्यक्ति एवं स्वत: समाज के लिए किया जाता हो। आज समाज न्याय करने की स्थिति में है ही नहीं, क्योंकि न्याय के लिए हमने न्यायालय का गठन कर दिया है। चाहे आपराधिक या अन्य अधिकारों से संबंधित विवाद हों, आज का समाज ऐसे विवादों को सुलझाने के लिए अधिकृत नहीं है। ऐसे सारे विवादों, जिनका निष्पादन समाज किया करता था, आज न्यायालय द्वारा ही किया जाना है। ऐसी स्थिति में आज समाज तो है, किंतु अर्थहीन। आज समाज को उनके सारे अधिकारों से वंचित कर दिया गया है, फिर भी हम सामाजिक न्याय के रास्ते से सत्ता तक पहुँचने में लगे हैं। इसके अतिरिक्त हमने जो आज सरकार बना ली है, उसके द्वारा विधि का शासन (Rule of Law) स्थापित करने का असफल प्रयास करते जा रहे हैं। Rule of Law के स्थान पर अगर हम Rule of Society को स्थापित करने की बात करते तो अवश्य ही सामाजिक न्याय की स्थापना हो पाती। ऐसी स्थिति में जब समाज को, न कि तथाकथित सरकार को न्याय करने का अधिकार होता, तब व्यक्ति या व्यक्तियों पर समाज का भय होता। आज व्यक्ति समाज से नहीं डरता है और आज की न्याय-व्यवस्था के साथ भी खिलवाड़ करने में समर्थ हो जाता है। आज भले ही हम वर्तमान न्याय-व्यवस्था के पक्षधर हों, किंतु एक नई न्याय-व्यवस्था की आवश्यकता से भी हम असहमत नहीं हो सकते हैं।

नैसर्गिक कानून एवं न्याय (Divine Laws & Justice)

पहले हम कानून एवं न्याय (Laws & Justice) के अनुरूप अपना सारा व्यवहार करते थे। आज हम Man-made laws (राज-नियम) के अधीन हैं।

जब तक हम ईश्वरीय नियम यथा, झूठ बोलना, दूसरे का धन हड़पना, बलात्कार एवं हत्या करना, दूसरे को किसी तरह की हानि पहुँचाना आदि को अपराध मानते रहे एवं इन Divine Laws का अनुपालन करते रहे, तब तक हमें Man made laws की आवश्यकता नहीं हुई। जब हमने Divine Laws का अनुपालन छोड़ दिया, तब Man made laws की आवश्यकता हो गई।

वस्तुत: Man made laws की आवश्यकता इसलिए हुई कि हमने Divine Laws का अनुपालन करना छोड़ दिया। जब हम Divine Laws की अवहेलना करते हैं, तब Man made laws हमें सजा देते हैं। आज हम सब जिस स्थिति में हैं, उस स्थिति में अवश्य ही सुधार लाने की आवश्यकता है। निश्चित रूप में हमने Divine Laws के स्थान पर Man made laws को ही स्थापित कर दिया है। यहाँ यह कह देना आवश्यक होगा कि Divine Laws के ज्ञाता एवं उसे अनुपालन करनेवाले व्यक्ति, समाज, यहाँ तक कि राजा को देवता की श्रेणी में रखकर उसे देवता के नाम से पुकारा जाता था। इसी तरह Man made laws का ज्ञाता एवं संरक्षक, चाहे वह कोई भी हो, उसे हम विधिवेत्ता (Jurist) के नाम से जानते हैं। चूँकि आज हम Man made laws के अधीन हैं, जिसके ज्ञाता आज के विधिवेत्ता हैं, हमें उन्हीं विधिवेत्ताओं से अपेक्षा है।

कौन है विधिवेत्ता (Jurist)

Man made laws के ज्ञाता ही आज के विधिवेता (Jurist) हो सकते हैं। देश में लाखों की संख्या में न्यायालय में कार्य करनेवाले अधिवक्ता एवं इन न्यायालयों के पीठासीन पदाधिकारी, जिन्हें हम न्यायाधीश के नाम से जानते हैं, ही विधिवेत्ता (Jurist) माने जाते हैं। आज इन्हीं विधिवेत्ताओं का दायित्व बनता है कि वे वर्तमान न्याय-व्यवस्था में अगर सुधार लाने की आवश्यकता है तो इस दिशा में प्रयत्न करें। हमारे देश में बड़े-से-बड़े विद्वान अधिवक्ताओं एवं बड़े-से-बड़े न्यायाधीशों की कमी नहीं है, किंतु आज तक हम अपनी न्याय-व्यवस्था को अपने देश की सभ्यता एवं संस्कृति के अनुरूप स्थापित नहीं कर सके। देश के विधिवेत्ताओं के लिए यह एक चुनौती है। ये

विधिवेत्ता ही देश के कानूनों के निर्माण में सहायक होते हैं। मेरी समझ से देश के विधिवेत्ताओं को चाहिए कि एक साथ बैठकर देश की वर्तमान न्याय-व्यवस्था, जिसका आधार Man made laws ही है, में आवश्यक सुधार लाने का प्रयास अवश्य करें।

❑

क्या कोर्ट के आदेश से रामराज आ जाएगा

प्रधान न्यायाधीश के उपरोक्त वक्तव्य के अनेक अर्थ हो सकते हैं और ऐसे सभी अर्थ तर्क पर आधारित होंगे। देश की आम जनता का अलग तर्क होगा तो देश के विधिवेत्ताओं का अलग तर्क होगा और इसी तरह देश के राज मर्मज्ञों (Statesmen) का भी अपना तर्क होगा। अलग-अलग तर्कों पर प्रधान न्यायाधीश के वक्तव्य का अर्थ सही भी हो सकता है और गलत भी, किंतु सच, सच होता है और किसी तरह के तर्क या तर्कों से ऊपर होता है। प्रधान न्यायाधीश के वक्तव्यों का एक अर्थ निकाला जा सकता है कि वर्तमान न्यायपालिका को संदेह हो रहा है कि वर्तमान न्यायपालिका न तो कत्ल, न तो रेप जैसे संगीन अपराधों और न तो इस तरह की अन्य बुराइयों को मिटा सकती है, क्योंकि उच्चतम न्यायालय की भी अपनी सीमाएँ हैं। प्रधान न्यायाधीश का ऐसा भी संदेह है कि कोर्ट के आदेश से रामराज स्थापित नहीं हो सकता है। प्रधान न्यायाधीश का ऐसा वक्तव्य अगर वैयक्तिक है तो अवश्य ही उनके ऐसे वैयक्तिक वक्तव्य से देश को कुछ लेना-देना नहीं है, किंतु उनका ऐसा वक्तव्य अगर हमारी न्यायपालिका के सच को सामने रख रहा है तो अवश्य ही देश के लिए चिंता का विषय है। न्यायपालिका को अपने आप पर संदेह हो रहा है तो अवश्य ही देश की आम जनता को ही ऐसा कुछ करना होगा, जिससे एक ऐसी न्यायपालिका की स्थापना की जा सके, जिसे अपने ऊपर संदेह न हो। हमारा उद्देश्य एवं अपेक्षा सदा से रही है कि हम रामराज की स्थापना कर सकें, किंतु हमारे देश की न्यायपालिका को ही अपने आप पर विश्वास नहीं दीख पड़ता है कि हमारी न्यायपालिका रामराज स्थापित करने

में समर्थ है ? ऐसी स्थिति में अवश्य ही वर्तमान न्यायपालिका में आवश्यक सुधार लाने की आवश्यकता होगी, जिससे कि न्यायपालिका को अपने ऊपर विश्वास हो। न्यायपालिका का संबंध न्याय से है और न्याय का संबंध व्यक्ति, समाज और देश के अस्तित्व से है। जिस दिन व्यक्ति, समाज या देश को न्याय नहीं मिलेगा, उस दिन इन सबों का अस्तित्व ही मिटने लगेगा या मिट जाएगा। हमें हर परिस्थिति में न्याय स्थापित करना होगा।

आजादी के बाद हमने अपने संविधान का निर्माण किया और वर्तमान न्यायपालिका का प्रावधान संविधान में कर दिया। वर्तमान न्यायपालिका संवैधानिक है। आज तक इसी संवैधानिक न्यायपालिका पर हमारा विश्वास रहा और आज हमें इसी न्यायपालिका से न्याय मिलता रहा। आजादी के 70 वर्ष बाद उच्चतम न्यायालय के प्रधान न्यायाधीश के ऐसे वक्तव्य का कारण क्या हो सकता है, उसे जानना पड़ेगा और उसका निदान भी करना पड़ेगा। प्रधान न्यायाधीश के इस वक्तव्य का कारण वर्तमान न्यायपालिका की अक्षमता है या कुछ और ? देश की जनता जानती है कि इधर कुछ महीनों से उच्चतम न्यायालय एवं केंद्र सरकार के बीच उच्च एवं उच्चतम न्यायालयों के न्यायाधीशों की नियुक्तियों को लेकर मतभेद चल रहा है। आजादी के बाद उच्च एवं उच्चतम न्यायालयों के न्यायाधीशों की नियुक्ति संविधान के प्रावधानों के तहत की जाती रही, पश्चात् उच्चतम न्यायालय के निर्णयानुसार उच्च एवं उच्चतम न्यायालय के न्यायाधीशों की नियुक्ति कॉलेजियम पद्धति के द्वारा की जाने लगी। संभवत: केंद्र सरकार ने इन नियुक्तियों को पारदर्शी बनाने के लिए राष्ट्रीय न्यायिक नियुक्ति आयोग अधिनियम पारित कर दिया। इस नियम को उच्चतम न्यायालय ने निरस्त कर दिया, क्योंकि उच्चतम न्यायालय अपने तरीके से न्यायाधीशों की नियुक्ति करना चाहता है तो सरकार एक अलग तरीके से। प्रधान न्यायाधीश का वक्तव्य अगर उच्च एवं उच्चतम न्यायालयों में न्यायाधीशों की नियुक्ति संबंधी केंद्र सरकार द्वारा राष्ट्रीय न्यायिक नियुक्ति आयोग अधिनियम की पृष्ठभूमि में है तो केंद्र सरकार का दायित्व बनता है कि ऐसे मतभेद का समाधान शीघ्र कर ले।

प्रधान न्यायाधीश के वक्तव्य का कारण कुछ भी हो, किंतु अगर आप देश के 125 करोड़ नागरिकों से पूछेंगे तो कुछ को छोड़कर सभी एक स्वर से यही कहेंगे कि वर्तमान न्यायपालिका से उसे सस्ता, सुलभ एवं त्वरित न्याय नहीं मिल रहा है। ये सभी एक स्वर से एक ऐसी न्यायपालिका का गठन करना चाहेंगे कि उन्हें सस्ता, सुलभ और त्वरित न्याय मिल सके। ऐसी न्यायपालिका का गठन बिल्कुल आवश्यक है, किंतु आसान नहीं है। वर्तमान न्यायपालिका में सुधार लाने की आवश्यकता अवश्य ही है, किंतु हम करने में सक्षम नहीं हैं। चूँकि हम न्यायपालिका में सुधार लाने में सक्षम नहीं हैं, संभवतः इसीलिए हम उसी न्यायपालिका से काम चला रहे हैं, जो अंग्रेजों की बनाई हुई थी। चाहे वर्तमान न्यायपालिका में सुधार लाना कितना ही कठिन हो, इसे तुरंत करना होगा और अगर नहीं कर सके तो इसका परिणाम अच्छा नहीं होगा।

आज समाज वंचित सा हो गया है और व्यक्ति मजबूत। आज समाज पर व्यक्ति का शासन प्रतीत हो रहा है। ऐसी बात नहीं है कि आजादी के बाद हमने सामाजिक न्याय को बढ़ाने के लिए कुछ नहीं किया, किंतु उससे अधिक करने की आवश्यकता है। आज समाज एक साधारण पुलिस, कार्यपालिका के छोटे-छोटे पदाधिकारी एवं न्यायपालिका से डरता है। उसका परिणाम होता है कि सभ्य नागरिक न तो पुलिस के पास जाना चाहता है और न न्यायालय में जाकर साक्ष्य देना चाहता है। किसने अपराध किया, इसे समाज का हर व्यक्ति जानता है, किंतु पुलिस और न्यायालय के पास जाकर वह सच बोलने से डरता है। सामाजिक न्यायालय से मेरा मतलब है कि विवादों, चाहे फौजदारी हो या दीवानी, का निर्णय समाज के लोगों द्वारा ही किया जाए और किसी को वर्त-मान पुलिस एवं न्यायालय की शरण न लेनी पड़े। ऐसे सामाजिक न्यायालय का गठन हम चाहें तो कर सकते हैं।

उच्चतम न्यायालय के प्रधान न्यायाधीश के वक्तव्य के आलोक में अगर हम न्याय चाहते हैं तो वर्तमान न्यायपालिका पर निर्भरता छोड़नी होगी और अपना न्याय अपने आप करना होगा। इसके लिए 'सामाजिक न्यायालय' का गठन करना होगा।

आज देश के आम नागरिकों को आगे आकर कुछ करना होगा, अन्यथा सबकुछ हो भी सकता है और नहीं भी हो सकता है। वर्तमान न्यायपालिका में आवश्यक सुधार लाना-ही-लाना होगा और एक ऐसी न्यायपालिका को स्थापित करना होगा, जिसे अपने ऊपर विश्वास हो, न कि आज की न्यायपालिका, जो अपने ऊपर विश्वास खोती नजर आ रही है।

ऐसी स्थिति में अपराधियों पर समाज का डर बढ़ेगा और समाज के डर से उस समाज का सदस्य अपराध करने से घबराएगा। आज की जो स्थिति है, उसमें अपराधी को न तो समाज का डर है, न हमारी सरकार और न्यायालय ही ऐसा डर स्थापित करने में सक्षम हो सका है, जिससे अपराधी अपराध करने से डरे। ऐसे उदाहरणों की कमी नहीं है, जिसमें किसी ने किसी की हत्या, किसी का बलात्कार किया, किंतु वर्तमान पुलिस एवं न्याय-व्यवस्था की कमजोरियों से ही उसे राहत मिल गई। हत्याएँ, बलात्कार, अपहरण, डकैती आदि संगीन अपराध हो रहे हैं, किंतु हम अपराधियों की पहचान तक करने में असमर्थ प्रतीत हो रहे हैं। वर्तमान न्यायालय की सचमुच में सीमाएँ हैं। फौजदारी मामलों में वर्तमान न्यायालय पुलिस द्वारा उपलब्ध कराए गए साक्ष्य पर निर्भर करता है। बहुत सारे ऐसे मामले हैं, जिनमें हत्यारों को इसलिए रिहा कर दिया गया कि उनके विरुद्ध साक्ष्य नहीं मिला। ऐसी स्थिति से निकलने का एक ही रास्ता है, हम समाज को ही हर तरह के न्याय करने का अधिकार दे दें और समाज को ऐसा अधिकार दिए जाने के पश्चात् सरकार उसकी मदद करे। समाज ही फैसला कर दे कि हत्यारा कौन था और उसे क्या सजा मिलनी चाहिए। समाज के द्वारा दिए गए ऐसे फैसले का अनुपालन सरकार अपनी ताकत से करे। अगर ऐसी स्थिति हम बना सके तो अवश्य ही कुछ अच्छा होगा। जब सरकार नहीं बनी थी, कानून नहीं बना था, न्यायालय का गठन नहीं हुआ था, तब समाज मजबूत हुआ करता था और उस मजबूत समाज के डर से बड़े-से-बड़े अपराधी भयभीत रहते थे, किंतु आज ऐसी बात नहीं है। आज भले ही हम कानून के शासन की बात करें, किंतु जो धरातल पर है और जिसके साक्षी हम सभी हैं, वह व्यक्ति का शासन है। एक समय था, जब कहा गया था।

'जा के राज प्रिय प्रजा दुखारी,
ते नृप अवश नरक अधिकारी।'

राजा का दायित्व हुआ करता था, किंतु आज छोटे पदधारक से लेकर बड़े–से–बड़े पदों पर आसीन व्यक्तियों के अधिकार व शक्ति होती है। इन सबों का संभवतः दायित्व भी है, किंतु ये सभी अपने दायित्व का निर्वहन कम और शक्ति का प्रयोग अधिक करते दिख रहे हैं। शक्ति का प्रयोग आवश्यक है, किंतु दायित्व के निर्वहन के लिए, न कि सिर्फ शक्ति प्रदर्शन के लिए।

❑

सरकार बनाम न्यायपालिका

हम सभी प्रजातंत्र के नागरिक हैं और इस प्रजातंत्र की एक सरकार है। प्रजातंत्र की सरकार का ही दायित्व होता है कि वह प्रजातंत्र की स्थापना, प्रजातंत्र की सारी अपेक्षाओं के अनुकूल करे। हम सभी जानते हैं कि प्रजातंत्र का एक ही अर्थ होता है कि ऐसे तंत्र में प्रजा ही सबसे ऊपर होती है। प्रजातंत्र की सरकार का प्रतिनिधित्व प्रजा द्वारा चुने गए प्रतिनिधियों द्वारा ही किया जाता है। इन प्रतिनिधियों को चुनकर सरकार बनाने का अधिकार प्रजा द्वारा ही दिया जाता है। ऐसी स्थिति में प्रजा का ही दायित्व होता है कि वे अपने प्रतिनिधियों का चुनाव करते समय सावधानी बरतें, नहीं तो इसका कुपरिणाम उन्हें ही भुगतना पड़ेगा। जब एक बार प्रतिनिधियों का चुनाव हो जाता है, इन प्रतिनिधियों द्वारा सरकार बना ली जाती है, तब फिर प्रजा के पास कुछ नहीं रहता है। ऐसी स्थिति में सरकार का कार्यकलाप अगर प्रजा के हित में होता है, तब तो प्रजातंत्र सफल होता है, अन्यथा प्रजा पर उन व्यक्ति या व्यक्ति समूह का शासन हो जाता है, जो सबकुछ अपने हित में करने लगता है और प्रजा, जिसने उनका चुनाव किया था, के हित की अनदेखी करने लगता है। सभ्यता के परिवर्तन/विकास के साथ अतीत की शासन पद्धतियों से पूर्णतः असंतुष्ट होते हुए हमने प्रजातंत्र एवं प्रजातंत्र की सरकार को एक संतोषजनक तंत्र एवं सरकार को ही सब तरह से उपयुक्त पाया। वर्तमान प्रजातंत्र और इस प्रजातंत्र की सरकार अपने दायित्वों का निर्वहन अवश्य ही कर रही है, किंतु वर्तमान प्रजातंत्र की सरकार के

कार्यकलापों में अवश्य ही सुधार की आवश्यकता है। प्रजा के जीवन के हर क्षेत्र में सुधार लाने का दायित्व प्रजातंत्र की सरकार का है। सरकार का यह दायित्व है कि प्रजा की आवश्यक आवश्यकताओं, यथा—भोजन, वस्त्र, आवास से लेकर अन्य ऐसी आवश्यकताओं, जिससे प्रजा के जीवन की रक्षा हो सके, की ओर ध्यान ही नहीं दे, बल्कि उन आवश्यकताओं की पूर्ति करे। आज चारों तरफ असंतोष दिखाई पड़ रहा है। ऐसा असंतोष एक संकेत है कि प्रजातंत्र की वर्तमान सरकार प्रजा के अपेक्षाओं पर खरी नहीं उतर रही है। दोष दोनों का प्रतीत होता है, किंतु जब तक आम आदमी गलत प्रतिनिधियों का चुनाव करता रहेगा, तब तक सबकुछ जैसा है, वैसा ही चलता रहेगा। प्रजा चीखती-चिल्लाती रहेगी और सरकार अपने तरीके से काम करती रहेगी। अगर स्थिति ऐसी ही है तो भी इसी स्थिति में कुछ अच्छा भी किया जा सकता है।

आजादी के बाद जिन भारतीयों ने संविधान का निर्माण किया, वे सभी स्वतंत्रता सेनानी थे। हमारे संविधान के निर्माण में जिनका योगदान था, वे सभी-के-सभी गुलामी के दर्द से गुजर चुके थे। संभवतः उनकी गुलामी का दर्द उनकी प्रेरणा बन चुका था, जिससे प्रेरित होकर उन्होंने स्वतंत्रता सेनानी बनकर देश को आजाद करा लिया था। संविधान के निर्माणकर्ता ने अवश्य ही अनुभव किया था कि अगर देश की शासन-व्यवस्था देश के नागरिकों के हित में नहीं बन पाई तो सिर्फ आजादी प्राप्त करने से कुछ हासिल नहीं होगा। संविधान का निर्माण जिन भारतीयों ने किया, उनका अपना कोई हित नहीं था और उनके लिए देश और देश में रह रहे समग्र लोग ही महत्त्व रखते थे। ऐसी ही भावनाओं से प्रेरित होकर उन लोगों ने एक ऐसा संविधान तैयार करने का प्रयास किया, जिससे देश में व्यक्ति, व्यक्ति-समूह या किसी राजनीतिक दल का शासन न हो, बल्कि विधि का शासन हो। संविधान में दी गई प्रस्तावना से लेकर संविधान के सारे प्रावधानों के पठन मात्र से स्पष्ट होता है कि हमारे संविधान की आत्मा में देश के नागरिकों का हित है, न कि किसी व्यक्ति, व्यक्ति-समूह या किसी राजनीतिक दल का। संविधान निर्माताओं ने प्रजातंत्र

की कल्पना कर संविधान में प्रजातांत्रिक सरकार गठन करने का प्रावधान किया। शक्ति का केंद्रीकरण न हो, इसे देखते हुए संविधान निर्माताओं ने प्रजातंत्र की कल्पना कर संविधान में प्रजातांत्रिक सरकार का गठन करने का प्रावधान किया। शक्ति का केंद्रीकरण न हो, इसे देखते हुए संविधान निर्माताओं ने प्रजातंत्र की विधायिका, कार्यपालिका एवं न्यायपालिका को एक-दूसरे से बिल्कुल अलग रखा। प्रावधान कुछ ऐसा किया गया कि विधायिका या कार्यपालिका के कार्यकलाप अगर देश और देश के नागरिकों के हित में न हों तो इन्हें न्यायपालिका में चुनौती दी जा सकती है। आजादी के पश्चात् आज तक ऐसा ही होता रहा एवं ऐसे अनेक उदाहरण हैं, जिनसे पता चलता है कि न्यायपालिका ने अपने दायित्व का निर्वहन किया। इन दिनों ऐसा प्रतीत होने लगा कि हमारी सरकार न्यायपालिका के कार्यकलापों को और अधिक पारदर्शी और सुदृढ बनाना चाहती है।

यहाँ ऐसा कहना समसामयिक प्रतीत होता है कि आज जिस व्यक्ति या व्यक्ति-समूह को सरकार चलाने का दायित्व दिया गया है और न्यायपालिका में कार्यरत हैं, वे सभी के सभी आजादी के बाद के हैं और इन लोगों ने गुलामी का दंश नहीं झेला था। हमारे संविधान निर्माताओं ने गुलामी का दंश झेला था, जिससे उन्हें प्रेरणा मिली थी कि देश में किसी व्यक्ति, व्यक्ति-समूह या राजनीतिक दल का शासन न हो, बल्कि विधि का शासन हो। हमारे संविधान निर्माणकर्ता युगदृष्टा थे, इसलिए उनका यह भी संदेह था कि संविधान कितना भी अच्छा हो, अगर इसका अनुपालन करनेवाला अच्छा नहीं होगा तो अच्छा-से-अच्छा संविधान भी देश एवं देश के नागरिकों का हित नहीं कर सकता है। इसी तरह उन्होंने ऐसा भी कहा कि संविधान कितना भी कमजोर हो, अगर संविधान के अनुरूप कार्य करनेवाला व्यक्ति, व्यक्ति-समूह या राजनीतिक दल ईमानदार, निष्ठावान नैतिक मूल्यों में विश्वास करनेवाला होगा तो सबकुछ अच्छा किया जा सकेगा। आज अपनी सरकार तथा इसके अंग—यथा विधायिका, कार्यपालिका एवं न्यायपालिका के कार्यकलापों से हम अवगत हैं।

देश की 125 करोड़ जनता इस सरकार के तीनों अंगों के कार्यकलापों से पूर्णतया असंतुष्ट है, क्योंकि न तो हमारी विधायिका, न तो कार्यपालिका और न तो न्यायपालिका का ही कार्यकलाप देश एवं देश के नागरिकों के हित में प्रतीत होता है। विधायिका कानून का जंगल तैयार करती जा रही है। कार्यपालिका समय पर कानून का कर्यान्वयन एवं कामों का निष्पादन नहीं कर पा रही है और न्यायपालिका भी अपने ढंग से फैसला कर रही है।

संभवतः ऐसी स्थिति बनने का एक कारण यह भी हो सकता है कि हमने गुलामी के दंश को नहीं झेला, बल्कि भोगवादी हो चुके हैं। हमारे पूर्वजों ने कुरबानियाँ देकर हमें आजादी दिलाई, आज हम उसी का उपभोग करने में लग गए हैं। जब तक उन सारे व्यक्तियों, जिनका दायित्व विधि का शासन स्थापित करने का है, के कार्यकलाप में सुधार नहीं होगा, जब तक वे सभी ईमानदार, नीतिज्ञ एवं अपने कार्यकलाप में पारदर्शी नहीं होंगे, तब तक सबकुछ ऐसे ही चलता रहेगा। हम बड़े-से-बड़े पदधारक हो सकते हैं, किंतु हममें अगर नैतिकता नहीं है तो हम दूसरे का हित तो दूर की बात है, अपना भी हित नहीं कर सकते हैं। आज ऐसे अनेक उदाहरण देखे जाते हैं कि बड़े-से-बड़े पद पर आसीन व्यक्तियों पर कई तरह के आरोप ही नहीं लगाए जा रहे, बल्कि उनमें से बहुतों को जेल भी जाना पड़ा एवं दंड भी भुगतना पड़ा। ऐसी स्थिति में सुधार लाना आसान नहीं है, फिर भी प्रयास तो करना ही होगा।

वर्तमान प्रजातंत्र में न्यायपालिका की भूमिका अहम् प्रतीत ही नहीं होती है, बल्कि वर्तमान न्यायपालिका की सोच है कि न्यायपालिका की स्वतंत्रता को खंडित नहीं किया जा सकता है। सिद्धांततः यह बात बिल्कुल देश एवं देश के नागरिकों के हित में ही नहीं, बल्कि न्याय-हित में भी है कि न्यायपालिका की स्वतंत्रता को खंडित नहीं किया जा सकता है, किंतु प्रश्न उठता है कि न्यायपालिका की स्वतंत्रता किस सीमा तक हो ? क्या न्यायपालिका की स्वतंत्रता इस सीमा तक कर दी जाए, जिससे कि न्यायपालिका स्वेच्छाचारिता पर उतरने लगे या उतर जाए। आज हमारी सरकार और न्यायपालिका में ठन सी गई है।

न्यायपालिका अपनी स्वतंत्रता खंडित होने का रोना रो रही है, तो सरकार न्यायपालिका की स्वेच्छाचारिता पर अंकुश लगाने की आवश्यकता समझ रही है। इस विवाद का केंद्र उच्च न्यायालय एवं उच्चतम न्यायालय में जजों की नियुक्ति है। देश एवं देश के नागरिकों को ही नहीं, बल्कि उच्चतम न्यायालय को भी स्पष्ट हो गया है कि वर्तमान कोलेजियम पद्धति, जिसके तहत उच्च एवं उच्चतम न्यायालय के न्यायाधीशों की नियुक्ति की जा रही है, उसमें सुधार लाने की आवश्यकता है। यह देश एवं देश के नागरिकों के लिए एक अच्छा संदेश है कि वर्तमान सरकार भारतीय न्यायिक सेवा का गठन कर उच्च एवं उच्चतम न्यायालय में न्यायाधीशों की नियुक्ति में ही नहीं, बल्कि देश की न्यायपालिका में सुधार लाना चाहती है। हमारी वर्तमान सरकार का न्याय-हित में एक अच्छा कदम है, किंतु न्यायहित में इससे अ धिक करने की आवश्यकता होगी। यों विधायिका एवं कार्यपालिका के भी क्रियाकलापों में सुधार लाने की आवश्यकता होगी, किंतु न्यायपालिका के कार्यकलापों में सुधार लाने की आवश्यकता सर्वोपरि है। इसी संदर्भ में केंद्र सरकार को यथाशीघ्र निम्न निर्णय लेने की आवश्यकता होगी।

1. सर्वप्रथम भारतीय न्यायिक सेवा का गठन करना होगा।
2. भारतीय न्यायिक सेवा के सदस्यों का पदस्थापन सिविल जज के पद पर करते हुए कम-से-कम 10 वर्षों का अनुभव प्राप्त कराकर उन्हें जिला जज के रूप में पदस्थापन करना होगा और उसके पश्चात् इन्हीं जिला जजों को प्रोन्नत कर उच्च न्यायालय का न्यायाधीश बनाना होगा।
3. वर्तमान राज्य न्यायिक सेवा को समाप्त करते हुए उन सभी न्यायिक पदाधिकारियों, जो राज्य न्यायिक सेवा के सदस्य हैं, को भारतीय न्यायिक सेवा के सदस्य के रूप में घोषित कर देना होगा।
4. देश में एक ही न्यायिक सेवा, जिसे हम भारतीय न्यायिक सेवा के रूप में जानेंगे, को स्थापित करना होगा।

5. संविधान में यथोचित संशोधन कर जिला न्यायाधीशों एवं अपर जिला न्यायाधीशों को संवैधानिक विषय यथा रिट याचिका आदि का फैसला करने का अधिकार होगा। ऐसी स्थिति में ऐसा नहीं कहा जा सकेगा कि जिला न्यायाधीशों को संवैधानिक विषय का ज्ञान नहीं होता है।

अगर सरकार उपर्युक्त व्यवस्था करती है तो अवश्य ही न्यायपालिका में स्वतः सुधार आ जाएगा और हम उन्हें ही उच्च न्यायालय का न्यायाधीश बना सकेंगे, जिन्हें कम-से-कम 15-20 वर्षों तक न्यायिक कार्यकलापों का अनुभव प्राप्त हो जाए। आज 70 प्रतिशत उच्च न्यायालयों के न्यायाधीशों के पद सीधी भरती द्वारा भरे जाते हैं और सिर्फ 30 प्रतिशत जिला न्यायाधीशों को ही उच्च न्यायालय के न्यायाधीशों के पद पर नियुक्त किया जाता है। आज समय बदल चुका है और आज की आवश्यकता है कि उन्हें ही आप उच्च न्यायालय के न्यायाधीश बनाने की सोचें, जिन्हें कम-से-कम 15-20 वर्षों तक न्यायाधीश के रूप में कार्य करने का अनुभव हो। अधिवक्ताओं को भी उच्च न्यायालय के न्यायाधीश अवश्य ही बनाएँ, किंतु कम-से-कम 50-60 प्रतिशत उच्च न्यायालय के न्यायाधीश, जिला न्यायालय के न्यायाधीशों को ही बनाना सोचने की आवश्यकता प्रतीत होती है। अगर हम ऐसा करते हैं, तब ही न्यायपालिका की स्वतंत्रता अखंडित रहेगी, अन्यथा वर्तमान कोलेजियम पद्धति के कार्यकलापों से स्पष्ट हो चुका है कि इस पद्धति में सुधार लाने की आवश्यकता है, शायद इसलिए कि इस पद्धति से जो नियुक्ति हो रही है, वह पारदर्शी नहीं है। केंद्र सरकार अगर चाहे तो सबकुछ with in no time कर सकती है और देश की न्याय-व्यवस्था में आवश्यक सुधार लाते हुए न्यायपालिका की स्वतंत्रता को भी अखंडित रख सकती है।

अगर सरकार इस ओर कदम नहीं उठाती है तो देश के आम नागरिकों को ही तुरंत इसके लिए एक आंदोलन करना होगा। पता नहीं देश के आम नागरिक क्या करेंगे।

❑

निर्दोषिता की अवधारणा

यद्यपि हमारे दांडिक विधिशास्त्र का आधार प्रत्येक अभियुक्त के निर्दोष होने की उपधारणा है, जब तक कि उसके दोष को साबित न किया गया हो (Every accused is presumed to be innocent unless his guilt is proved), वास्तविकता में न तो विधायिका, न तो कार्यपालिका और न तो न्यायपालिका का ही इस ओर ध्यान जाता प्रतीत होता है। जेलों में कैदियों की बढ़ती हुई संख्या, साथ ही आपराधिक मामलों के निष्पादन में हो रहे विलंब को देखते हुए हमारे नीति-निर्माताओं तथा निर्णय लेनेवाले व्यक्तियों (Policy planners and decision-makers) को हमारी दांडिक न्याय परिदान प्रणाली से संबंधित कुछ जटिल वास्तविकताओं के प्रति सतर्क होने की आवश्यकता है। ऐसी जटिल वास्तविकताओं में से एक अत्यंत ही जटिल वास्तविकता का संबंध आपराधिक मामलों में अभियुक्तों को जमानत देने या जमानत न देने से है। भारतीय दंड प्रक्रिया संहिता के अंतर्गत जमानत संबंधी प्रावधानों के अधीन ही अभियुक्तों को किसी आपराधिक मामले में पुलिस या न्यायालय द्वारा जमानत दी जाती है या नहीं दी जाती है। हम अच्छी तरह जानते हैं कि कानून का निर्माण आम लोगों के हित में किया जाता है, न कि आम लोगों को दंडित करने के लिए। कानून आम लोगों के लिए होता है, न कि आम लोग कानून के लिए होते हैं।

आज जिन लोगों को हमारी न्याय-व्यवस्था द्वारा जेल में रखा गया है या रखा जा रहा है, से पूछताछ करें तो स्पष्ट होगा कि इनमें से अधिकतर लोग वे

ही हैं, जिनका दोष आज तक सिद्ध नहीं हो सका है। ऐसे कैदियों का मामला या तो पुलिस द्वारा अनुसंधान स्तर पर ही होता है या न्यायालय द्वारा सुनवाई की जा रही होती है। दोनों अवस्थाओं में इन कैदियों का दोष सिद्ध हुआ नहीं होता है, फिर भी ये सभी कानून के तहत ही जेल में होते हैं। जेल निरीक्षण से यह भी स्पष्ट हो जाएगा कि हमारी जेलों में दोष सिद्ध कैदियों की संख्या अन्य कैदियों की संख्या से बहुत कम है।

हमें अवश्य ही जमानत संबंधी कानून में आवश्यक सुधार लाने की आवश्यकता है, जिससे कि एक भी व्यक्ति, जिसका दोष सिद्ध न हुआ हो, जेल न जा सके। विद्वत्तापूर्ण कानून की व्याख्या पढ़ने और सुनने में अच्छी लग सकती है, किंतु हमें ऐसी विद्वत्तापूर्ण कानून की व्याख्याओं से ऊपर उठकर कानून की ऐसी व्याख्या करनी होगी, जो मानवता के हित में हो। हमें उनके दिल की बातों को सुनना होगा, जिनका कानून के ज्ञान से कोई संबंध नहीं होता है और अगर उनका संबंध होता है तो सिर्फ-और-सिर्फ न्याय से। आज स्थिति ऐसी है कि वर्तमान आपराधिक कानून के आधार पर किसी भी निर्दोष को हम आसानी से जेल भेज सकते हैं और आसानी से ऐसे निर्दोष व्यक्ति को वर्षों तक जेल में सड़ा सकते हैं, भले ही अंत में इस निर्दोष व्यक्ति को न्यायालय द्वारा दोषमुक्त ही क्यों न कर दिया जाए।

निर्दोष को जेल में बंद कर देना सिर्फ उस निर्दोष व्यक्ति के लिए ही घातक नहीं होता है, बल्कि उस व्यक्ति से जुड़े परिवार, समाज, राज्य, देश एवं अंततः विश्व के लिए भी घातक हो जाता है। जमानत संबंधी कानूनी प्रावधानों के पक्ष में दलीलें दी जा सकती हैं, किंतु जब तक हम अपनी पूरी ताकत से जमानत संबंधी कानूनों में बदलाव नहीं करेंगे, तब तक हम निर्दोषों को जेल जाने से और कभी-कभी निर्दोषों को भी दोषी सिद्ध कर देने की भूल एवं अन्याय से नहीं बच सकेंगे। ऐसी स्थिति में हम न्यायाधीशों की भी मजबूरी नहीं समझ सकेंगे, क्योंकि न्यायाधीश कानूनी प्रावधानों के तहत ही अपना निर्णय देने के लिए बाध्य होते हैं। व्यक्ति, परिवार, समाज, राज्य, देश और अंततः मानवता के हित में अवश्य ही हमें ही कुछ ऐसा करना होगा,

जिससे एक भी निर्दोष न तो जेल जा सके और न तो दोष सिद्ध ही हो सके। हमारा जो भी कानून है, उसे हमने ही बनाया है और अब हमें ही इन प्राचीन कानूनों को बदलना होगा।

अगर हम चाहते हैं कि कोई निर्दोष जेल नहीं जाए या कोई निर्दोष न्यायालय द्वारा दोषसिद्ध न कर दिया जाए तो हमें यथाशीघ्र जमानतीय, गैर-जमानतीय, संज्ञेय और असंज्ञेय अपराधों की परिभाषा बदलनी होगी और पुलिस द्वारा प्रत्येक संज्ञेय अपराध में आरोपित व्यक्तियों को गिरफ्तार करने की शक्ति पर पुनर्विचार करना होगा। हमें कुछ ऐसा कानून बनाना होगा, जिसमें जल्द-से-जल्द आपराधिक मामलों का निस्तारण किया जा सके और ऐसा भी प्रावधान करना होगा कि बिना दोष सिद्ध हुए किसी व्यक्ति को जेल में बंद नहीं होना पड़े। आज ऐसा इसलिए नहीं हो पा रहा है कि इस ओर हमारा ध्यान नहीं है। इसका कुपरिणाम होता है कि अपराधी को ही वर्तमान कानून का लाभ मिलता रहता है तथा निर्दोष को भी दोषसिद्ध कर दिया जाता है। हमें कुछ ऐसा कानूनी प्रावधान करना होगा कि ज्यों ही किसी व्यक्ति या व्यक्ति समूह के विरुद्ध आपराधिक मामला दर्ज हो, उस आपराधिक मामले का तुरंत अनुसंधान शुरू कर दिया जाए और अनुसंधान समाप्त होते ही न्यायालय द्वारा उसकी सुनवाई शुरू कर दी जाए और एक समय-सीमा के अंदर ही ऐसे सभी आपराधिक मामलों का निष्पादन न्यायालय द्वारा कर दिया जाए। जब ऐसे आरोपियों के विरुद्ध दोषसिद्ध हो जाए तो उसे जेल में बंद कर दिया जाए। अगर हम निष्ठापूर्वक ऐसे कानूनी प्रावधानों का निर्माण करना चाहें तो अवश्य ही कर सकेंगे, अन्यथा जैसा चलता है, वैसा ही चलता रहेगा, जिसका कुपरिणाम ही होगा। आज के कानूनी प्रावधानों का परिणाम यही होगा कि एक दिन जेल में निर्दोष कैदियों की संख्या ही बढ़ जाएगी और शातिर अपराधी बाहर रहकर अपराध करेंगे। तब सारे लोगों का विश्वास अपने आप एवं न्याय पर से भी उठ जाएगा और तब कैसी स्थिति होगी, उसे हम सभी समझ सकते हैं।

❑

न्यायाधीशों की नियुक्ति की समस्या

दिनांक 27 नवंबर, 2016 के अंग्रेजी दैनिक समाचार-पत्र Times of India के मुख्य पृष्ठ पर प्रकाशित समाचार से स्पष्ट हो रहा है कि देश की सरकार एवं न्यायपालिका देश की वर्तमान न्याय-व्यवस्था को व्यवस्थित कर देने के हित में ही एक-दूसरे से बातचीत में लग गई हैं। दिनाँक 26 नवंबर, 2016 को विधि दिवस के एक कार्यक्रम में सरकार और न्यायपालिका के बीच कुछ संवाद हुए, जिसका सीधा संबंध देश की वर्तमान न्याय-व्यवस्था से रहा। इस कार्यक्रम में देश के तत्कालीन मुख्य न्यायाधीश, देश के भावी मुख्य न्यायाधीश, अटार्नी जनरल श्री मुकुल रोहतगी और देश के वर्तमान विधि एवं न्याय मंत्री श्री रविशंकर प्रसाद उपस्थित थे।

इस कार्यक्रम में इन लोगों ने अपना-अपना पक्ष देश की वर्तमान न्याय-व्यवस्था को व्यवस्थित करने के हित में रखा। संभवतः यह एक अच्छी शुरुआत है, क्योंकि देश की सरकार एवं न्यायपालिका की ऐसी चिंता एवं ऐसे वार्तालाप का परिणाम अवश्य ही देश की वर्तमान न्याय-व्यवस्था के हित में होगा। ऐसे देश के आम लोगों को अवश्य ही एक पक्षपातपूर्णरहित सरकार एवं न्यायपालिका की अपेक्षा रहती है। देश के आम लोगों को पता होता है कि देश की सरकार और न्यायपालिका उनके हितों की अनदेखी नहीं कर सकेगी।

आजादी के बाद हमने संविधान का निर्माण उस समय के देश की नैतिकता/चरित्र के अनुकूल किया था। प्रजातंत्र के मुख्य तीन अंगों यथा—विधायिका, कार्यपालिका एवं न्यायपालिका की कल्पना की गई थी एवं

इन तीनों अंगों को अपने-अपने कार्यकलाप में पूर्ण स्वतंत्रता दी गई थी। संविधान का निर्माण आम लोगों के प्रतिनिधियों द्वारा किया गया था, न कि किसी व्यक्ति समूह द्वारा। संविधान की आत्मा आम लोगों के जीवन की रक्षा प्रतीत होता है। आम लोगों के जीवन की रक्षा को देखते हुए ही संविधान में संशोधन किए जाने का प्रावधान भी रखा गया था। देश की सोच जैसे-जैसे बदलती रही, वैसे-वैसे संविधान में संशोधन किया जाता रहा। संभवतः आज तक 100 से ऊपर तक संविधान में संशोधन किए जा चुके हैं। संविधान के सारे संशोधन किए जा चुके हैं। संविधान के सारे संशोधनों में से कुछ तो स्वयं सरकार के द्वारा किए गए एवं कुछ न्यायालय द्वारा संविधान की गई व्याख्या के आधार पर किए गए प्रतीत होते हैं। भले ही आम आदमी को संविधान की व्याख्या करने का संविधान में ही प्रावधान न हो, किंतु संविधान की जैसी भी व्याख्या हो और जैसा भी संशोधन हो, इन व्याख्याओं और संशोधनों का असर आम आदमी पर ही होता है। संविधान की व्याख्या एवं संशोधन जब पक्षपातरहित होगा, तब आम आदमी स्वीकार करेगा। संविधान की की गई व्याख्याओं एवं संशोधनों से प्रमाणित होता है कि भविष्य में भी संविधान में संशोधन की आवश्यकता होगी। संविधान में संशोधन की आवश्यकता इसलिए भी अनिवार्य हो जाएगी, क्योंकि आज देश की सोच बदल चुकी है। इस बदली हुई पृष्ठभूमि में अगर हम संविधान में संशोधन नहीं कर सके तो पूरा-का-पूरा संविधान सिर्फ संविधान कहला सकेगा, किंतु संविधान के अनुरूप हम नहीं चल सकेंगे। हमारी सोच बदल चुकी है, इसलिए हमें अपने संविधान को भी अपनी सोच के अनुकूल करना पड़ेगा।

आज प्रजातंत्र के तीनों अंग अपनी-अपनी स्वतंत्रता को ही महत्त्व देते दिख रहे हैं। पहले ऐसा नहीं था, किंतु जैसे-जैसे समय बीतता गया और हमारी सोच में परिवर्तन आता गया, वैसे-वैसे हमें लगने लगा कि हमें स्व-तंत्रता चाहिए। स्वतंत्रता संस्था के लिए ही नहीं, बल्कि व्यक्ति के लिए भी एक आवश्यक तत्त्व है, किंतु निर्धारित करना होगा कि स्वतंत्रता की सीमा क्या होगी।

कभी-कभी स्वतंत्रता स्वेच्छाचारिता का रूप धारण करने लगती है, जो सर्वप्रथम उस व्यक्ति या संस्था के लिए ही घातक होता है और बाद में पूरे समाज और देश के लिए घातक हो जाता है। आज न्यायपालिका अपनी स्वतंत्रता चाहती है, किंतु न्यायपालिका को ही ऐसी स्वतंत्रता की सीमा निर्धारित करनी होगी। इसी तरह सरकार अपनी तरह से अपनी और न्यायपालिका की स्वतंत्रता की व्याख्या करती है, किंतु सरकार को भी ऐसी स्वतंत्रता की सीमा निर्धारित करनी होगी। न्यायपालिका एवं सरकार में से कौन गलत है और कौन सही, इसका उत्तर इन दोनों को ही ढूँढ़ना पड़ेगा और इन दोनों में जो गलत है, उसे अपनी गलती को स्वीकार करना होगा, क्योंकि आज देश में न्यायालयों की कमी है तो इसका दंड आम लोगों को ही भुगतना पड़ रहा है। आम लोगों के मुकदमों का निष्पादन होने में विलंब हो रहा है, फलस्वरूप आज न्याय ही लुप्त होता दिखता है।

हम सबों को स्पष्ट है कि आज आम आदमी को भले ही उसके अनुकूल उसके मुकदमों का निष्पादन नहीं हो, उसे न्याय नहीं मिले, फिर भी ये सभी आम आदमी खास आदमी से आरामदेह नहीं तो अवश्य ही शांतिपूर्ण जीवन व्यतीत करते हैं। आम आदमी की तरह ही अगर खास आदमी भी जीवनयापन करना सीख ले तो अवश्य ही एक ऐसे समाज की स्थापना हो जाएगी, जिस समाज में किसी को किसी से कोई शिकवा-शिकायत नहीं होगी, किंतु आम आदमी आम आदमी होता है और खास आदमी कभी भी आम आदमी न तो बनना चाहता है, न आम आदमी की तरह जीना चाहता है।

उच्चतम न्यायालय ने अवश्य ही राष्ट्रीय न्यायिक नियुक्ति आयोग को निरस्त कर दिया, और यह भी कह दिया कि वर्तमान कोलेजियम पद्धति में सुधार की आवश्यकता है। उच्चतम न्यायालय का ऐसा कहना अपने आप इंगित करता है कि वर्तमान कोलेजियम पद्धति में सुधार की आवश्यकता है। अवश्य ही वर्तमान कोलेजियम पद्धति में सुधार नहीं किया जा सका है, बल्कि जो भी न्यायाधीशों की नियुक्तियाँ हो रही हैं, इसी पद्धति से। सरकार और न्यायपालिका न्यायाधीशों की नियुक्ति के संबंध में क्यों नहीं निर्णय ले पा रही

हैं, इसका कारण तो वे ही जानते होंगे, लेकिन न्यायाधीशों की नियुक्ति इस तरह से हो, जो अवश्य ही किसी तरह की आलोचना से परे हो।

न्यायपालिका और सरकार न्यायाधीशों की नियुक्ति को लेकर क्यों चिंतित प्रतीत होती है, आम आदमी की समझ के बाहर की बात है। न्यायाधीशों की नियुक्ति किसी के द्वारा और किसी तरह हो, इससे कुछ अंतर पड़नेवाला नहीं है, अगर नियुक्त न्यायाधीश न्याय और सिर्फ न्याय करता रहे। आम आदमी को तो सिर्फ न्याय से मतलब होता है, न्यायाधीशों की नियुक्ति किस तरह और किसके द्वारा की जाती है, इससे नहीं।

किंतु अवश्य ही सरकार आम आदमी की प्रतिनिधि होती है, इसलिए सरकार का दायित्व होता है कि आम आदमी के हित में वह काम करे। आज सरकार जिस तरह से न्यायाधीशों की नियुक्ति करना चाहती है, संभवत: वह आम आदमी के हित को देखकर ही कदम उठा रही है। सरकार को अवश्य ही कुछ ऐसा करना होगा, जिससे न्यायाधीशों की नियुक्ति पर किसी की उँगली न उठे। पहले संविधान के प्रावधानों के अनुकूल ही न्यायाधीशों की नियुक्ति की जाती रही, किंतु पश्चात् उच्चतम न्यायालय के न्यायादेश के अनुरूप न्यायाधीशों की नियुक्ति कॉलेजियम पद्धति द्वारा की जाने लगी। पश्चात् सरकार ने आम लोगों के हित में न्यायाधीशों की नियुक्ति के लिए राष्ट्रीय न्यायिक नियुक्ति आयोग का गठन किया, जिसे उच्चतम न्यायालय द्वारा निरस्त कर दिया गया। आज नहीं तो कल ऐसा होना ही होगा, किंतु जितनी जल्दी होता, आम लोगों के हित में अच्छा होता। बदलते हुए समय में न्यायाधीशों की नियुक्ति के संबंध में एक ऐसी व्यवस्था को स्थापित करना पड़ेगा, जिसमें किसी व्यक्ति या व्यक्ति समूह का हस्तक्षेप न हो। आज हम जिस समाज में जी रहे हैं, उसे देखकर ही न्यायाधीशों की नियुक्ति भविष्य में प्रतियोगिता परीक्षा व साक्षात्कार के आधार पर करने के लिए भारतीय न्यायिक सेवा का जल्द-से-जल्द गठन कर देना होगा और भारतीय न्यायिक सेवा के सदस्यों को ही प्रोन्नति देकर उच्च न्यायालय एवं उच्चतम न्यायालय को न्यायाधीश के रूप में पदस्थापित करना पड़ेगा। आज के समय

में यही उचित है, क्योंकि भले ही कोई व्यक्ति या व्यक्ति समूह कितना भी पक्षपातरहित होगा, उस पर कोई-न-कोई अवश्य ही उँगली उठा देगा, पर प्रतियोगिता परीक्षा के आधार पर जो भी नियुक्तियाँ होंगी, उनकी आलोचना करना, उन पर उँगली उठाना आसान नहीं होगा। आशा है न्यायपालिका और सरकार मिलकर भारतीय न्यायिक सेवा के गठन का विचार जल्द-से-जल्द करना चाहेंगी। जब तक ऐसा नहीं होगा, तब तक वैसे ही चलता रहेगा, जैसे आज चल रहा है।

❑

प्रजातंत्र में न्याय-व्यवस्था की भूमिका

चाहे आप कितने भी सामथर्यवान हों, आप उससे कहीं अधिक कमजोर एवं असहाय होते हैं। भले ही आप इस भ्रम में रहें कि आप अपने को सुरक्षित रखने में स्वयं समर्थ हैं, किंतु आपका ऐसा भ्रम ही आपके विनाश का कारण होता है। मनुष्य जन्म से ही नहीं, बल्कि उसके पूर्व से लेकर मृत्यु तक एवं मृत्यु के पश्चात् भी परिवार, समाज और वर्तमान में सरकार के सहयोग के बिना अस्तित्व में नहीं रह सकता है। संभवतः आपको अपने अस्तित्व में रहने के लिए परिवार, समाज और सरकार की आवश्यकता की भी एक सीमा होती है। परिवार, समाज और सरकार से भी आप तभी तक सुरक्षित रह सकते हैं, जब तक प्रकृति की प्राकृतिक शक्तियाँ (Divine Forces) भी आपके अनुकूल हों।

ऐसे तो पृथ्वी पर मनुष्य के अवतरण से संबंधित हमारे पास कई धारणाएँ एवं सिद्धांत हैं, लेकिन आज भी हमारा भौतिक ज्ञान यह निश्चित करने में समर्थ नहीं दिखता है कि मनुष्य की क्या परिभाषा हो सकती है, मनुष्य कौन होता है और पृथ्वी पर मनुष्य का अवतरण कब, कैसे और क्यों हुआ और मनुष्य मरने तक कैसे जीता है और क्यों मर जाता है। ऐसा होते हुए भी हम इतना तो अवश्य ही देख रहे हैं, जान भी रहे हैं कि इस पृथ्वी पर मनुष्य हमारे होने के पूर्व से ही जन्म लेता और मरता आ रहा है। मनुष्य इस पृथ्वी पर तब भी जीता एवं मरता रहा है, जब न तो कोई तंत्र था और न तंत्र चलाने के लिए कोई राजा/सरकार और उसके द्वारा बनाए गए राजनियम। संभवतः उन दिनों

मनुष्य को उसके अस्तित्व में रहने के लिए एकमात्र प्रकृति (Divinity) एवं प्राकृतिक नियम (Divine Laws) ही सहायक रहे थे। आज भी प्रकृति एवं प्राकृतिक नियम पूर्व की तरह ही मनुष्य को उसके अस्तित्व में रखने के लिए सहायक हैं, भले ही आज का मनुष्य अपने को प्रकृति से संयुक्त न करे।

जैसे-जैसे मनुष्य प्रकृति से अपने को दूर करने लगा और प्राकृतिक नियम की अवहेलना करता गया, वैसे-वैसे परिवार, समाज और तंत्र के साथ ही परिवार के मुखिया, समाज-सुधारक, तंत्र एवं इन सबों के द्वारा बनाए गए कानून (Man made Laws) की आवश्यकता होने लगी। समयानुकूल अनेक तरह के तंत्र, अनेक धारणाएँ मनुष्य के कल्याण के हित में उद्‌भव हुईं और ये सारी धारणाएँ और तंत्र बदले जाते रहे। आज पूरा विश्व प्रजातंत्र को ही प्रजा के हित के लिए सबसे अधिक अनुकूल पाता दीखता है। आज इस प्रजातंत्र में हमारा देश भी विश्वास करता है, इसलिए हमारे देश में भी आजादी के बाद प्रजातंत्र की स्थापना कर ली गई है।

हमारे देश की प्रजातंत्र का आधार हमारा संविधान है, जिसके अधीन ही प्रजातंत्र क्रियाशील होता है। सिद्धांततः हमारे संविधान में प्रजा के हित का अधिक-से-अधिक ध्यान रखा गया है, किंतु प्रजा के हित की सुरक्षा तभी संभव होना प्रतीत होता है, जब हमारे प्रजातंत्र के सारे अंग, यथा—विधायिका, कार्यपालिका और न्यायपालिका अपने-अपने दायित्व का निर्वहन प्रजा के हित में ईमानदारी से करे। ये सभी अपने-अपने दायित्व का निर्वहन ईमानदारी से तभी कर सकेंगे, जब ये सभी अपने आपको प्रकृति से संयुक्त कर लें। ऐसे प्रजातंत्र के अपने कानून (State Laws) होते हैं, जिनकी भी आवश्यकता होती है, किंतु जब तक इन राजनियमों (State laws) का अनुपालन प्राकृतिक नियम के अनुरूप नहीं होगा, तब तक परिवार से लेकर विश्व तक समस्याएँ बनी ही रहेंगी।

मनुष्य की संख्या चाहे कितनी भी अधिक हो, अधिकतर मनुष्य आज भी अच्छे ही होते हैं, साथ ही कुछ मनुष्य ऐसे होते हैं, जो स्वयं के लिए, साथ ही पूरे मनुष्य समुदाय के लिए खतरनाक होते हैं। ऐसे ही खतरनाक मनुष्यों

के लिए, जिनकी संख्या कम-से-कम होती है, को दंडित करने के लिए राजनियमों की आवश्यकता होती है। प्राकृतिक नियमों का जो भी उल्लंघन करता है, उसे प्रकृति दंडित करती है, भले ही हमें लगे कि दंडित करने में देर होती है। आज ऐसी स्थिति है कि न तो हम प्राकृतिक नियमों और न तो राजनियम का ही आदर और अनुपालन करते हैं। आज हमें किसी तरह का डर नहीं है, इसलिए हम सभी खुलकर स्वेच्छाचारिता करने लगे हैं। हमें अपने अस्तित्व की रक्षा के लिए डरते रहने की आवश्यकता है, चाहे वह प्रकृति/ईश्वर का डर हो या राजनियमों द्वारा दंडित करने का डर हो। ऐसे सकारात्मक डर (Positive Fear) के बिना न तो मनुष्य अपने आपको सुरक्षित रख सकता है, न तो परिवार, समाज और देश को ही।

आज ऐसा देखा जा रहा है कि आज का मनुष्य प्रकृति/ईश्वर द्वारा दंडित किए जाने से बिल्कुल नहीं डरता है, अत: आज राजनियमों का डर ही इतना बढ़ा देने की आवश्यकता है कि मनुष्य राजनियमों द्वारा दंडित किए जाने के डर से कोई गलत काम नहीं कर सके। ऐसी बातें तो एक साधारण नागरिक से लेकर सरकारें तक करती ही रहती हैं, किंतु स्थिति ऐसी बन चुकी है कि आज हमारे देश में न तो साधारण नागरिकों और न बड़े-बड़े पदों पर आसीन नागरिकों को ही राजनियमों का डर प्रतीत होता है। परिणामत: ये सभी खुलकर ऐसे-ऐसे गलत काम करने लगे हैं, जिनसे परिवार से लेकर पूरे विश्व का वर्तमान ही नहीं, बल्कि भविष्य भी अंधकारमय होता जा रहा है। संभवत: आज हमारी ऐसी स्थिति इसलिए हो रही है कि हम सभी ही गलत हो रहे हैं। आज भी अगर हम ईमानदारीपूर्वक अपने और औरों को सुरक्षित रखना चाहें तो अवश्य ही वैसा कर सकते हैं।

चूँकि हम सबों ने प्रजातंत्र की स्थापना की है, इसलिए हमें प्रजातंत्र को सुदृढ करना होगा। प्रजातंत्र को हमने एक कल्याणकारी संस्था माना है, किंतु यह तभी कल्याणकारी हो सकेगा, जब इसे चलानेवाले कल्याण की सिर्फ बातें ही नहीं करते जाएँगे, बल्कि उन बातों के अनुरूप दायित्व भी निभाएँगे। आज हमारे यहाँ का वातावरण कैसा है और हमारे बीच क्या-क्या हो रहा

है, इससे हम सभी अवगत हैं। आए दिन संगीन अपराधों की घटनाएँ होती जा रही हैं, जिसके संबंध में हम सभी सिर्फ-और-सिर्फ बोलते नजर आते हैं, किंतु कुछ कर सकने में बिल्कुल असमर्थ हैं। संभवत: ऐसा इसलिए हो रहा है कि आज हमें न तो ईश्वर का डर है, न तो सरकार का ही है। ईश्वर तो अवश्य ही गलत करनेवालों को दंडित करता है, किंतु हमारी सरकार अवश्य ही गलत करनेवालों को दंडित करने के लिए कानून-पर-कानून बनाती जा रही है, किंतु इन कानूनों से डर पैदा नहीं हो पा रहा है। हमारे प्रजातंत्र का न्यायपालिका भी एक अंग है, जिसका संबंध न्याय से है। आज हमारी न्यायपालिका का भी डर लोगों को नहीं है, क्योंकि जिस तरह हमने न्यायपालिका का गठन किया, वह अवश्य ही दोषपूर्ण है। आज इस देश में गरीबों के लिए भी एक ही न्यायपालिका है, जो बहुत-बहुत दूर दिल्ली में है। बाकी जिला न्यायपालिका एवं राज्य के राजधानी में स्थापित उच्च न्यायालय के न्याय-निर्णयों का तब तक कोई महत्त्व नहीं होता है, जब तक कि दिल्ली में स्थापित उच्चतम न्यायालय इन न्यायालयों के न्याय-निर्णयों पर अपनी मुहर न लगा दे। इस अपील-दर-अपील के कारण गरीब लोगों को न्याय नहीं मिल पा रहा है, क्योंकि ये सभी दिल्ली तक जाने में समर्थ नहीं हैं।

आज की सरकार अवश्य ही कुछ कर रही है, किंतु आज की राज्य सरकार एवं केंद्र सरकार का न्याय और न्यायपालिका की ओर भी ध्यान जाना प्रतीत नहीं हो रहा है। आज हमारी सरकारें संभवत: भौतिक विकास के पीछे ही लगी हुई प्रतीत होती हैं। भौतिक विकास की आवश्यकता तो है ही, किंतु न्यायिक विकास की आवश्यकता भौतिक विकास से अवश्य ही अधिक है। भौतिक विकास न्यायिक विकास के लिए ही आवश्यक है, किंतु न्यायिक विकास भौतिक विकास पर पूर्णतया निर्भर नहीं करता है। भौतिक विकास न्यायिक विकास के अभाव में विनाश का ही कारण होता जाएगा। अत: आवश्यकता है कि हमारी सरकारें न्यायिक विकास की ओर तुरंत ध्यान दें।

देश में न्यायिक विकास भी हो, इसके लिए आवश्यक होगा कि हमारी सरकारें देश के न्यायालयों के साथ ही देश की कानून-व्यवस्था को मानव

की सभ्यता और संस्कृति के अनुकूल करने की ओर भी यथाशीघ्र अग्रसर हों। देश की न्याय एवं कानून-व्यवस्था इतना सुदृढ हो कि इसके डर से देश का एक साधारण व्यक्ति या बड़े-से-बड़े पद पर आसीन व्यक्ति भी कोई गलत काम नहीं कर सके। अगर देश की सरकारें ऐसा चाहें तो अवश्य ही हो सकता है और अगर नहीं चाहें तो दूसरी ही बात होगी।

अंततः देश की सरकारों को अवश्य ही देश की न्याय-व्यवस्था और कानून-व्यवस्था की ओर ध्यान देना होगा, अन्यथा भौतिक विकास भी न्यायिक विकास की अनुपस्थिति में हमारे विनाश का कारण बनता जाएगा। न्यायिक एवं कानून-व्यवस्था को कैसे बदला जाए और इन व्यवस्थाओं का विकास कैसे हो, यह दायित्व सिर्फ-और-सिर्फ राज्य और केंद्र सरकार का है। अगर सरकारें फेल करती हैं तो अवश्य ही सरकार बनानेवालों द्वारा ही एक आंदोलन करने की आवश्यकता होगी, जो आज न तो कल स्वयं स्फूर्त होगा।

सरकारें ऐसा तभी कर सकेंगी, जब वे प्रजातंत्र में न्याय-व्यवस्था की अहम् भूमिका को समझने लगेंगी या समझ सकेंगी।

❑

हमें जजों की नियुक्ति से नहीं, न्याय से मतलब है

इन दिनों हमारे देश की कार्यपालिका एवं न्यायपालिका उच्च न्यायालयों एवं उच्चतम न्यायालय में न्यायाधीशों की नियुक्ति की प्रक्रिया (Procedure) निर्धारित करने एवं उसे अंतिम रूप देने में व्यस्त प्रतीत होती हैं। संभवत: न्यायाधीशों की नियुक्ति से संबंधित एक ऐसी प्रक्रिया की खोज की जा रही है, जो अपने आप में स्पष्ट हो एवं न्यायाधीशों के पद पर नियुक्त होने की दक्षता रखनेवाले व्यक्तियों की ही न्यायाधीशों के पद पर नियुक्ति होने में भी सहायक हो। पूर्व में भी न्यायाधीशों की नियुक्तियाँ की जाती रहीं, किंतु आज देश की कार्यपालिका एवं न्यायपालिका को क्यों एक नई स्पष्ट प्रक्रिया की खोज करने की आवश्यकता हो गई है, अपने आप में एक प्रश्न प्रतीत होता है। प्रश्न है तो इसका उत्तर भी होगा, किंतु अलग-अलग इस प्रश्न के चाहे जितने भी अलग-अलग उत्तर होंगे, उन सारे उत्तरों में अवश्य ही एक-न-एक सही उत्तर होगा।

आजादी के बाद संविधान का निर्माण हुआ एवं उसी संविधान के अनुच्छेद 217 के तहत उच्च न्यायालयों के न्यायाधीशों की एवं अनुच्छेद 124 के तहत उच्चतम न्यायालय के न्यायाधीशों की नियुक्तियाँ वर्षों तक की जाती रहीं। पश्चात् उच्चतम न्यायालय की पूर्ण पीठ के निर्णय के आलोक में संभवत: सन् 1993 में कोलेजियम पद्धति के माध्यम से न्यायाधीशों की नियुक्ति की जाने लगी। कोलेजियम पद्धति की आवश्यकता अवश्य ही

न्याय-हित में ही रही होगी। पश्चात् अगस्त 2014 में संविधान के (99वाँ संशोधन) अधिनियम, 2014 द्वारा 'राष्ट्रीय न्यायिक नियुक्ति आयोग' का गठन कर दिया गया और ऐसा प्रावधान किया गया कि राष्ट्रीय न्यायिक नियुक्ति आयोग की सिफारिश पर ही ऐसी नियुक्तियाँ की जा सकेंगी। संभवतः न्यायाधीशों की नियुक्ति से संबंधित नया कानून लाने के पीछे की आवश्यकता भी न्याय-हित में ही रही होगी। पश्चात् इस नए कानून को उच्चतम न्यायालय की पूर्ण पीठ द्वारा निरस्त कर दिया गया और तभी से देश की कार्यपालिका एवं न्यायपालिका एक स्पष्ट प्रक्रिया की खोज में व्यस्त हैं।

न्यायाधीशों की नियुक्ति एक स्पष्ट प्रक्रिया के तहत हो और पारदर्शी हो, अवश्य ही न्यायहित में आवश्यक है, क्योंकि अगर हम न्याय स्थापित करने में असफल हो गए तो इसका कुपरिणाम हम सबों को ही भुगतना पड़ेगा। जब कभी व्यक्ति और समाज को न्याय नहीं मिलता है तो ऐसा व्यक्ति और ऐसा समाज, जो अपने को न्याय से वंचित पाता है, अभिक्रियाशील (reactive) होने लगता है और स्वयं न्याय पाने के लिए प्रयास करना शुरू कर देता है। संभवतः आजादी के पूर्व हमारी यही स्थिति बन चुकी थी, हम सभी अभिक्रियाशील हो गए थे, आजादी पाने का प्रयास करने लगे थे और अंततः हमारी जीत भी हुई। आज हम आजाद हैं। आजादी के बाद भी अगर देश की कार्यपालिका एवं न्यायपालिका न्याय देने में असफल रहीं तो न्याय पाने के लिए आम लोगों को ही आगे आना होगा। आम लोगों को न्यायाधीशों की नियुक्ति कैसे और किस प्रक्रिया से हो, किसके द्वारा हो, कार्यपालिका द्वारा या न्यायपालिका द्वारा, इससे कोई मतलब नहीं रहता है। आम लोगों को तो सिर्फ-और-सिर्फ न्याय की आवश्यकता होती है, जो उसका अधिकार होता है। न्यायाधीशों की नियुक्ति चाहे कार्यपालिका द्वारा की जाए या न्यायपालिका द्वारा या दोनों की सहमति से की जाए, आवश्यकता सिर्फ इतनी होगी कि न्यायाधीश के योग्य व्यक्तियों को ही न्यायाधीश के पद पर नियुक्त किया जाए।

देश में राष्ट्रपति, प्रधानमंत्री और बहुत सारे महत्त्वपूर्ण पदों पर नियुक्तियाँ चुनाव (Election) से होती हैं, भारतीय प्रशासनिक सेवा, भारतीय पुलिस

सेवा और इसी तरह की अन्य महत्त्वपूर्ण सेवाओं पर प्रतियोगिता के आधार पर नियुक्तियाँ की जाती हैं। जिला न्यायालयों के जजों की नियुक्तियाँ भी प्रतियोगिता के आधार पर ही की जाती हैं। चुनाव या प्रतियोगिता (Competition) के आधार पर की गई नियुक्तियों में भी कभी-कभी प्रश्न उठते हैं, किंतु उसका समाधान भी उपलब्ध है। चुनाव संबंधित प्रश्न उठने पर उच्च न्यायालय या उच्चतम न्यायालय द्वारा निर्णय लिये जाने का प्रावधान है और प्रतियोगिता परीक्षा में अगर कदाचार पाया जाता है तो इसे भी रद्द किए जाने का प्रावधान है। इस देश में अवश्य ही कुछ महत्त्वपूर्ण पदों पर अनुशंसा (Recommendation) के आधार पर ही नियुक्तियाँ की जाती हैं। जहाँ तक उच्च न्यायालयों एवं उच्चतम न्यायालय में न्यायाधीशों की नियुक्तियाँ किए जाने का प्रावधान है, वे सिर्फ-और-सिर्फ अनुशंसा के आधार पर की जाती हैं। अनुशंसा के आधार पर की गई नियुक्तियाँ अवश्य ही उच्च स्तर की ही होती हैं, किंतु कभी-कभी कुछ लोग अनावश्यक ऐसी नियुक्तियों के विरुद्ध बात करने लगते हैं। क्यों नहीं उच्च न्यायालयों एवं उच्चतम न्यायालय के न्यायाधीशों के पद पर नियुक्ति के लिए ऐसी स्पष्ट प्रक्रिया को ढूँढ़ लिया जाए, जिससे ऐसी नियुक्तियों पर अनावश्यक टीका-टिप्पणी न की जा सके।

आज इस देश का आदमी उतना innocent या ignorant नहीं है, जैसा पहले हुआ करता था। 'यह जो पब्लिक है, सब जानती है। चुप रहना भी जानती है।' भले ही उसे fundamental right to freedom of speech उपलब्ध हो।

❑

न्यायपालिका के स्वरूप को बदलने की जरूरत-1

आज देखा जा रहा है कि देश की केंद्र सरकार और राज्य सरकारें नागरिकों के हित में नई-नई नीतियाँ एवं इन नीतियों के आधार पर अनेक प्रकार की योजनाएँ बनाती जा रही हैं, जिनका संबंध सिर्फ-और-सिर्फ विकास से जोड़ा जाता है। हमें अवश्य ही विकास करते रहने के प्रयासों में लगा रहना चाहिए, किंतु ऐसे प्रयासों के अनुरूप परिणाम पर अधिक ध्यान देना चाहिए। विकास करने की धारणा ही इस तथ्य को संपुष्ट करती है कि हम अभी भी पूर्ण विकसित नहीं हैं। देश के नागरिकों के हित में विकास की ओर कदम बढ़ाने का दायित्व आज के प्रजातंत्र में प्रजातंत्र की सरकार का ही है, क्योंकि सरकार के अतिरिक्त न ही तो कोई व्यक्ति, व्यक्ति समूह या किसी तरह की अन्य संस्थाएँ ही विकास की ओर कदम बढ़ाने की क्षमता रखती हैं। तर्क के आधार पर अवश्य ही हम कह सकते हैं कि व्यक्ति, व्यक्ति समूह और अन्य संस्थाएँ भी विकास में योगदान कर सकती हैं, किंतु ऐसा मान लेने पर भी इन सबों की क्षमता की तुलना प्रजातंत्र की सरकार से नहीं की जा सकती है।

विकास के मार्ग पर कदम बढ़ाने के पहले हमें जानना पड़ेगा कि किन-किन क्षेत्रों में विकास की आवश्यकता है और आज तक इन क्षेत्रों में विकास नहीं हो सका, इसका कारण क्या है? देश और देश के नागरिकों का पूर्ण विकास हो सके, इसके लिए हमें हर क्षेत्र में विकास करने की

आवश्यकता होगी। विकास के क्षेत्र तो बहुत हो सकते हैं, किंतु हमें उन महत्त्वपूर्ण क्षेत्रों की पहचान कर लेनी होगी, जिन क्षेत्रों के विकास से हम समग्र विकास की स्थापना कर सकेंगे। विकास के महत्त्वपूर्ण क्षेत्रों में आर्थिक, सामाजिक एवं राजनीतिक क्षेत्रों की पहचान कर सकते हैं, क्योंकि इन क्षेत्रों के विकास से हम समग्र विकास की कल्पना कर सकते हैं। विकास के इन मौलिक क्षेत्रों के अतिरिक्त हमें अलग से भ्रष्टाचार, अपराध, सामाजिक विसंगता आदि को मिटाने के लिए भी प्रयत्न करना होगा। आज देश में हर स्तर पर भ्रष्टाचार, अनाचार, अपराध आदि की उपस्थिति देखी जा रही है। जब तक हम इनके कारणों को ढूँढ़कर इनका उपचार नहीं कर सकेंगे, तब तक चाहे हम कितनी भी नीतियाँ बना लें, कितनी भी योजनाएँ बना लें और इन नीतियों और योजनाओं के कार्यान्वयन के लिए कितने भी कानून बना लें, हमें कुछ प्राप्त होने को नहीं है, क्योंकि जब तक नीतियाँ, योजनाएँ एवं कानून बनानेवाले इन नीतियों, योजनाओं एवं कानूनों का कार्यान्वयन कर सकने में सफल नहीं होंगे, तब तक सिर्फ नीतियाँ, योजनाएँ एवं कानून कुछ भी काम का नहीं होगा। अवश्य ही ऐसी बात नहीं है कि हम विकास नहीं कर रहे हैं, किंतु यह भी सत्य है कि आम नागरिकों की धारणा कभी-कभी विपरीत देखी जा सकती है। आज देश में देश का आम नागरिक अवश्य ही जो चाहता है, उसे नहीं मिल पा रहा है।

देश में अपराध और अपराधियों की संख्या बढ़ती जा रही है। नए-नए अपराध एवं नए-नए अपराधियों का जन्म भी हो रहा है। अपराध के तरीके भी बदलते जा रहे हैं। जीवन के अन्य क्षेत्रों में होते बदलाव का परिणाम भी अपराध को बढ़ाता जा रहा है। भौतिक विकास के साथ ही मानसिक विकास भी चरम सीमा पर है और इस प्रकार का भौतिक एवं मानसिक विकास ही आपराधिक प्रवृत्तियों को जन्म दे रहा है। आज हम अपराध की ओर ध्यान नहीं देकर अपराधियों के पीछे भागते जा रहे हैं। आप कितना भी भौतिक विकास कर लें, अपराध और अपराधियों से नहीं बच सकते हैं। जब तक हम अपराध और अपराधियों से नहीं बचेंगे, तब तक हमें कुछ प्राप्त नहीं

होगा। आदमी जितना अपने को बलवान और सक्षम समझता है, उतना होता नहीं है, बल्कि आप कितने भी बड़े पद पर आसीन हों, बहुत कमजोर होते हैं। बड़े पद पर आसीन होकर भी अगर आप एक कदम गलत चल देते हैं तो कानून आपको पकड़ लेता है एवं दंडित कर देता है। जब तक दंड का भय आदमी को नहीं होगा, तब तक वह गलत करता ही रहेगा और अपने साथ-साथ समाज और पूरे देश को असुरक्षित करता रहेगा। ऐसी परिस्थिति में किसी तरह का विकास न तो व्यक्ति के लिए, न तो समाज के लिए, न तो देश के हित में ही होगा। आज देखा जाता है कि हम सभी कुछ-न-कुछ ऐसा करते हैं, जिसका असर समाज एवं देश पर पड़ता है। संभवतः ऐसा हम इसलिए कर पाते हैं कि आज हमें किसी का डर नहीं है। अपनी सक्षमता के अनुरूप न तो हमें समाज का डर होता है, न तो सरकार का, न तो न्यायपालिका का ही। बहुत ऐसे उदाहरण मिल जाते हैं, जिसमें सक्षम हर तरह का अपराध करके उससे निकल जाता है। जब तक ऐसी परिस्थिति बनी रहेगी, तब तक भले ही हम भौतिक विकास की सीमा ही क्यों न लाँघ दें, सुरक्षित नहीं हो सकेंगे।

आज देखा जा सकता है कि प्रत्येक दिन कहीं-न-कहीं हत्या, बलात्कार, अपहरण, डकैती, लूट जैसे जघन्य एवं संगीन अपराध हो रहे हैं, साथ-ही-साथ छोटे-छोटे अपराध भी होते ही हैं। इसके अतिरिक्त आ र्थिक अपराध करनेवालों की संख्या भी कम नहीं है। इन अपराधों से निपटने के लिए हमने न्यायालय का गठन किया है, किंतु गठित न्यायालयों के होते हुए भी परिणाम शून्य ही कहा जा सकता है। मुकदमों के निष्पादन में विलंब होने के अतिरिक्त प्रक्रियात्मक विलंब भी होता रहता ही है। संभवतः इस ओर हमारा ध्यान ही नहीं है। भौतिक विकास कितना भी कर लें, जब तक न्यायालय एवं न्याय का विकास नहीं होगा, तब तक कुछ प्राप्त होने का नहीं है। मेरी समझ से नागरिकों को न्याय नहीं मिल पाना ही वह कारण है जिससे हम चाहकर भी विकास नहीं कर पाते हैं। एक पुल के निर्माण में भी विलंब तो होता ही है, साथ ही ऐसा भी देखा जाता है कि पुल निर्माण

के लिए प्रावधानित राशि का उपयोग नहीं हो पाता है। गलत करनेवाले पर मुकदमा भी होता है तो उसके निष्पादन में विलंब होता है और कभी-कभी कानून के दाँव-पेंच से गलत करनेवाला निकल भी जाता है। ऐसी परिस्थिति में हम जब तक न्यायालय एवं न्याय की ओर ध्यान नहीं देंगे, तब तक भौतिक विकास तो कुछ लोगों का हो जाएगा, किंतु बाकी अक्षम लोगों का न तो भौतिक विकास हो सकेगा, न उन्हें न्याय ही मिल पाएगा। आज आवश्यकता है कि देश की केंद्र सरकार और राज्य सरकारें न्यायालय एवं न्याय की ओर ध्यान दें। आज गरीबों के लिए इस देश में न्यायालय ही नहीं है। जिला न्यायालयों के फैसलों पर जब तक उच्चतम न्यायालय की मुहर न लग जाए, तब तक जिला न्यायालय का न्याय-निर्णय किसी काम का नहीं होता है। गरीबों की सक्षमता भी नहीं होती है कि वे उच्चतम न्यायालय तक जा सकें।

क्यों नहीं केंद्र सरकार एवं राज्य की सरकारें मिलकर जिला स्तर पर ही मुकदमों का अंतिम फैसला करा देने की ओर कारगर कदम उठाएँ? आज ऐसा प्रतीत होता है कि उच्च एवं उच्चतम न्यायालय की ओर तो केंद्र एवं राज्य सरकारों का ध्यान है, किंतु जिला न्यायालयों के न्यायाधीशों के प्रति नहीं है। प्रश्न यह उठता है कि क्यों नहीं जिला न्यायालयों के न्यायाधीशों को उतनी ही स्वतंत्रता दी जाए, जितनी स्वतंत्रता हम उच्च एवं उच्चतम न्यायालय के न्यायाधीशों को दे रखे हैं। अगर हम समझना चाहें तो अवश्य ही समझ सकते हैं कि गरीबों के लिए न्यायालय तो जिला न्यायालय ही होता है और जब तक इन जिला न्यायालयों को सुदृढ नहीं किया जाएगा, तब तक गरीबों को न्याय मिलने की दूर-दूर तक कल्पना भी नहीं की जा सकती है।

आजादी के बाद भी हमने अंग्रेजों के द्वारा दी गई न्याय-व्यवस्था को ही अपना लिया है। आजादी के बाद अवश्य ही हमने अन्य क्षेत्रों में ध्यान देकर कुछ बदलाव लाने का प्रयास किया, किंतु न्यायपालिका की ओर हमारा ध्यान आज तक नहीं गया। जब हम उच्च और उच्चतम न्यायालय के

न्यायाधीशों को ईमानदार मान सकते हैं तो क्यों नहीं हम जिला न्यायालय के न्यायाधीशों को ईमानदार मान सकते हैं?

इस लेख में हमारा व्यक्तिगत विचार है और सिर्फ इस उद्देश्य से कि केंद्र सरकार और राज्य सरकारें जिला न्यायालयों के महत्त्व को जल्द-से-जल्द समझ लें और इसे सुदृढ एवं स्वतंत्र करने पर विचार करें।

❑

न्यायपालिका के स्वरूप को बदलने की जरूरत-2

अगस्त 2016 में उच्चतम न्यायालय के माननीय मुख्य न्यायाधीश न्यायमूर्ति टी.एस. ठाकुर भी कुछ निराश ही दिखे थे, जब उन्होंने कहा था कि 'क्या सुप्रीम कोर्ट के आदेश से देश में राम राज आ जाएगा, क्या अदालत के कहने से भ्रष्टाचार खत्म हो सकता है, अगर हम कहें कि कत्ल न हो, रेप न हो तो क्या ऐसा हो जाएगा? कोर्ट सब बुराइयों को नहीं मिटा सकता, कोर्ट की भी अपनी सीमाएँ हैं।' माननीय मुख्य न्यायाधीश, उच्चतम न्यायालय की उपर्युक्त अ भिव्यक्ति का कारण जो भी रहा हो, उनकी ऐसी अभिव्यक्ति अवश्य ही देश की न्यायपालिका के वर्तमान स्वरूप से संबंध रखती है। अवश्य ही माननीय मुख्य न्यायाधीश की अभिव्यक्ति का अर्थ नहीं किया जाना चाहिए कि वे सुप्रीम कोर्ट को बंद कर देने के पक्ष में होंगे, किंतु इतना तो अवश्य ही समझा जा सकता है कि इन दिनों सुप्रीम कोर्ट में जो भी हो रहा है, उससे माननीय मुख्य न्यायाधीश व्यथित हैं।

जिला न्यायालयों, उच्च न्यायालयों एवं उच्चतम न्यायालय ही संभवतः देश की वर्तमान न्यायपालिका का स्वरूप है। इन न्यायालयों में कार्यरत सभी-के-सभी जज ही होते हैं, अवश्य ही जिला न्यायालयों के जजों के फैसलों का उच्च न्यायालय के जजों के समक्ष एवं उच्च न्यायालयों के जजों के फैसलों का उच्चतम न्यायालय के जजों के समक्ष अपील एवं सुनवाई का प्रावधान है। जिला न्यायालय से लेकर उच्चतम न्यायालय के जजों को देश के कानून

के अंदर ही न्याय-निर्णय करना पड़ता है, अतः सबों के दायित्व में मूलतः अंतर नहीं माना जा सकता है। ऐसी परिस्थिति में किसी न्यायालय में, चाहे वह उच्चतम न्यायालय ही क्यों न हो, में कार्यरत जज की व्यथा जिला न्यायालय से लेकर उच्चतम न्यायालय में कार्यरत जजों की व्यथा हो जाती है। जहाँ तक हमारे देश में जजों को धमकाने की परंपरा है, वह अवश्य ही पहले नहीं थी, क्योंकि देशवासी जजों को ईश्वर माना करते थे और उनके सारे कार्यकलाप एवं फैसलों में ईश्वर का दर्शन किया करते थे। पता नहीं कुछ दिनों बाद जजों को धमकाने की परंपरा चल पड़ी और ऐसी परंपरा जिला न्यायालयों से शुरू हुई। जिला न्यायालयों के जजों में भय व्याप्त होना प्रारंभ हो गया, जिसे मैंने स्वयं अनुभव किया, क्योंकि मुझे करीब 28 वर्षों तक जिला न्यायालयों के वि भिन्न पदों पर मुनसिफ से लेकर जिला एवं सत्र न्यायाधीश तक कार्य करने का अवसर प्राप्त हुआ।

जिला न्यायालय के जजों को आज भी आम नागरिक, न्यायालय में कार्यरत कर्मचारी, वकील समुदाय का भय तो व्याप्त ही रहता है, साथ ही उच्च न्यायालय का भी भय कम नहीं रहता है, क्योंकि उच्च न्यायालय के अधीन ही जिला न्यायालयों को रख दिया गया है। यह इतना कटु सत्य है कि आज आप पूरे देश के किसी जिला न्यायालय के किसी जज से पूछेंगे तो एक अज्ञात डर से वे कह भी नहीं पाएँगे कि उन्हें किन-किन से डर लगता है। जहाँ उच्च एवं उच्चतम न्यायालय के जजों के कार्य निष्पादन की सीमा तय नहीं है, वहीं जिला न्यायालयों के जजों को कम-से-कम कितने मुकदमों का निष्पादन करना चाहिए, इसकी सीमा तय कर दी गई है, चाहे परिस्थितियाँ अनुकूल नहीं भी हों। आज की स्थिति में जिला न्यायालय के विरुद्ध बहुत सारी शिकायतें उच्च न्यायालय में की जा रही हैं, चाहे उन शिकायतों का आधार कुछ नहीं हो। इन शिकायतों पर अवश्य ही कारवाई हो जाती है और जिस जज के विरुद्ध शिकायत होती है, अवश्य ही उनका नैतिक पतन हो जाता है। ऐसी परिस्थिति में जिला न्यायालयों के जज आज अपने को जज मान ही नहीं पाते और न्याय-निर्णय देने के समय वे सिर्फ-और-सिर्फ भय-त्रस्त ही

रहते हैं कि उनका न्याय-निर्णय ही कहीं उनके ही विरुद्ध न चला जाए। ऐसी मानसिकता उच्च एवं उच्चतम न्यायालय के जजों की अवश्य ही नहीं होती है, क्योंकि उनका न्याय-निर्णय कैसा भी हो, उन पर कोई काररवाई नहीं की जा सकती और महाभियोग का जो प्रावधान है, वह काफी जटिल है। ऐसे अनेक उदाहरण मिलेंगे कि जिला न्यायालय के जजों को समय पर प्रोन्नति नहीं मिल पाई और कितनों को तो नौकरी से भी निकाल दिया गया। ये सारी बातें अपने आप में न्याय के हित में तो नहीं ही हैं और जजों के हित में भी अवश्य ही नहीं हैं। जिला न्यायालयों के जजों को भी जज बना देने की आवश्यकता है और इन जजों को भयमुक्त करने की आवश्यकता है, क्योंकि जिला न्यायालयों के जजों से ही देश के कम-से-कम 80-90 प्रतिशत नागरिकों, खासकर गरीब नागरिकों की अपेक्षा है। इन गरीब नागरिकों को उच्च एवं उच्चतम न्यायालय तक जाने की सक्षमता ही नहीं है।

माननीय मुख्य न्यायाधीश, उच्चतम न्यायालय की व्यथा अवश्य ही अर्थहीन नहीं है, किंतु ऐसी व्यथा सिर्फ अपने लिए नहीं, बल्कि जिला न्यायालयों के जजों के लिए भी होनी चाहिए। आज न्यायालयों की जो स्थिति हो गई है, जजों को धमकाया जा रहा है, यह तो सत्य ही साबित हो चुका है और अगर इसका उपचार नहीं किया गया तो फिर जज चाहे वे जिला न्यायालय के हों या उच्चतम न्यायालय के, अवश्य ही न्याय का साथ संभवतः नहीं दे सकेंगे।

इस वर्तमान खतरनाक परिस्थिति से न्यायपालिका एवं जिला न्यायालयों से लेकर उच्चतम न्यायालय में कार्यरत जजों को जब तक नहीं निकाला जा सकेगा तब तक देश की न्यायपालिका अर्थहीन ही रह जाएगी। अवश्य ही इस स्थिति से देश के न्यायालयों एवं कार्यरत जजों को निकालने के बहुत सारे उपाय हैं, किंतु या तो हम इन खतरनाक परिस्थितियों से निकलने में सक्षम ही नहीं हैं या सक्षम हैं तो कुछ करना नहीं चाहते हैं। न्यायपालिका के स्वरूप में बदलाव की आवश्यकता है, किंतु इस ओर न तो आम लोगों और न तो सरकार का ही ध्यान है। सभी-के-सभी अभी भी कहते है हैं कि वे वर्तमान

न्यायपालिका से संतुष्ट हैं एवं उसका सम्मान भी करते हैं। न्यायपालिका का अवश्य ही सम्मान हो, किंतु न्यायपालिका में सुधार लाने का भी प्रयास होना चाहिए। यह तभी होगा, जब सरकार इस ओर ध्यान दे और आम नागरिक भी सरकार का ध्यान न्यायपालिका की ओर आकृष्ट करें, चाहे उसे आंदोलन या न्यायिक क्रांति ही क्यों न करनी पड़े।

वर्तमान न्यायपालिका वही है, जिसे अंग्रेजों ने स्थापित किया था। कानून भी वही हैं, जिनका निर्माण अंग्रेजों ने ही किया था। हमें अपनी सभ्यता और संस्कृति के अनुरूप न्यायपालिका के स्वरूप का गठन करना होगा, साथ ही कानूनों को भी अपनी सभ्यता एवं संस्कृति के अनुरूप निर्माण करने की आवश्यकता होगी। गरीबों को प्रखंड स्तर पर नहीं तो अवश्य ही जिला स्तर पर न्याय उपलब्ध करा देना होगा। अपील-दर-अपील की प्रक्रिया को भी जिला स्तर तक ही समाप्त करना पड़ेगा। अगर ऐसा नहीं किया गया तो वर्तमान न्यायपालिका के समक्ष ऐसी और भी परिस्थितियाँ आती रहेंगी, जिनसे उच्चतम न्यायालय के माननीय मुख्य न्यायाधीश एवं माननीय जजों को वक्तव्य देना होगा कि जजों को धमकाया जाता है, साथ ही उन्हें भी यह कहना होगा कि क्या सुप्रीम कोर्ट के आदेश से देश में राम राज आ जाएगा, क्या अदालत के कहने से भ्रष्टाचार खत्म हो सकता है, अगर हम कहें कि कत्ल न हो, रेप न हो तो क्या ऐसा हो जाएगा? कोर्ट सब बुराइयों को नहीं मिटा सकता, कोर्ट की भी अपनी सीमाएँ हैं।

ऐसी परिस्थिति में जब न्यायालय से ही कुछ नहीं हो पाएगा तो फिर क्या हो पाएगा, इसकी चिंता हम सबों को अवश्य ही होगी।

❑

हमारा शोषण न हो एवं हमें न्याय से वंचित न करें

परिवार के किसी एक या एक से अधिक कमजोर सदस्यों की उपेक्षा जब परिवार के अन्य समर्थ सदस्यों द्वारा की जाने लगती है, तब ऐसे परिवार के समक्ष एक खतरनाक समस्या उत्पन्न हो जाती है। ऐसी स्थिति में उस परिवार के प्रत्येक उपेक्षित सदस्य को या तो परिवार से निकलकर जीने के लिए बाध्य हो जाना पड़ता है या परिवार के अन्य समर्थ सदस्यों, जिन्होंने उनकी उपेक्षा की थी, के विरुद्ध संघर्ष के माध्यम से अपना अधिकार पुनः प्राप्त कर लेने के लिए बाध्य हो जाना पड़ता है। परिवार अगर ऐसी खतरनाक समस्या का समाधान कर सकने में सफल नहीं होता है और ऐसे संघर्ष पर उतारू सदस्यों की मानसिकता नहीं बदल सकता है, तब ऐसे परिवार का विनाश अवश्यंभावी हो जाता है। अनेक परिवारों के विनाश का कारण ऐसा ही बनता रहा है।

हमारा देश भी एक बड़ा परिवार ही है। जब इस बड़े परिवार के कमजोर सदस्यों की ऐसी धारणा बन जाती है कि उनकी उपेक्षा, उनका शोषण एवं उन्हें उनके संवैधानिक एवं वैधिक अधिकारों से वंचित रखा जा रहा है, साथ ही उन्हें कहीं से, चाहे वह न्यायपालिका ही क्यों न हो, न्याय नहीं मिल पा रहा है, तब ये सभी कमजोर सदस्य उग्र हो जाते हैं और न्याय के लिए स्वयं संघर्षरत हो जाते हैं। ऐसे ही उग्र सदस्यों के समूह को प्रजातंत्र की सरकार नक्सली, उग्रवादी, आतंकवादी आदि नामों से संबोधित कर इनके विरुद्ध दमनकारी

काररवाई शुरू कर देती है। हमारे प्रजातंत्र की सबसे बड़ी समस्या नक्सल, उग्रवाद, आतंकवाद बन चुकी है एवं बनती ही जा रही है। देश के प्रजातंत्र की सरकार अगर ऐसी मानसिकतावाले अपने ही नागरिकों की समस्याओं का समाधान नहीं कर पाएगी तो अवश्य ही सर्वप्रथम प्रजातंत्र का और पश्चात् देश का विनाश अवश्यंभावी होना लक्षित होने लगेगा। वर्तमान प्रजातंत्र की सरकार, चाहे वह केंद्र स्तर पर हो या राज्य स्तर पर, को सचेत हो जाने की आवश्यकता है और इस नक्सल, उग्रवाद, आतंकवाद आदि समस्याओं का समाधान एक साथ मिलकर कर लेना है, न कि सभी केंद्र और राज्य सरकारों को अलग-अलग तर्क एवं सिद्धांत पर काम करना है। अगर सरकार की इच्छा शक्ति हो जाए तो यह कोई बड़ी समस्या नहीं है। सिर्फ-और-सिर्फ अपने ही कुछ नागरिकों को समझा लेने की आवश्यकता होगी। उन्हें आश्वस्त करना होगा कि उनकी उपेक्षा नहीं होगी, उनका शोषण नहीं होगा, उन्हें उनके अधिकारों से वंचित नहीं किया जाएगा और उन्हें हर स्तर पर न्याय मिलता रहेगा। जब ऐसी धारणा वाले नागरिकों को ऐसा विश्वास हो जाएगा कि उन्हें कमजोर समझकर उनके साथ अन्याय नहीं किया जाएगा तो वे अवश्य ही अपने पुराने विचारों को छोड़कर वापस ही नहीं आएँगे, बल्कि देश के विकास में लग जाएँगे।

वर्तमान केंद्र सरकार एवं राज्य सरकारें अगर ईमानदारीपूर्वक नक्सल, उग्रवाद, आतंकवाद आदि जैसी समस्याओं का उपचार करना चाहें तो अवश्य ही कर सकती हैं, अन्यथा ऐसी समस्याएँ प्रजातंत्र एवं देश को कहीं का नहीं छोड़ेंगी। प्रजातंत्र के सभी तीन अंग—विधायिका, कार्यपालिका एवं न्यायपालिका को अपने-अपने क्षेत्र में रहकर अपने-अपने दायित्व का निर्वहन तो करना ही पड़ेगा, साथ ही प्रजातंत्र के इन तीनों अंगों को मिलकर भी समस्या का समाधान ढूँढ़ना होगा। तर्क के आधार पर हर सच को दिग्भ्रमित किया जा सकता है, किंतु सच तो यही है कि आज हमारे प्रजातंत्र की विधायिका, कार्यपालिका एवं न्यायपालिका तो अवश्य ही नक्सल, उग्रवाद एवं आतंकवाद—जैसी समस्याओं का समाधान तत्परता

से कर रही हैं, किंतु ऐसी तत्परता को और गति देने की आवश्यकता है। संभवत: व्यक्ति या व्यक्ति समूह को न्याय नहीं मिल पाना ही उनके विचारों को प्रभावित करने का मूल कारण है। आज भले ही हम कहते जाएँ कि हमें न्याय मिल रहा है, न्यायालय पर विश्वास है, किंतु अगर ऐसा होता तो आज प्रजातंत्र के एक भी नागरिक को उग्र होने की आवश्यकता नहीं थी। सच तो यह है कि हम सभी भ्रमित हैं कि सिर्फ न्यायपालिका के माध्यम से ही हमें न्याय मिल सकता है, किंतु ऐसी बात बिल्कुल नहीं है। न्याय एक व्यापक तत्त्व है और इस न्याय का संबंध न्यायपालिका से अधिक दूसरी-दूसरी जगहों से है।

देश की वर्तमान न्यायपालिका के स्वरूप को अगर ठीक से समझने का प्रयास करेंगे तो पाएँगे कि वर्तमान न्यायपालिका का सीधा संबंध अपराधियों को दंडित करने एवं निर्दोषों को मुक्त घोषित कर देने से है। संभवत: हम न्यायपालिका के ऐसे ही कार्यों में न्याय होने या न होने के भ्रम से भ्रमित हैं। अवश्य ही न्यायपालिका के इन कार्यों से भी न्याय होता है, ऐसा कहा जा सकता है, किंतु न्याय सिर्फ इतना ही नहीं होता है। माँ के गर्भ से ही व्यक्ति को न्याय की आवश्यकता हो जाती है और ऐसी आवश्यकता मृत्यु तक ही नहीं, बल्कि मृत्यु के बाद भी होती है। माँ के गर्भ में अगर व्यक्ति को माँ से न्याय नहीं मिला, बचपन में माँ-बाप और समाज से न्याय नहीं मिला, विद्यालयों में शिक्षक से न्याय नहीं मिला, बाद में सरकार के अंग विधायिका, कार्यपालिका एवं प्रशासन, यथा-पुलिस, नौकरशाहों, अस्पताल में डॉक्टरों और मृत्यु के पश्चात् परिवार और समाज के सदस्यों द्वारा न्यायपूर्ण दाह-संस्कार नहीं किया गया तो व्यक्ति का अस्तित्व माँ के गर्भ से लेकर किसी भी स्तर पर समाप्त हो सकता है। इन सारे तथ्यों से अवश्य ही स्पष्ट होगा कि न्यायपालिका के फैसलों में भी न्याय-तत्त्व निहित है, किंतु सीमित है और सिर्फ न्यायपालिका के न्याय से ही हम सुरक्षित नहीं हो सकेंगे।

जहाँ तक आज के प्रजातंत्र की सरकार के कार्यकलापों की चर्चा की आवश्यकता है, हम ऐसा नहीं कह सकते हैं कि सरकार कुछ नहीं कर रही है,

किंतु ऐसा तो कह ही सकते हैं कि सरकार जितना कर रही है, उससे अधिक करने की आवश्यकता है, क्योंकि सरकार के होते हुए भी ऐसा बहुत कुछ हो रहा है, जो नहीं होना चाहिए। आजादी के पहले पता नहीं नक्सलवाद, उग्रवाद और आतंकवाद की समस्या थी या नहीं, किंतु आजादी के बाद ऐसी समस्याएँ शुरू हो गईं और सरकार के हरसंभव प्रयास के बाद भी आज तक इन समस्याओं का निदान नहीं होता दिखता है। आजादी के पहले भी अंग्रेजों द्वारा इस देश में भौतिक विकास अवश्य ही हुआ था। पूरे देश में रेल की पटरियाँ बिछा दी गई थीं। बड़े-बड़े भवनों, सड़कों, पर्यटन-स्थलों आदि का निर्माण भी किया जा चुका था, किंतु साथ ही भारतीयों की संस्कृति और सभ्यता पर प्रहार भी किया जाता रहा। आजादी के बाद भी देश के प्रजातंत्र की सरकार द्वारा भौतिक विकास किया जाता अवश्य ही प्रतीत होता है, किंतु ऐसे भौतिक विकास के साथ-साथ ऐसे-ऐसे विकास स्वयं होते गए, जिनका प्रभाव नागरिकों के हित में अवश्य ही नहीं हुआ। आजादी के बाद प्रजातंत्र की सरकार ने अवश्य ही वैसा नहीं किया, जो लोकहित में आवश्यक था, क्योंकि जिनको देश की जनता ने चुनकर भेजा और जो चुने हुए प्रतिनिधि सरकार बनाने में सफल हुए, उनकी सोच विकास की तो अवश्य रही, किंतु उनकी सोच कुछ और भी रही। सच तो यह है कि चुनी हुई सरकार की प्राथमिकता देखी गई कि वह अवश्य ही ऐसा विकास करे, जिससे प्रभावित होकर देश की जनता उसे पुनः सत्ता में बने रहने का अवसर दे सके। सत्ता में पुनः-पुनः आना भी अच्छी बात हो सकती है, क्योंकि सत्ता का जिन्हें एक बार अनुभव हुआ है, उनके उन अनुभवों का लाभ देश की जनता को मिलेगा। सच क्या है, हम सभी समझते हैं, किंतु आज भी हमारे देश की साधारण जनता ignorant तथा innocent है एवं आसानी से भ्रमित हो जाया करती है।

अगर हम देश को आगे बढ़ाना चाहते हैं तो हमें न्याय एवं न्यायपालिका की ओर अवश्य ही ध्यान देना होगा, भले ही इसके लिए भौतिक विकास पर ध्यान देना कम ही क्यों न करना पड़े। हमें और हमारी सरकार, चाहे वह केंद्र स्तर पर हो या राज्य स्तर पर, को अवश्य ही समझना होगा कि समग्रता में

विधायिका, कार्यपालिका भी न्यायपालिका के ही एक अंग हैं और जब तक सरकार के इन तीनों अंगों से न्याय की निर्मल-अविरल धारा प्रवाहित नहीं होती रहेगी, तब तक साधारण नागरिकों का कल्याण संभव नहीं होगा। गंगा की निर्मल-अविरल धारा की अवश्य ही आवश्यकता है, किंतु केंद्र सरकार को अवश्य ही विचार करना होगा कि न्याय की निर्मल-अविरल धारा की भी उतनी ही आवश्यकता है, जितनी कि गंगा की अविरल धारा की।

अवश्य ही विधायिका, कार्यपालिका एवं न्यायपालिका में कार्यरत महान् पुरुषों को महात्मा में परिवर्तित होकर देश के लिए कुछ करना होगा। जिस दिन विधायिका, कार्यपालिका एवं न्यायपालिका से जुड़े लोग चाह लेंगे, उसी दिन ही नहीं, बल्कि उसी क्षण एक ऐसे समाज एवं देश का निर्माण हो जाएगा, जिसकी आज तक हम सबों ने सिर्फ कल्पना की है। अगर ऐसा नहीं हुआ तो आज या कल अवश्य ही कुछ ऐसा होने की संभावना बनती जाएगी, जिसकी आग में सबों को जलना होगा, चाहे कोई भी हो। सत्य की ही विजय होती है, असत्य की नहीं।

यह लेख हमारा व्यक्तिगत विचार है। इससे अच्छे विचार भी हो सकते हैं। उन सारे अच्छे विचारों को मैं स्वीकारूँगा।

❑

विधि का या विधि पर शासन

प्रजातंत्र को ही एक अच्छा तंत्र माना जाता है, क्योंकि प्रजातंत्र में किसी व्यक्ति का शासन नहीं होता है, बल्कि 'विधि का शासन' होता है। प्रजातंत्र व्यक्ति को प्रजा पर शासन करने का अधिकार नहीं देता है। शासन करने का अर्थ सकारात्मक डर पैदा करना होता है, न कि नकारात्मक डर या निडरता। सकारात्मक डर के बिना व्यक्ति और व्यक्ति समूह न तो अपने लिए अच्छा कर सकता है, न समाज के लिए। उसी व्यक्ति या समाज का विकास होते देखा गया है, जिसे सकारात्मक डर यथा झूठ बोलने का, अपराध या उसी तरह के गलत काम करने का डर बना रहा था। जब तक ऐसा सकारात्मक डर व्यक्ति और व्यक्ति समूह से बने समाज को रहता है, तब तक दोनों का कल्याण होता रहता है।

आज व्यक्ति और समाज की दुर्दशा इसलिए है क्योंकि आज का व्यक्ति, चाहे अपने आपको जितना भी निम्न कोटि या जितना भी उच्च कोटि में आँकता हो, पर उसे न तो भगवान् का, न तो किसी दूसरे व्यक्ति का, न तो समाज का और न तो वर्तमान विधि के शासन का ही डर है। संभवत: व्यक्ति और समाज को किसी तरह के अस्तित्व का डर होता तो आज व्यक्ति और समाज, दोनों की दुर्दशा नहीं देखी जाती। ऐसी स्थिति में व्यक्ति सदाचार और नैतिकता के करीब होता, जिसके फलस्वरूप एक ऐसे समाज का सृजन होता, जिसमें किसी शासक या शासन की जरूरत नहीं होती। व्यक्ति और समाज, दोनों ने सदाचार एवं नैतिकता से दूरी बना ली, इसलिए उसी समाज को कुछ करने

की आवश्यकता पड़ी। ऐसी परिस्थिति में ही हमने प्रजातंत्र की कल्पना की और ऐसे तंत्र में व्यक्ति विशेष को शासन करने का अधिकार नहीं देकर विधि को ही शासन करने का अधिकार दिया। आज हम कहते थकते नहीं हैं कि प्रजातंत्र में विधि का शासन होता है। संभवत: आज विधि भी दम तोड़ रही है और शासन करने में असमर्थ ही नहीं, बल्कि असफल ही दिख रही है। आज के व्यक्ति और समाज ने विधि पर ही शासन करना शुरू कर दिया है, ऐसा प्रतीत होता है। आज का व्यक्ति विधि तो अवश्य बनाता है, किंतु स्वयं विधि के अनुसार नहीं चलता है, बल्कि विधि को अपने अनुसार बदलता भी रहता है और उसकी व्याख्या भी करता रहता है। विधि चाहे कितनी भी प्रतिकूल हो, व्यक्ति अपने प्रभाव और शक्ति से उसकी अपने अनुकूल व्याख्या कर लेता है। इन सारे सत्यों का हम अपनी वर्तमान न्याय-व्यवस्था के क्रियाकलापों में दर्शन कर सकते हैं।

हम सभी, चाहे आम नागरिक हों, विशेष या विशिष्ट नागरिक हों, विधायिका के सदस्य हों, कार्यपालिका के नौकरशाह या मंत्री हों, न्यायालय में न्याय के हित में कार्यरत अधिवक्ता हों या जिला न्यायालय से लेकर उच्चतम न्यायालय में कार्यरत न्यायाधीश ही क्यों न हों, जानते हैं :

"अपराध होता है, जब पुलिस के पास आपराधिक मामला दर्ज करने का प्रयास किया जाता है तो प्रताड़ना का शिकार होना पड़ता है, पुलिस अपराध का अनुसंधान करने में विलंब करती है। जब हम न्यायालय में सीधे परिवाद दायर करते हैं तो भी काफी समय लगता है, आगे की काररवाई यथा आरोप-गठन और सुनवाई में वर्षों लग जाते हैं। ऐसे अनेक उदाहरण देखे जा सकते हैं कि आपराधिक मामलों के निष्पादन में तीस से चालीस वर्ष तक का समय लग जाता है। जहाँ तक दीवानी मामलों का सवाल है, उनके निष्पादन में इतना अधिक समय लगता है कि वादी तो अवश्य ही मर चुका होता है और कई मामलों में ऐसे वादी की अगली पीढ़ी भी मर जाती है। हम सभी अपनी न्याय-पद्धति के क्रियाकलापों को जानते हुए भी कुछ करना नहीं चाहते हैं। कुछ करने के विपरीत हम कहते चले जाते हैं कि हमें न्यायालय पर विश्वास है।

इस तरह न्यायालय पर विश्वास दिखाना अवश्य ही हमारे ही भविष्य के लिए अच्छा प्रतीत नहीं होता है। हमें अवश्य ही वर्तमान न्याय-व्यवस्था को सुधारने की आवश्यकता है। अगर न्याय-व्यवस्था में सुधार लाने के संबंध में हम कुछ करना या बोलना भी नहीं चाहते हैं तो अवश्य ही यह ऐसा नकारात्मक डर होगा, जो हमें ही विनाश के मार्ग की ओर लेकर चल देगा। संभवत: आज व्यक्ति और समाज की दुर्दशा का कारण वर्तमान न्याय-व्यवस्था से न्याय नहीं मिल पाना भी है। भौतिक विकास कितना भी अधिक हो, अगर ऐसा विकास व्यक्ति और समाज को स्थिरता प्रदान नहीं कर सकता तो बेकार ही सिद्ध होगा।

संभवत: आज हमारा ध्यान अवश्य ही भौतिक विकास की ओर है, किंतु न्यायिक विकास उपेक्षित है और होता जा रहा है। न्यायिक विकास के लिए आवश्यक होगा कि हमें प्रखंड स्तर पर नहीं, तो कम-से-कम जिला स्तर पर ही सभी तरह के मुकदमों में अंतिम निर्णय देने का प्रावधान करना होगा। कम-से-कम 90 प्रतिशत नागरिकों की क्षमता उच्च न्यायालय एवं उच्चतम न्यायालय में जाने की नहीं होती है। न्याय के बिना भी हम सभी जी रहे हैं और जीते रहेंगे, क्योंकि जीने की इच्छा जीवित प्राणियों की कमजोरी है। जिंदगी कितनी भी नारकीय हो, अन्यायकर्ताओं एवं अन्याय से हमें जूझते रहना पड़े, हम जी लेंगे, किंतु उन्हें भी, जो आज अपने को सुरक्षित अनुभव कर रहे हैं, अवश्य ही जान लेना होगा कि भविष्य में उनकी स्थिति भी बदल सकती ही नहीं, बल्कि बदलेगी। ये सारे, आज जो अपने को सुरक्षित महसूस करते हैं, बदली हुई परिस्थिति में अवश्य ही एक अच्छी न्याय-व्यवस्था की माँग करना शुरू कर देंगे। अगर वे भविष्य-द्रष्टा हैं तो आज ही उन्हें वर्तमान न्याय-व्यवस्था के स्वरूप को बदलकर कुछ ऐसा करना चाहिए, जिससे सबों को सस्ता, सुलभ, त्वरित एवं वास्तविक न्याय मिल सके।

❑

न्याय से दूरी

प्रदेश के ऐसे नागरिक, जिनके पास न तो कोई चल संपत्ति, न तो कोई अचल संपत्ति और न ही कोई सरकारी या गैर-सरकारी पद होता है, को उनकी इस स्थिति से निकालने का दायित्व समाज एवं सरकार, दोनों का होता है। इस देश में ऐसे नागरिकों की संख्या कम-से-कम पचास प्रतिशत तो अवश्य ही है, भले ही सरकारी आँकड़े कुछ कम हों। जब तक देश के ऐसे नागरिकों की स्थिति में सुधार नहीं लाया जाता है, तब तक समाज और देश की सरकार/सरकारें को इसी दिशा में कर्तव्यशील होते रहना पड़ेगा।

देश का एक नागरिक अगर एक हजार टन गल्ला अपने गोदाम में जमा करके रख दे तो हजारों नगारिकों को अवश्य ही भूखा रहना पड़ेगा। इसी तरह एक नागरिक जरूरत से अधिक संपत्ति का मालिक हो जाएगा तो हजारों नागरिकों को संपत्तिहीन ही होना पड़ेगा। आज भू-स्खलन, भूकंप, अतिवृष्टि, अनावृष्टि, बाढ़ आदि प्राकृतिक आपदाएँ तो गरीबों को और गरीब बनाती ही हैं, किंतु हमारे समाज, हमारी सरकारें और इन समाज और सरकारों के एजेंटों की कार्यप्रणाली को तो गरीबों को गरीब बनाने में बढ़-चढ़कर ही देखा और आँका जा सकता है। प्राकृतिक, सामाजिक एवं सरकारी कार्यप्रणाली का प्रहार गरीबों पर होता है या कैसे होता है, यह स्वयं सिद्ध है, किसी प्रमाण पर आश्रित नहीं है। हम सबों में से कोई भी बिना किसी हिचक के कह सकता है कि सरकारी कार्यप्रणाली में सुधार की आवश्यकता है।

जहाँ तक प्राकृतिक आपदाओं का प्रश्न है, इन आपदाओं से पूर्णतः

त्राण पाने में न तो आज ही हम या हमारी सरकार सक्षम हैं, न ही भविष्य में भी हो सकेंगे। ऐसा होते हुए भी प्राकृतिक आपदाओं से भी एक सीमा तक तो हम और हमारी सरकार राहत दिलाने में सक्षम है ही। प्राकृतिक आपदाओं से आंशिक राहत दिलाने में भी हम सभी या हमारी सरकार तभी सक्षम हो पाएगी, जब हम अपने आपके स्वार्थ में केंद्रित न होकर इन गरीबों के हित में ईमानदारीपूर्वक काम करने लगेंगे। आज निश्चय ही हम ऐसा करने की बात सोचते भी नहीं हैं। देखा जाता है कि प्राकृतिक आपदाओं की आड़ में कुछ लोग, जो प्राय: अपने को समाज का ठेकेदार समझते हैं और निम्न पद से उच्च पद पर कार्य करनेवाले कुछ सरकारी कर्मचारी/सेवक, गरीबों को लाभ नहीं पहुँचाकर अपने आपको ही लाभान्वित कर लेते हैं। इस तथ्य को साबित करने के लिए किसी साक्ष्य या प्रमाण की आवश्यकता नहीं प्रतीत होगी, क्योंकि यह तथ्य स्वयं सिद्ध है।

उपर्युक्त तथ्यों से स्पष्ट होगा कि अगर हम गरीबी मिटाना चाहते हैं तो समाज और सरकार को ईमानदारीपूर्वक मिलकर काम करना होगा। समाज के प्रत्येक व्यक्ति को और सरकार में कार्यरत निम्न वर्ग से लेकर उच्च वर्ग के व्यक्तियों को ईमानदार होना पड़ेगा। अगर हम सभी ईमानदार नहीं हो सके तो स्थिति सुधरने के बजाय बिगड़ती ही जाएगी और गरीबी तो नहीं ही मिट सकेगी, अवश्य ही गरीबों का ही अंत हो जाएगा और तब सिर्फ ऐसे लोग बच जाएँगे, जो अपने आप में पुन: संघर्ष करते रहेंगे। ऐसा प्रतीत होता है कि आज हमारे पास न समाज है, न सरकार है, न न्याय है। समाज एवं सरकार ही नहीं, बल्कि जब तक हर व्यक्ति न्यायप्रिय एवं न्यायकर्ता जैसा व्यवहार नहीं करेगा, तब तक कुछ अच्छा होना सोचना भी व्यर्थ ही होगा। जब तक समाज के हर व्यक्ति को जीवन के हर क्षेत्र में न्याय नहीं मिल पाएगा, तब तक व्यक्ति, साथ ही समाज भयमुक्त जीवन प्राप्त नहीं कर पाएँगे। व्यक्ति और समाज जीता तो रहेगा, किंतु उनका ऐसा जीना मृत्यु से भी भयानक होता रहेगा। व्यक्ति अपने लिए, समाज व्यक्ति के लिए और सरकार व्यक्ति और समाज के लिए जो भी करते हैं, उसे करने का परिणाम अगर न्याय नहीं होता है तो ऐसा

करने का उलटा परिणाम अन्याय ही होता है। जब तक अन्याय होता रहेगा, न्याय से हमारी दूरी बढ़ती जाएगी, तत्पश्चात् न तो व्यक्ति, न तो समाज, न तो सरकार ही सुरक्षित रह पाएगी। सरकार की सजीवता व्यक्ति से ही होती है और व्यक्ति की सजीवता उसके मन और मस्तिष्क की गुणवत्ता पर निर्भर करती है। सरकार को व्यक्ति ही चलाता है और आवश्यकता होती है कि सरकार चलानेवाले व्यक्ति का मन और मस्तिष्क इतना ताकतवर एवं पक्षपातरहित अवश्य हो, जिससे सरकार चलानेवाला ऐसा व्यक्ति समाज का हित कर सके।

आज जब हम न्याय की बात करते हैं तो हमारा ध्यान सिर्फ देश के न्यायालयों के निर्णय की ओर आकृष्ट होता है। हमारी ऐसी धारणा बन चुकी है और बनती जा रही है कि न्याय का संबंध देश के न्यायालयों से ही है, किंतु ऐसी बात बिल्कुल नहीं है। न्यायालयों से जिस तरह की न्याय व्यवस्था है, वह सीमित है। न्याय एक व्यापक तत्त्व है, एवं सिर्फ न्यायालयों तक ही सीमित नहीं है। आज के न्यायालयों से जो न्याय की अपेक्षा की जा रही है, उसका आधार साक्ष्य एवं तर्क होता है। साक्ष्य एवं तर्क से भी हम न्याय तक पहुँच सकते हैं, किंतु इस रास्ते से न्याय तक जाने में कभी-कभी भटकाव भी होता देखा गया है। ऐसे अनेक उदाहरण है, जिनमें अपराधियों को साक्ष्य एवं तर्क के आधार पर रिहा कर दिया जाता है, साथ ही ऐसे भी अनेक उदाहरण है, जिनमें साक्ष्य एवं तर्क के आधार पर निर्दोष को फाँसी तक की सजा मिल जाती है। इस सत्य से हमें लड़ना पड़ेगा और अवश्य ही एक ऐसी व्यवस्था को स्थापित करना होगा, जिसमें एक भी निर्दोष को सजा न हो सके और एक भी अपराधी की रिहाई न हो सके। ऐसा कहना जितना आसान है, उतना न्याय-व्यवस्था को अनुकूल करना आसान नहीं है। फिर भी प्रयास करने से अवश्य ही सुधार हो ही सकता है। आज गरीबों को उनके ऊपर होनेवाले अत्याचार से बचाने की आवश्यकता है। गरीबों को सिर्फ अपराध से खतरा है, क्योंकि उनके विरुद्ध झूठे आपराधिक मुकदमे किए जाते हैं। वे अगर अपने ऊपर हुए अपराध के लिए पुलिस या न्यायालय के पास जाते हैं तो उन्हें प्रताड़ित ही होना पड़ता है। वे इतने समर्थ नहीं होते कि न्याय पाने के लिए उच्चतम न्यायालय तक जा

सकें। उनके पक्ष में भी अगर कोई फैसला होता है तो दबंग विपक्षी उसे जिला न्यायालय से उच्च न्यायालय एवं उच्च न्यायालय से उच्चतम न्यायालय तक घसीटता चला जाता है। इस क्रम में बेचारा गरीब बीच में ही दम तोड़ देता है। इन गरीबों के पास कई संपत्ति या पद नहीं होते हैं, जिससे उन्हें दीवानी अदालत की जरूरत हो, लेकिन आपराधिक मामले में भी न्याय पाने के लिए, वर्तमान न्याय-व्यवस्था में उन्हें दिल्ली तक जाना पड़ता है, जिसके लिए वे सक्षम नहीं हैं। इस तरह इन गरीबों के लिए दिल्ली दूर है, जिसका सीधा अर्थ होता है कि गरीबों के लिए न्याय दूर है। पता नहीं इन गरीबों के लिए न्याय की दूरी कब कम होगी और कब इन्हें सस्ता, सुलभ एवं अपने दरवाजे पर न्याय मिल पाएगा। ऐसे आज की सरकार ही नहीं, बल्कि न्यायपालिका भी दम भरती रहती है कि हम दरवाजे पर न्याय का प्रावधान करेंगे।

आज इस देश को अगर आवश्यकता है तो सिर्फ इसकी कि देश वर्तमान न्याय-व्यवस्था में आवश्यक सुधार लाकर नागरिकों को सस्ता, सुलभ और त्वरित न्याय दिलाने का मार्ग प्रशस्त करे। यह तभी हो सकता है, जब देश वर्तमान कानून एवं कानूनी प्रक्रिया में आवश्यक सुधार लाने का कम-से-कम प्रयास करे। कुछ ऐसा किया जाए, जिससे हर तरह के मुकदमों का निष्पादन सीमित समय पर हो सके एवं न्याय की खोज एवं न्याय पाने के लिए आम नागरिक को दिल्ली तक की दूरी तय नहीं करनी पड़े।

यह मेरा व्यक्तिगत विचार है, जिसे विस्तारित किया जा सकता है, किंतु ऐसा शाश्वत विचार एक वाक्य में ही नहीं, बल्कि एक शब्द में ही होता है। वह एक वाक्य है—न्याय की दूरी कैसे कम हो और वह एक शब्द है 'न्याय'। देश में न्यायविदों एवं कार्यपालिका में कार्यरत कर्तव्यनिष्ठ व्यक्तित्वों की कमी नहीं है। अवश्य ही न्याय के लिए आवाज उठानेवाले नागरिकों की कमी है। संभवत: देश के आम नागरिक को न्याय के लिए आवाज उठानी होगी और जब वे आवाज उठाएँगे, तब अवश्य ही परिवर्तन होगा।

❑

गरीबों के पास उच्चतम न्यायालय तक जाकर न्याय प्राप्त करने की क्षमता नहीं

आजादी के पूर्व भले ही हम देशवासियों पर अंग्रेजों द्वारा अत्याचार किया जाता रहा, फिर भी हम एक थे। उन दिनों भले ही हम अलग-अलग धर्मों के मानने वाले थे एवं अलग-अलग जातियों के होते थे, परंतु हम सिर्फ-और-सिर्फ भारतीय होते थे। उन दिनों हमारी एकता थी। इसी एकता के बल पर हम देशवासियों ने अंग्रेजों को अपने देश से बाहर कर देने की ठानी थी। आजादी की लड़ाई शुरू कर दी थी। भले ही आजादी की लड़ाई लंबी चलती रही और चली भी, किंतु हमारी एकता और अधिक मजबूत होती गई। उन दिनों हिंदू-मुसलिम-सिख-ईसाई आदि धर्मों को माननेवाले साथ ही जातियों में बँटे हम लोग एक थे। संभवतः हमारी एकता का कारण हमारी गुलामी रही थी। हम सभी का एक ही उद्देश्य—अपने आपको आजाद करना था। चूँकि हम देशवासियों का उद्देश्य एक था, इसलिए हम सभी एक थे।

दुर्भाग्यवश जैसे-जैसे आजादी करीब दिखने लगी, वैसे-वैसे हमारी एकता भी कमजोर पड़ने लगी। आजादी को करीब देखकर हमारी मानसिकता बदलने लगी और हम सब अपने-अपने स्वार्थ साधने में लगने लगे। यह स्वार्थ आजादी के बाद प्राप्त होनेवाली सत्ता का था। उन दिनों के घटनाक्रम, जिसकी झलक हम इतिहास के पन्नों में देख सकते हैं, से हमें अवश्य पता

ही नहीं चलेगा, बल्कि विश्वास हो जाएगा कि सत्ता के स्वार्थ से ही हम देशवासियों ने अपने देश को विखंडित कर दिया। इस विखंडन की प्रक्रिया में वह सबकुछ हुआ, जो नहीं होना चाहिए था। विखंडन की प्रक्रिया में बृहत नरसंहार हुआ और हमारी मानसिकता, नैतिकता और ऐसे ही मानवीय भावनाओं का पूर्णतः विनाश हो गया। आजादी तो अवश्य मिली लेकिन अपने-अपने स्वार्थ की पूर्ति करने एवं सत्ता की प्राप्ति के लिए हमने सबकुछ खो दिया।

इस तरह आजादी के बाद हमारे पास जो कुछ बचा था, वह सिर्फ-और-सिर्फ सत्ता की भूख थी। संभवतः इसी सत्ता की भूख ने हमें अनेक राजनीतिक दलों का गठन करने के लिए प्रेरित किया। इस तरह गठन की प्रक्रिया शुरू हो गई और आज ऐसी स्थिति बन चुकी है कि न तो राज्य में, न तो देश में स्थायी सरकार की स्थापना हो पा रही है। राज्य और देश में स्थायी सरकार नहीं होने का ही परिणाम है कि हमारी विधायिका, कार्यपालिका, न्यायपालिका एवं पत्रकारिता ऐसी संस्थाओं, जिन्हें प्रजातंत्र के चार स्तंभों के रूप में देखा जा रहा है, का स्तर संवैधानिक प्रावधानों के अनुरूप नहीं प्रतीत होता है। विधायिका कानूनों का जंगल बनाती जा रही है, कार्यपालिका कानूनों के कार्यान्वयन में असफल दिख रही है, न्यायपालिका के कार्यकलापों का भी कुछ अच्छा परिणाम नहीं दिख रहा है, क्योंकि सभी तरह के मुकदमों के निष्पादन में देर तो होती ही है, साथ ही ऐसे मुकदमों की संख्या बढ़ती ही जा रही है। जहाँ तक पत्रकारिता का सवाल है, यह भी अपने हित की बातें ही अधिक करती दिखती है। इन तथ्यों से हम सभी परिचित हैं, किंतु सुधार लाने में अक्षम हैं।

आज देश को नेतृत्व देनेवालों की कमी होती जा रही है एवं नेताओं का एक विशाल समूह बनते जा रहा है। आज इस देश का हर व्यक्ति नेता की हैसियत रखता है, किंतु अनुयायी कोई नहीं। राजनीतिक दलों की बढ़ती जा रही संख्याओं, राज्यों एवं देश में स्थायी सरकार का नहीं हो पाना, ऐसे तथ्यों को प्रमाणित करता है कि आज हमें देश के हित से अधिक अपना हित एवं

स्वार्थ प्रिय है। देश के लिए ऐसी स्थिति खतरनाक से भी अधिक खतरनाक है। देश का संभवत: ऐसे खतरों से सामना जल्द ही होगा, जिसका परिणाम सत्ताधारियों, सत्तालोभियों को तो भुगतना ही पड़ेगा, साथ ही आम नागरिकों को भी। अगर समय रहते हम कुछ नहीं कर सके तो हम सबों का ही विनाश अवश्यंभावी होगा।

अगर हमें वर्तमान की खतरनाक परिस्थितियों से बचना है तो हमें बहुत कुछ करने की आवश्यकता होगी। सबसे बड़ी आवश्यकता होगी कि हम अपने चरित्र का निर्माण करना शुरू कर दें, क्योंकि चरित्रवान ही सबकुछ कर सकता है। अगर हम चरित्रवान नहीं हैं तो विधायिका, कार्यपालिका, न्यायपालिका और न तो पत्रकारिता जैसी संस्थाएँ ही कुछ अच्छा कर सकती हैं। हमारा वर्तमान संविधान अवश्य ही हमारी संस्कृति और सभ्यता के अनुकूल नहीं है। आजादी के तुरंत बाद जिस संविधान का निर्माण किया, वह तभी एक अच्छा संविधान है, जब हम इसके अनुरूप ही निर्णय लें। ऐसा कुछ भी नहीं हो पा रहा है। संविधान अपनी जगह है और सत्ताधारियों का निर्णय अपनी जगह। विधायिका, कार्यपालिका, न्यायपालिका एवं पत्रकारिता को भी संवैधानिक प्रावधानों एवं मानवीय मूल्यों को ध्यान में रखते हुए ही निर्णय लेने की आवश्यकता होगी। संभवत: प्रजातंत्र की सभी संस्थाओं में सुधार लाने की आवश्यकता होगी, किंतु सर्वप्रथम न्यायपालिका में सुधार लाने की आवश्यकता होगी।

चाहे उच्च से उच्च पदों पर आसीन व्यक्ति हों या और कोई, सभी कम-से-कम अपने लिए अवश्य ही न्याय चाहते हैं। सबकी ऐसी मानसिकता ही न्याय के महत्त्व को स्थापित करती है। न्याय के महत्त्व को आप तभी समझ सकते हैं, जब आपके साथ अन्याय हो। आप चाहें कितने भी पदवान, बलवान, धनवान आदि हों, आपके साथ भी अन्याय हो सकता है और जब अन्याय होने लगेगा, तब आपको समझ में आ जाएगा कि न्याय का महत्त्व आपके लिए जितना है; उतना ही किसी और के लिए भी। आज आपको सिर्फ अपने लिए न्याय की आवश्यकता प्रतीत हो रही है। आप सिर्फ-और-सिर्फ

अपने लिए जीना चाहते हैं, भले ही अपने जीने के लिए आपको कुछ भी करना पड़े। ऐसा जीना कष्टप्रद ही होता है, ऐसे जीवन में आप हमेशा भयग्रस्त रहते हैं। 'जियो और जीने दो' ही एकमात्र दर्शन है, जिसके अनुपालन से आप भयमुक्त समाज की स्थापना कर सकते हैं।

भले ही हम न्यायपालिका की प्रशंसा करते रहें, किंतु आज हमारे देश का कटु सत्य है कि यहाँ का एक नागरिक भी न्यायपालिका से संतुष्ट नहीं है। सबों की धारणा बन चुकी है कि न्यायपालिका से वास्तविक न्याय नहीं मिलता है। ऐसा होते हुए भी हमारे सत्ताधारियों, जिसे सरकार भी कहा जा सकता है, का ध्यान भौतिक विकास की ही ओर दीख पड़ता है। आज हमारी सरकार का ध्यान न्याय की ओर है ही नहीं। भौतिक विकास की अवश्य आवश्यकता है, किंतु इससे अधिक न्यायिक विकास की आवश्यकता है। एक अन्न का भूखा नागरिक उतना खतरनाक नहीं हो सकता है, जितना न्याय का भूखा नागरिक। संभवत: आज हमारे देश में आतंकवाद, नक्सलवाद आदि से जुड़े वे ही नागरिक हैं, जो न्याय के भूखे हैं। आज देखा जाता है कि भीड़तंत्र विकसित हो रहा है। संभवत: ऐसा इसलिए हो रहा है कि आम नागरिक को न्यायतंत्र से निराशा होती जा रही है। आज आम नागरिक समझने लगा है कि अपराधियों को न्यायतंत्र से दंड नहीं मिलनेवाला है और मिलना भी है तो काफी देर से, जिसका कोई असर नहीं होता है।

आज भी हमारे देश में अच्छे नागरिकों की ही संख्या अधिक है। गाँवों में ही जाकर हम देखें तो किसी भी गाँव में अधिक-से-अधिक 10-15 ही अपराधी प्रवृत्ति के नागरिक हैं। ऐसे अपराधी प्रवृत्ति के नागरिकों की संख्या बढ़ती ही जाएगी, जब तक इन्हें डर नहीं होगा कि इन्हें अपराध की सजा तुरंत मिल जाएगी। आवश्यकता है कि अपराधियों को अपराध करने के साथ ही दंड देने का उपाय किया जाए। हमारी न्यायपालिका ऐसा करने में बिल्कुल ही अक्षम है। हमें विदित ही है कि हत्या, बलात्कार, अपहरण, डकैती—जैसे जघन्य अपराध तो होते ही हैं, किंतु इन अपराधियों को दंड देने में इतना अधिक समय लिया जाता है, जिससे अपराधी को कुछ नहीं होता है। हत्या,

बलात्कार, अपहरण अवश्य होता है, किंतु हम अपराधियों की पहचान करने में भी असमर्थ होते जा रहे हैं। जब अपराधियों की हम पहचान ही नहीं कर पाएँगे तो फिर हमारी संस्था, सरकार या न्यायपालिका किस काम की?

सर्वप्रथम हमें न्यायपालिका को सुधारने की आवश्यकता है। यह जानते हुए भी कि न्यायपालिका में सुधार लाने की आवश्यकता है, हमारी सरकार, साथ ही मतदाताओं का इस ओर ध्यान ही नहीं है। अगर सरकार न्यायपालिका में सुधार नहीं लाना चाहती है या सुधार लाने में अक्षम है तो मतदाताओं को ही इस ओर ध्यान देना होगा। न्यायपालिका में सुधार लाने के लिए एक सशक्त आंदोलन की आवश्यकता होगी। एक ऐसी न्यायपालिका की स्थापना होगी, जिससे अपराधियों को एक समय-सीमा के अंतर्गत दंड दिया जा सके, साथ ही दीवानी मुकदमों का भी निष्पादन एक समय सीमा के अंदर ही हो। इसके लिए संविधान से लेकर देश के सारे कानूनों एवं कानूनी प्रक्रियाओं को बदल देने की आवश्यकता होगी। वर्तमान में जो अपील-दर-अपील का प्रावधान है और सिर्फ उच्चतम न्यायालय का ही फैसला देश में मान्य है, को समाप्त कर प्रखंड स्तर पर नहीं तो जिला स्तर पर ही न्यायिक मामलों में अंतिम न्याय कर देने की आवश्यकता होगी। ऐसी स्थिति में ही गरीब से गरीब नागरिकों को न्याय मिल पाना संभव हो सकेगा, क्योंकि गरीबों के लिए उच्चतम न्यायालय तक जाकर न्याय प्राप्त करने की सक्षमता नहीं है। इनसान के लिए इशारा ही काफी होता है।

❑

न्याय हित में :
'अखिल भारतीय न्यायिक सेवा' का गठन

राजनीतिक क्षेत्र में आरोप-प्रत्यारोप राजनीति का स्वभाव हो सकता है। इस क्षेत्र में राजनीतिज्ञों के बीच आरोप-प्रत्यारोप का होना आम जनता के हित में हो तो अच्छी बात होगी और अगर ऐसा आरोप-प्रत्यारोप राजनीतिज्ञों के ही हित में होता हो तो अवश्य ही अच्छी बात नहीं होगी।

राजनीति के माध्यम से सत्ता के शीर्ष तक पहुँचना, ऐसे व्यक्ति-व्यक्तियों की अपनी सफलता भी होती ही है।

व्यक्ति-व्यक्तियों की ऐसी सफलता तभी सार्थक होगा, जब ऐसी सफलता-सफलताओं का उपयोग लोकहित में हो। राजनीति के माध्यम से सरकार के शीर्षस्थ पदों पर आसीन राजनीतिज्ञ अपने ही हित में या लोकहित में कुछ कर रहे हैं, इसका आकलन आप स्वयं कर सकते हैं। इस धरती पर मानव के प्रादुर्भाव के साथ ही मानव कल्याण, मानवता की भी बात चलती ही आ रही है। जैसे-जैसे मानव के व्यवहार, आचरण आदि में परिवर्तन होते गया, वैसे-वैसे ही मानव कल्याण एवं मानवता के हित में हमारी सोच एवं प्रयोग भी बदलते रहे।

अपने देश की नहीं, पूरे विश्व की आबादी बढ़ती गई, साथ-साथ हमारी शारीरिक क्षमता, मानसिक क्षमता एवं बौद्धिक क्षमता भी परिवर्तित होती रही।

बदली हुई परिस्थितियों से उत्पन्न समस्याओं का समाधान करने का प्रयास भी होता रहा है।

यों तो जीवन के प्रत्येक क्षेत्र में उत्पन्न होती हुईं समस्याओं की ओर हमारा ध्यान रहा, किंतु राजनैतिक क्षेत्र से उत्पन्न हो रही चुनौतियों का भी समाधान ढूँढ़ना नहीं छोड़ा।

शासन तंत्र को भी बदलते गए और अंत में शासन तंत्र के लिए प्रजातंत्र को सबसे अच्छा तंत्र मानते हुए स्वीकार किया। कहा गया है कि प्रजातंत्र की सरकार जनता के लिए, जनता द्वारा जनता की होती है। इस प्रजातंत्र को स्थापित करने के लिए हमने अपना संविधान ही नहीं, बल्कि कई प्रकार के कानून भी बनाए। परिणाम हुआ कि मतदान के माध्यम से हम अपने प्रतिनिधि-प्रतिनिधियों का चयन करते हैं और ये प्रतिनिधि ही सरकार के शीर्षस्थ पद पर बैठकर सरकार की सारी शक्तियों के बल पर कुछ करते रहते हैं।

संभवत: आज प्रजातंत्र सिर्फ लिखने और बोलने तक ही सिमट गया है, क्योंकि अगर आप सच कहना चाहते हैं तो अवश्य ही कह सकेंगे कि प्रजातंत्र व्यक्ति तंत्र में बदल चुका है और अधिक गहराई में जाना चाहेंगे तो आप यह भी जान पाएँगे कि जिन्हें हमने चुनकर, प्रतिनिधि मानकर सत्ता में भेजा है, वे ही समाज न तो संविधान, न देश के कानून और न प्रजातंत्र की आत्मा के अनुरूप कर्तव्य का पालन करते पाए जाते हैं। ये सभी के सभी अपने-अपने Belief System के अनुरूप ही व्यवहार करते प्रतीत होते हैं। ऐसा सत्य सिर्फ अपने देश का ही नहीं, बल्कि पूरे विश्व का सत्य प्रतीत होता है। ऐसे सत्य का प्रमाण है कि आज विश्व का प्रत्येक देश आणविक शक्ति का सिर्फ प्रदर्शन करता ही नहीं, बल्कि एक दूसरे को डराता-धमकाता भी दिख रहा है।

अगर ऐसा ही सत्य स्थापित होता रहा तो पता नहीं भविष्य में विश्व के मानव एवं मानवीय मूल्यों का संरक्षण कहाँ तक हो पाएगा।

प्रजातंत्र अगर व्यक्ति-व्यक्ति समूह तंत्र में बदल चुका है या बदल रहा है तो अवश्य ही आज एक नए शासन तंत्र की खोज की आवश्यकता होगी।

संभवत: आज समाज तंत्र को ही स्थापित करना होगा। समाज तंत्र का क्या स्वरूप होगा, इसे उन्हें ही परिभाषित करना होगा, जो आज तक

समाजवाद, साम्यवाद आदि विचारों में उलझे हुए हैं।

समाजशास्त्र स्थिर नहीं होता है, क्योंकि जब तक वर्तमान समाज के आधार पर समाजशास्त्र लिखा जाता है, तब तक समाज ही बदल चुका होता है।

साधारण ज्ञान एवं वर्तमान विज्ञान भी मानवीय मूल्यों को स्थापित करने में समर्थ नहीं दिख रहा है।

समतामूलक समाज की बात तो हम अवश्य ही करने में व्यस्त दिख रहे हैं, किंतु धरातल पर विषमतापूर्ण समाज का ही दर्शन होता है। समतामूलक समाज हो सकता है, किंतु तभी ऐसा होगा, जब समाज का प्रत्येक व्यक्ति अपने-अपने स्वार्थ से ऊपर उठकर समाज का हित सोचना शुरू कर देगा।

आज जो जहाँ है, चाहे वह राजनीतिक क्षेत्र में हो, आध्यात्मिक क्षेत्र या न्याय क्षेत्र में ही क्यों न हो, इन क्षेत्रों के कार्यकलापों में लोगों का पूर्ण विश्वास स्थापित कर देने में पूर्णत: सफल नहीं दिख रहा है।

कल तक तो राजनीतिक क्षेत्र में ही आरोप-प्रत्यारोप होते थे, आज ऐसा आरोप-प्रत्यारोप न्याय क्षेत्र में भी होता दिखता है। हमारे देश की न्यायपालिका को ही हम न्याय क्षेत्र के रूप में देखते हैं।

राजनीतिक क्षेत्र में आरोप-प्रत्यारोप चलते रहने से आम लोगों का अहित हो सकता है, किंतु अगर ऐसा आरोप-प्रत्यारोप न्याय क्षेत्र में भी चलते रहना शुरू हो जाए तो न्याय का ही विनाश हो जाएगा, हमारा, आपका भी अवश्य विनाश होगा।

देश की न्याय-व्यवस्था पर आम लोगों का विश्वास जब तक बना रहेगा, तब तक सब ठीक रहेगा। संभवत: आज आम लोगों का विश्वास भले ही न्याय-व्यवस्था से नहीं उठा हो, किंतु सस्ता, सुलभ और त्वरित न्याय का अभाव अवश्य ही आम लोगों के विश्वास को भी चुनौती देता रहता है।

ऐसी परिस्थिति में अगर हम देश को बचाना चाहते हैं तो यथाशीघ्र देश की न्याय-व्यवस्था एवं इसके स्वरूप को ही बदलना होगा। दुर्भाग्य अवश्य है कि इस ओर न तो सरकार, न तो आम लोगों का ही ध्यान है।

न्याय-व्यवस्था

देश की वर्तमान न्याय-पालिका का स्वरूप त्रिस्तरीय है। न्याय-व्यवस्था के स्वरूप के शीर्ष स्तर पर उच्चतम न्यायालय, दूसरे स्तर पर उच्च न्यायालय एवं तीसरे और अंतिम स्तर पर जिला न्यायालय हैं। हम सभी जानते हैं कि उच्च न्यायालय एवं उच्चतम न्यायालय तक किसी तरह से पहुँचने का सामर्थ्य कम-से-कम अस्सी-नब्बे प्रतिशत देश की जनता का नहीं है।

न्यायपालिका का तीसरा स्तर, जिसे हम जिला न्यायालय कहते हैं, इन जिला न्यायालयों से ही देश के 80-90 प्रतिशत देश की जनता को न्याय पाने की अपेक्षा होती है। उच्च एवं उच्चतम न्यायालय इन गरीबों के लिए कोई मतलब ही नहीं रखते हैं। दुर्भाग्य है कि आंज इन जिला न्यायालयों को ही हम सब मिलकर कमजोर करते जा रहे हैं, जिसका प्रभाव न्याय पर पड़ता है और 80-90 प्रतिशत जनता को न्याय नहीं मिल पाता है।

आज उच्चतम न्यायालय एवं सरकार के बीच इन न्यायालयों में जजों की नियुक्ति को लेकर मतभिन्नता दिख रही है।

जिला न्यायालयों को सशक्त करने के लिए सन् 1975 में ही संविधान के अनुच्छेद 312 के तहत भारतीय न्यायिक सेवा के गठन का प्रावधान किया गया।

किंतु आज तक इस संवैधानिक प्रावधान का अनुपालन नहीं किया जा सका। इस प्रावधान में क्या है, इसे कम-से-कम वे सभी जानते हैं, जिन पर संवैधानिक अनुपालन करने का दायित्व है।

जब तक संविधान के अनुच्छेद 312 का पालन करते हुए न्यायिक सेवा का गठन नहीं किया जाता है, तब तक हमारे देश में न्याय-व्यवस्था में सुधार करने का सपना दूर-दूर तक नहीं दिखता है।

जैसे ही हम संविधान के अनुच्छेद 312 का अनुपालन करते हुए अखिल भारतीय न्यायिक सेवा का गठन कर लेंगे और इसी सेवा के सदस्यों को प्रोन्नत कर उच्च न्यायालय एवं उच्चतम न्यायालय के जजों के रूप में नियुक्त करना प्रारंभ कर देंगे, वैसे ही उच्च एवं उच्चतम न्यायालय में जजों की नियुक्ति से संबंधित

पारदर्शिता-अपारदर्शिता का प्रश्न ही नहीं खत्म हो जाएगा, बल्कि देश की न्याय-व्यवस्था का स्वरूप ही बदलकर संवैधानिक न्यायपालिका हो जाएगा।

ऐसी स्थिति में उच्च एवं उच्चतम न्यायालय में जज के रूप में उन्हीं की नियुक्ति हो पाएगी, जिन्हें जिला न्यायालयों में कार्यरत रहकर कम-से-कम 20-25 वर्षों का जज के रूप में कार्य करने का अनुभव प्राप्त होगा।

उच्च एवं उच्चतम न्यायालय में आज की तरह सीधी नियुक्ति अगर न्याय हित में हो तो उस पर भी विचार करने की आवश्यकता हो सकती है।

सरकार, जो जनता की प्रतिनिधि है, आम जनता को न्याय दिलाने के हित में वर्तमान न्याय-व्यवस्था के स्वरूप को बदलने की आवश्यकता समझे तो ठीक है, अगर नहीं तो वर्तमान न्याय-व्यवस्था से देर या सबेर, सस्ता या महँगा, वास्तविक या कागजी न्याय से ही देश की जनता काम चला लेगी।

❑

सस्ते, सुलभ और त्वरित न्याय की अनुपस्थिति

संभवतः प्रकाश की अनुपस्थिति हमें अँधेरे में ले जाती है। पुनः यही प्रकाश अपनी उपस्थिति से हमें अँधेरे से निकाल देता है। ऐसी स्थिति प्राकृतिक प्रकाश की अनुपस्थिति और उपस्थिति का परिणाम होती है। प्राकृतिक प्रकाश की अनुपस्थिति काल में भी हम अँधेरा को दूर भगा देने में सक्षम होते हैं, क्योंकि हमें कृत्रिम प्रकाश उत्पन्न करने का विज्ञान प्राप्त है।

आज हमें कृत्रिम प्रकाश ही नहीं, बल्कि कृत्रिम मानवीय मूल्यों को उत्पन्न एवं स्थापित करने की क्षमता है।

जिस तरह प्रकाश एक प्राकृतिक पदार्थ है, उसी तरह न्याय भी वस्तुतः अपने स्वभाव से प्राकृतिक ही है और सर्वत्र व्याप्त होकर अन्याय को दूर भगाता है। जिस तरह प्राकृतिक प्रकाश के अभाव में कृत्रिम प्रकाश से भी हम प्रकाशित होते रहते हैं, उसी तरह प्राकृतिक न्याय के अभाव में हम कृत्रिम व्यवस्था कर कृत्रिम न्याय से अन्याय के अँधेरे को दूर भगाते रहे हैं।

प्राकृतिक न्याय का न्यायाधीश भी प्राकृतिक ही होता है और उस प्राकृतिक न्यायाधीश का न्याय कभी भी अन्याय का स्वरूप नहीं ले पाता है, जिस तरह प्राकृतिक प्रकाश में कभी और कहीं भी अंधकार की उपस्थिति नहीं रह सकती है। कृत्रिम प्रकाश धोखा दे ही नहीं सकता है, बल्कि देता रहता है। दीपक बुझता भी है, बिजली कटती भी है और ऐसी स्थिति में अँधेरा का ही साम्राज्य होता है। हमें अवश्य ही ऐसा करना होगा, जिससे दीपक बुझने

न पाए और बिजली कटने न पाए। ऐसा तभी हो सकेगा, जब हम मानवता के उच्च आदर्शों और मानवीय मूल्यों का महत्त्व समझते हुए अपने से अधिक दूसरों को प्रकाशमय रहने देने पर विश्वास करें। संभवतः हमें प्राकृतिक प्रकाश एवं कृत्रिम प्रकाश, दोनों की आवश्यकता है, क्योंकि प्राकृतिक प्रकाश उपस्थित एवं अनुपस्थित भी होते रहता है। प्राकृतिक प्रकाश की अनुपस्थिति में हमें कृत्रिम प्रकाश से ही प्रकाशित होने की आवश्यकता होती है।

इसी तरह प्राकृतिक न्याय से ही हमारा जीवन चलता रहता है, किंतु कृत्रिम न्याय-व्यवस्था की भी आवश्यकता होती है। ऐसे कृत्रिम न्याय की आवश्यकता इसलिए होती है क्योंकि कभी-कभी हमारे ऊपर प्रकृति भी अन्याय करती दिखती है और ऐसे अन्याय का कारण प्राकृतिक आपदा, यथा-आँधी, तूफान, बाढ़, भूकंप, सुनामी आदि होती है। इन प्राकृतिक आपदाओं से भी हम कृत्रिम उपायों से बचते रहते हैं। इसके अतिरिक्त एक व्यक्ति द्वारा दूसरे व्यक्ति पर अन्याय किए जाते हुए भी देखा जाता है और ऐसी अवस्था में प्रकृति भी मौन रहकर अन्याय होते ही देखती रहती है। एक व्यक्ति, व्यक्ति समूह द्वारा दूसरे व्यक्ति या व्यक्ति समूह पर किए जा रहे अन्याय को भी हमें कृत्रिम न्याय पद्धति से ही दूर करना होगा।

आज की सरकार और इसकी न्याय-व्यवस्था का दायित्व है कि देश के नागरिकों पर हो रहे अत्याचार-अन्याय को अपनी कृत्रिम शक्ति से दूर करें।

उपरोक्त तथ्यों से यह स्पष्ट होता है कि हमारी न्याय-व्यवस्था एक कृत्रिम न्याय-व्यवस्था है, जिसका दायित्व हमारे-आपके जैसे लोगों पर ही है। हमारी कृत्रिम न्याय-व्यवस्था से संबंधित मानवीय मन एवं बुद्धि जिस तरह की होगी, उसी तरह का न्याय निर्णय भी होगा। इसके अतिरिक्त हमारी न्याय प्रणाली को भी इतना सशक्त होना होगा कि इस प्रणाली में कार्यरत मानवीय मन एवं बुद्धि पर अंकुश लग सके। संभवतः आज न्यायिक प्रणाली एवं इस प्रणाली में कार्यरत मानवीय मन एवं बुद्धि दोनों में सुधार लाने की आवश्यकता है।

संभवतः हमें भले ही सबकुछ प्राप्त हो, किंतु अवश्य ही सस्ता, सुलभ

एवं त्वरित न्याय प्राप्त नहीं है। प्रजातंत्र में सिर्फ-और-सिर्फ प्रजातंत्र की सरकार को ही न्याय-व्यवस्था में आवश्यक सुधार करने की शक्ति प्राप्त होती है। प्रजातंत्र में प्रजा के हिस्से में सिर्फ-और-सिर्फ आंदोलन, क्रांति, हंगामा आदि ही होते हैं, क्योंकि आम लोगों की अपनी कोई शक्ति ही नहीं होती है। आज न्याय-व्यवस्था में आवश्यक सुधार लाने की ओर न तो सरकार का ध्यान है, न ही आम लोगों का ही सरकार का इस ओर ध्यान आकृष्ट करने का रुझान है। फलतः आजादी के 70 साल बाद भी हमारी न्याय-व्यवस्था वहीं-की-वहीं है। आजादी के इतने वर्षों बाद हमारी मानसिकता, बौद्धिकता, साथ ही तकनीकी विकास के कारण सभ्यता ही बदल चुकी है, किंतु न्याय-व्यवस्था वहीं-की-वहीं है। न्याय-व्यवस्था समाज की बदली हुई स्थिति में कुछ तो अवश्य कर पा रही है, किंतु वह नहीं कर पा रही है, जो इसके करने का दायित्व है।

जिला न्यायालयों से लेकर उच्चतम न्यायालय में मुकदमों की संख्या बढ़ती ही जा रही है। समय सीमा के अंदर न तो फौजदारी, न तो दीवानी मुकदमों का ही निष्पादन हो रहा है। मुकदमों का समय पर निष्पादन नहीं होने से अपराधियों एवं अपराध की घटनाएँ भी बढ़ती ही जा रही हैं। आम आदमी इस न्याय-व्यवस्था से पूर्णतः असंतुष्ट है, किंतु उसकी न तो अपनी आवाज उठाने की क्षमता है, न तो उसके पास न्याय-व्यवस्था में सुधार लाने की कोई शक्ति है। न्याय-व्यवस्था की ऐसी स्थिति का लाभ अपराधी खुलकर उठा रहे हैं, क्योंकि वे जानते हैं कि अपराध करने के पश्चात् भी वर्तमान न्याय-व्यवस्था में कानूनी दाँव-पेंच लगाकर अपराध-मुक्त हो सकते हैं और इसके अनेक उदाहरण हैं, जिसमें अपराधी अपराधमुक्त किए जाते रहे हैं। हमारी वर्तमान न्याय-व्यवस्था के स्वरूप व कार्य प्रणाली का ही परिणाम है कि आज बड़े-बड़े आर्थिक अपराध किए जा रहे हैं। इन आर्थिक अपरा धियों को अगर डर होता कि न्याय-व्यवस्था उसे तुरंत पकड़ लेगी एवं तुरंत दंडित भी कर देगी तो ये आर्थिक अपराधी भी ऐसा करने से अवश्य डरते। आर्थिक अपराध तो देश की आर्थिक व्यवस्था को ही खोखला करता जा रहा

है। हर तरह के बढ़ते अपराध की संख्या से हम सभी परेशान हैं, पर सरकार न्याय-व्यवस्था में सुधार लाना या तो चाहती नहीं है या उसमें सुधार लाने की क्षमता ही नहीं है।

जब तक सरकार का ध्यान न्याय-व्यवस्था की ओर नहीं जाएगा, इस न्याय-व्यवस्था से ही देश का विश्वास उठ जाएगा और आम लोग कानून और न्याय, दोनों को अपने हाथ में लेने के लिए बाध्य हो जाएँगे।

ऐसा देखा जाता है कि अमीर लोग पुराना वस्त्र पहनना नहीं चाहते हैं, ऐसे भी अमीर हैं, जो दिन में 10 बार कपड़े बदलते रहते हैं, ऐसे भी गरीब लोग हैं, जो एक ही कपड़ा, चाहे वह कितना ही गंदा हो या उस पर कितने ही पैबंद लगे हों, पहनने को मजबूर हैं। कपड़े बदलने और नहीं बदलने का कारण उनकी आर्थिक संपन्नता या विपन्नता ही होती है। आज हमारे देश का सारा कानून पूर्णतः नहीं, तो अंशतः अवश्य वही हैं, जो आजादी के पहले अंग्रेजों के द्वारा बनाए गए थे। हमारे संविधान में भी 100 से अधिक संशोधन हो चुके हैं, यानी पुराने कपड़े की तरह संविधान में भी पैबंद लग चुके हैं और लगते ही जा रहे हैं। संभवतः आज संविधान सहित देश के सारे कानूनों को हमारे देश की संस्कृति-सभ्यता के अनुरूप ही नहीं, बल्कि देश की बदली हुई मानसिकता एवं बौद्धिकता के अनुरूप बदल देने की आवश्यकता है।

हमें न्याय-व्यवस्था के स्वरूप को भी बदलना होगा, क्योंकि वर्तमान न्याय-व्यवस्था सस्ती, सुलभ एवं त्वरित न्याय देने में समर्थ नहीं है। वर्तमान न्याय-व्यवस्था में जिला न्यायालयों, उच्च न्यायालयों के फैसले की तब तक मान्यता नहीं होती है, जब तक उच्चतम न्यायालय की इन फैसलों पर मुहर न लगे।

ऐसी स्थिति में गरीबों की पहुँच उच्चतम न्यायालय तक हो ही नहीं पाती है, क्योंकि उच्चतम न्यायालय तक पहुँचना बहुत ही खर्चीला है। ऐसे बोलने और लिखने से कुछ नहीं होना है। आवश्यकता है आज सरकार न्याय व्यवसथा की ओर प्राथमिकता के आधार पर ध्यान दे। अगर सरकार द्वारा इस ओर ध्यान नहीं दिया गया और आम लोगों को सस्ता, सुलभ और त्वरित

न्याय नहीं उपलब्ध कराया गया तो स्थिति बड़ी भयानक होगी। न्याय की भूखी जनता विवश होकर कुछ ऐसा करने पर उतर भी सकती है, जो अन्याय से भी खतरनाक हो सकता है।

संभवत: जिस तरह आर्थिक विपन्नता के कारण गरीब गंदा और पैबंद लगे कपड़े पहनने के लिए बाध्य होते हैं, उसी तरह आज देश भी कुछ इसी तरह की विपन्नता के कारण पुराने संविधान एवं कानून के सहारे ही सस्ता, सुलभ और त्वरित न्याय देने के लिए बाध्य है।

जहाँ तक न्याय-व्यवस्था में सुधार लाने की बात है, प्रजातंत्र के तीनों स्तंभ यथा विधायिका, कार्यपालिका, न्यायपालिका एवं चौथा स्तंभ मीडिया, साथ ही आम लोग भी न्याय-व्यवस्था में सुधार किए जाने के पक्ष में बातें करते ही रहते हैं। अब समय आ गया है कि बातें करना छोड़कर यथाशीघ्र न्याय-व्यवस्था में आवश्यक सुधार लाने का प्रयास करें।

❑

भारतीय न्याय-व्यवस्था बनाम इस व्यवस्था में कार्यरत न्यायाधीश

उच्चतम न्यायालय एवं सरकार अगर संविधान के अनुच्छेद 312 का क्रियान्वयन कर भारतीय न्यायिक सेवा का गठन कर ले और भारतीय न्यायिक सेवा के सदस्यों को ही प्रोन्नत कर उच्च एवं उच्चतम न्यायालय का न्यायाधीश नियुक्त करना शुरू कर दे तो आज अवश्य ही उच्चतम न्यायालय एवं सरकार के बीच, जजों की नियुक्ति संबंधी विवाद का अंत हो सकता है।

ऐसी प्रक्रिया से 20–25 वर्षों तक न्यायाधीश के रूप में कार्यरत व्यक्तियों की ही नियुक्ति उच्च न्यायालय के न्यायाधीश के पद पर हो सकेगी।

सच तो यही है कि आज जिस न्याय–व्यवस्था को हम भारतीय न्याय–व्यवस्था कह रहे हैं, वह भारतीय है ही नहीं, क्योंकि यह वही न्याय–व्यवस्था है, जो अंग्रेजों द्वारा बनाई गई थी। आजादी के 70 वर्षों बाद भी हम अपनी संस्कृति एवं सभ्यता के अनुरूप अपनी न्याय–व्यवस्था नहीं बना सके। आज भी 1860 ई. के आसपास अंग्रेजों द्वारा बनाए गए Indian Penal Code (IPC), Criminal Procedure Code (Cr. P.C.), Civil Procedure Code (CPC), Evidence Act को ही मान रहे हैं।

संविधान के अनुच्छेद 372 के प्रावधानों के तहत अंग्रेजों द्वारा ही अधिनियमित की गई विधियों को तब तक प्रवृत्त करने को स्वीकार कर लिया, जब तक सक्षम विधानमंडल या अन्य सक्षम प्राधिकारों द्वारा उसे परिवर्तित या निरसन या संशोधित नहीं कर दिया जाता है।

अपनी संस्कृति एवं सभ्यता के अनुरूप देश की न्याय-व्यवस्था का गठन नहीं होने का ही परिणाम है कि आज देश के उच्चतम न्यायालय में ही कुछ ऐसा होता दिखता है, जो न तो देश के नागरिकों के हित में है, न तो देश की न्याय-व्यवस्था के हित में ही है। उच्चतम न्यायालय के मुख्य न्यायाधीश के विरुद्ध ही महाभियोग का प्रस्ताव लाया जाना अवश्य ही हमारी संपूर्ण न्याय-व्यवस्था की ओर संकेत करता है। ऐसे भी हमारी वर्तमान न्याय-व्यवस्था के बहुत सारे ऐसे सच हैं, जो इस व्यवस्था की आलोचना के लिए पर्याप्त हैं। वर्तमान न्याय-व्यवस्था आपराधिक तथा दीवानी, दोनों प्रकृति के वादों में अपना न्याय निर्णय देती है। न्याय निर्णय, संबंधित आपराधिक एवं दीवानी कानूनों एवं पक्षकारों द्वारा उपलब्ध कराए गए साक्ष्यों के आधार पर ही होता है। न्यायाधीशों का कानूनी ज्ञान एवं निष्पक्षता ऐसे न्याय निर्णयों को न्याय के करीब लाते हैं।

जहाँ तक आपराधिक वादों का प्रश्न है, न्यायालय को पुलिस द्वारा किए गए अनुसंधान तथा पुलिस द्वारा प्रस्तुत साक्ष्यों पर निर्भर होना पड़ता है। पुलिस द्वारा अगर गलत अनुसंधान किया जाता है तो वर्तमान न्याय-व्यवस्था में न्यायाधीश भी कुछ करने में समर्थ नहीं होता है और न्याय की हत्या हो जाती है।

आपराधिक वाद हों या दीवानी, इन दोनों प्रकृति के वादों के निष्पादन में काफी विलंब होता है। आपराधिक वादों के निष्पादन में 40-50 वर्षों तक का समय लग जा रहा है। जहाँ तक दीवानी वादों के निष्पादित होने का प्रश्न है, ऐसे दीवानी वादों के निष्पादन में तो और अधिक समय लग जाता है। वर्तमान न्याय-व्यवस्था खर्चीली है, जिसके कारण गरीबों को न्याय प्राप्त करना कठिन ही नहीं, असंभव होता है। जिला न्यायालय के सारे फैसले अपीलीय होते हैं। अपील-दर-अपील का प्रावधान भी वादों के निष्पादन में देर का कारण बनता है। भले ही हम चाँद-तारे पर कुछ दिनों-महीनों में ही पहुँच जा रहे हैं, किंतु साधारण आपराधिक या दीवानी वादों के निष्पादन में वर्षों लग जाते हैं।

इसके अतिरिक्त भी वर्तमान न्याय-व्यवस्था से संबंधित अनेक सच हैं,

जो न्याय-व्यवस्था के साथ ही न्यायाधीशों को भी प्रभावित कर रहे हैं। हम सभी न्याय-व्यवस्था के सारे सच को जानते ही नहीं, बल्कि जीने को बाध्य हैं।

यह भी सच है कि आम नगारिक ही नहीं, बल्कि सरकार, साथ ही वर्तमान न्याय-व्यवस्था में कार्यरत उच्च न्यायालयों एवं उच्चतम न्यायालय के न्यायाधीश भी वर्तमान न्याय-व्यवस्था में आवश्यक सुधार लाने की बात ही नहीं, प्रयास भी करते हैं। अवश्य ही वर्तमान न्याय-व्यवस्था में सुधार लाने की आवश्यकता है। वर्तमान न्याय-व्यवस्था में सुधार नहीं लाया जा सका तो परिणाम कुछ और होने की संभावना होगी।

व्यवस्था एवं व्यवस्था में कार्यरत व्यक्तियों का अलग-अलग महत्त्व होता है, हमारी न्याय-व्यवस्था त्रिस्तरीय है। इस त्रिस्तरीय न्याय-व्यवस्था का शीर्ष स्तर उच्चतम न्यायालय, उसके बाद उच्च न्यायालय और उसके बाद अधीनस्थ न्यायालय है। पूरे देश के जिला न्यायालयों को ही अधीनस्थ न्यायालय कहा जाता है। यह त्रिस्तरीय न्याय-व्यवस्था वही है, जो अंग्रेजों द्वारा बनाई गई थी एवं जिसका स्वरूप भारत सरकार अधिनियम, 1935 में देखा जा सकता है। इस वर्तमान न्याय-व्यवस्था में न्यायालयों को उच्च न्यायालयों के अधीन रखा गया है, किंतु उच्च न्यायालय एवं उच्चतम न्यायालय को किसी अन्य संस्था के अधीन नहीं रखा गया है। ये दोनों उच्च एवं उच्चतम न्यायालय पूर्णरूपेण स्वतंत्र हैं और अगर किसी के अधीन हैं तो अपने ही अधीन हैं।

अवश्य ही संविधान के निर्माताओं ने उच्चतम एवं उच्च न्यायालयों के न्यायधीशों से संबंधित संविधान में महाभियोग का प्रावधान कर दिया। महा भियोग के प्रावधान के होते हुए भी आज तक उच्च न्यायालय एवं उच्चतम न्यायालय के न्यायाधीश-न्यायाधीशों के विरुद्ध महाभियोग के प्रावधान की आवश्यकता ही नहीं हुई, अगर हुई भी तो लक्ष्य तक न पहुँचकर रास्ते में ही समाप्त हो गई।

इसके विपरीत अधीनस्थ न्यायालयों के न्यायाधीशों पर उच्च न्यायालयों की नजर बनी रहती है। प्रत्येक वर्ष कम-से-कम 20-25 जिला न्यायालयों में कार्यरत न्यायाधीशों की या तो प्रोन्नति रोक दी जाती है या उन्हें सेवा से

ही निवृत्त कर दिया जाता है। न्याय हित में यह अच्छी बात है, किंतु एक बार जब कोई उच्च या उच्चतम न्यायालय का न्यायाधीश बन जाता है तब ऐसे न्यायाधीश को किसी तरह की अनुशासनात्मक या प्रशासनात्मक काररवाई से मुक्त कर दिया जाता है। अवश्य ही इनके लिए भी महाभियोग का प्रावधान है, किंतु जटिल है।

चूँकि व्यवस्था और व्यवस्था में कार्यरत व्यक्तियों का महत्त्व अलग-अलग होता है, हमें व्यवस्था को भी सशक्त करना होगा और इस व्यवस्था के तहत कार्यरत व्यक्तियों की मानसिकता, बौद्धिकता एवं निरपेक्षता पर भी ध्यान देना होगा। सिंह एक शक्तिशाली जीवित प्राणी है। जब-जब हमें सिंह से काम लेने की आवश्यकता होती है, तब-तब हम उसके लिए ऐसी व्यवस्था का निर्माण करते हैं, जिससे कि वह व्यवस्था का उल्लंघन नहीं कर सके और काम भी करे। ठीक इसी तरह न्याय-व्यवस्था में कार्यरत जीवित मनुष्य असीम मानसिक एवं बौद्धिक शक्ति रखता है।

न्यायाधीश के रूप में कार्यरत ऐसे असीम मानसिक एवं बौद्धिक शक्ति रखनेवाले जीवित मनुष्य को भी एक ऐसी व्यवस्था में रखना होगा, जिससे कि वह व्यवस्था का उल्लंघन न कर सके।

हमारी न्याय-व्यवस्था में जिला न्यायालयों में कार्यरत न्यायाधीशों को अवश्य ही व्यवस्था कर डर बना रहता है, जिस डर से वे डरते रहते हैं।

यह अच्छी बात है, किंतु वर्तमान न्याय-व्यवस्था उच्च या उच्चतम न्यायालय के न्यायाधीशों के लिए किसी तरह का डर नहीं पैदा करती है। ऐसा इसलिए कि उच्च एवं उच्चतम न्यायालय के न्यायाधीशों द्वारा गलत किए जाने की अपेक्षा ही नहीं होती है।

न्याय-व्यवस्था के कई तत्त्व होते हैं। न्याय-व्यवस्था के तत्त्व देश के कानून, आपराधिक मामलों में पुलिस द्वारा किया गया अनुसंधान, अभियोजन और बचाव पक्ष द्वारा लाए गए साक्ष्यों की गुणवत्ता, विद्वान् अधिवक्ताओं का न्याय के प्रति दायित्व एवं बहस, साथ ही आम लोगों की मानसिकता एवं बौद्धिकता आदि होते हैं।

आज की न्याय-व्यवस्था उपरोक्त तत्त्वों पर ही आधारित है। अगर सारे तत्त्व ठीक होंगे तो न्याय भी ठीक होगा, अन्यथा कुछ और।

न्याय-व्यवस्था को हमें मजबूत करना होगा और एक ऐसी न्याय-व्यवस्था की स्थापना करनी होगी, जिसमें कार्यरत न्यायाधीश भी व्यवस्था का उल्लंघन नहीं कर सकेंगे।

संभवत: इस ओर हमारा ध्यान ही नहीं जा रहा है। परिणामस्वरूप आज सरकार और उच्चतम न्यायालय के बीच उच्च न्यायालय एवं उच्चतम न्यायालयों के जजों की नियुक्ति को लेकर ठन सी गई है। उच्चतम न्यायालय अपने तरीके से जजों की नियुक्ति करना चाहता है तो सरकार अपने तरीके से। संभवत: आज तक जजों की नियुक्ति संबंधी ऐसे तरीके की खोज नहीं की जा सकी, जो उच्चतम न्यायालय एवं सरकार दोनों को मान्य हो। यह मेरा व्यक्तिगत विचार है, जो आपको मान्य नहीं भी हो सकता है।

❑

प्रजातंत्र की न्यायपालिका बनाम प्रजातंत्र की प्रजा

प्रजातंत्र के तीनों स्तंभ विधायिका, कार्यपालिका एवं न्यायपालिका के शीर्ष पदों पर आसीन देश के सांसदगण, राज्यों के विधायकगण, देश के प्रधानमंत्री, राज्यों के मुख्यमंत्री, देश के नौकरशाह, उच्चतम न्यायालय के मुख्य न्यायाधीश, उच्च न्यायालयों के मुख्य न्यायाधीश एवं जिला न्यायालयों के जिला एवं सत्र न्यायाधीश अपने आप या अपने दृष्टिकोण को चाहे कितना भी महत्त्व दें, तब तक अर्थहीन ही होता है, जब तक कि उनका ऐसा दृष्टिकोण एवं कार्य आम जनता को मान्य नहीं होता।

हम सभी ही नहीं, प्रजातंत्र के तीनों स्तंभों के शीर्ष पदों पर आसीन व्यक्तियों को ज्ञात है कि प्रजातंत्र की मालिक आम प्रजा ही होती है। आपने अवश्य ही देश के प्रधानमंत्री, राज्यों के मुख्यमंत्री को ऐसा कहते सुना होगा कि ये सभी आम प्रजा के सेवक हैं और आम प्रजा ही उनका मालिक है। इन सबों को अपने मालिक की भले ही पद प्राप्त करने के पश्चात् याद नहीं रहे, किंतु चुनाव के समय ये सभी आम प्रजा को मालिक-मालिक पुकारने की रट लगाते रहते हैं। मालिक का महत्त्व ही होता है कि सबों को संकटकाल में मालिक के पास ही अपनी रक्षा के लिए जाना पड़ता है। कल तक तो सिर्फ-और-सिर्फ देश के नेताओं से ही सुना करते थे कि वे भी आम प्रजा के सेवक हैं और आम प्रजा ही उनकी मालिक है, किंतु आज देश के उच्चतम न्यायालय के न्यायाधीशों को आम प्रजा से ही अपनी बात एवं

अपना असंतोष प्रकट करने की जरूरत पड़ गई है।

पिछले दिनों उच्चतम न्यायालय के चार वरिष्ठ न्यायाधीशों का प्रेसवार्त्ता के माध्यम से आम प्रजा को देश के उच्चतम न्यायालय में हो रही गतिविधियों से अवगत कराना, इस सत्य का द्योतक है कि उच्चतम न्यायालय के ये सभी चार न्यायाधीश भी प्रजातंत्र में विश्वास दिखाते हुए आम प्रजा से ही बात करना चाहते हैं। कम-से-कम देश की न्यायपालिका की ऐसी मानसिकता पहले नहीं देखी गई। देश के उच्चतम न्यायालय के इन चार न्यायाधीशों ने स्पष्ट शब्दों में प्रजातंत्र की आम प्रजा को प्रेसवार्त्ता के माध्यम से संदेश दिया कि प्रजातंत्र ही खतरे में है। प्रजातंत्र पर ही खतरा होने का कारण क्या था, इसे तो वे चार न्यायाधीशगण ही स्पष्ट कर सकते हैं, जिन्होंने प्रजातंत्र पर खतरे की बात की थी।

उपर्युक्त प्रेसवार्त्ता के पश्चात् अवश्य ही प्रजातंत्र की प्रजा दो समूहों में बँटती दिख रही है। एक समूह प्रेसवार्त्ता के पक्ष में आता दिख रहा है तो दूसरा समूह प्रेसवार्त्ता के विपक्ष में।

प्रेसवार्त्ता के पश्चात् देश के कई राजनीतिक दलों द्वारा उच्चतम न्यायालय के मुख्य न्यायाधीश पर ही महाभियोग लाने की तैयारी की जा रही है तो ऐसे ही राजनीतिक दलों को उच्चतम न्यायालय के मुख्य न्यायाधीश पर महाभियोग लाना स्वीकार्य नहीं दिखता है। उच्चतम न्यायालय के मुख्य न्यायाधीश के विरुद्ध महाभियोग का प्रस्ताव भले ही गलत या सही हो, किंतु दोनों अर्थों में ही देश की न्यायपालिका के हित में नहीं है।

चाहे हम देश की वर्तमान न्याय-व्यवस्था में भले ही आवश्यक सुधार लाने का प्रयास न करें, पूरे देश में कुछ ऐसा होने लगा है जिससे स्पष्ट होता है कि देश की आम प्रजा वर्तमान न्याय-व्यवस्था से अवश्य ही संतुष्ट नहीं है।

रोज इस न्याय-व्यवस्था द्वारा किए गए फैसलों पर कुछ-न-कुछ असंतोष जाहिर किया जाता प्रतीत होता है। उदाहरणस्वरूप हाल ही में अनुसूचित जाति एवं जनजाति से संबंधित कानून के मामले में उच्चतम न्यायालय द्वारा दिया गया निर्णय।

माननीय उच्चतम न्यायालय के चार वरिष्ठ न्यायाधीशों द्वारा प्रेसवार्त्ता के माध्यम से ऐसा संदेश देना कि प्रजातंत्र खतरे में है, तत्पश्चात् उच्चतम न्यायालय के मुख्य न्यायाधीश के विरुद्ध कुछ राजनीतिक दलों द्वारा महाभियोग लाने का प्रयास किया जाना, अनुसूचित जाति एवं जनजाति कानून से संबंधित उच्चतम न्यायालय के फैसले पर असंतोष और ऐसे ही देश की न्यायपालिका से संबंधित कुछ तथ्य अवश्य ही देश की न्याय-व्यवस्था में आवश्यक सुधार लाने का आधार बनते दिखते हैं। अगर हम न्याय-व्यवस्था में आवश्यक सुधार नहीं ला सकेंगे तो अवश्य ही प्रजातंत्र अपने आप हत्या कर लेगा।

सबों का ऐसा कहना ही नहीं है, बल्कि मानना भी है कि जिस दिन प्रजातंत्र में न्यायपालिका ही कमजोर हो जाएगी, उस दिन प्रजातंत्र ही समाप्त हो जाएगा।

सिर्फ कहने, सुनने और मानने से प्रजातंत्र की न्यायपालिका को मजबूत नहीं बनाया जा सकता है, बल्कि इस दिशा में कुछ करने की आवश्यकता होगी। चाहे न्यायपालिका में सुधार लाने की बात हो या प्रजातंत्र के अन्य क्षेत्रों में भी सुधार लाने की आवश्यकता हो, इस दिशा में देश की वर्तमान सरकार ही कुछ और सबकुछ कर सकती है।

अगर देश की सरकार का इस ओर ध्यान नहीं जाता है तो प्रजातंत्र की प्रजा, जो सरकार का भी मालिक है, को ही कुछ करना होगा।

ऐसा लगता है कि वर्तमान में या निकट भविष्य में भी देश की व्यवस्था में आवश्यक सुधार लाने की अपेक्षा न तो वर्तमान सरकार से की जा सकती है, न ही प्रजातंत्र के मालिक प्रजा से ही।

सरकार से वर्तमान न्याय-व्यवस्था में आवश्यक सुधार लाने की अपेक्षा इसलिए नहीं की जा सकती है क्योंकि सरकार की प्राथमिकता सिर्फ-और-सिर्फ सरकार बचाने की ही दिखती है।

देश के आम लोगों, जिन्हें हम सभी प्रजातंत्र का मालिक कहते थकते नहीं हैं, से भी प्रजातंत्र के किसी क्षेत्र में आवश्यक सुधार लाने की अपेक्षा नहीं कर सकते हैं, क्योंकि इन आम लोगों की सहन शक्ति असीमित होती है। इन

पर कितना भी जुल्म किया जाए, ये तब तक इन पर हो रहे जुल्मों को सहते रहेंगे, जब तक कि इनकी स्थिति 'मरो या मारो' तक न पहुँच जाए। आम लोगों की जुल्म सहते रहने की मानसिकता के कारण ही हमें करीब 200 वर्षों तक अंग्रेजों का जुल्म सहना पड़ा था। आजादी की लड़ाई तभी शुरू हुई, जब हमारी स्थिति 'मरो या मारो' की हो गई थी।

आम लोगों की शक्ति असीम होती है, किंतु इनकी यह असीम शक्ति मरता क्या नहीं करता, ऐसी परिस्थिति उत्पन्न होने पर ही जाग्रत् होती है और जब एक बार आम लोगों की ऐसी असीम शक्ति जाग्रत् हो जाती है तो ऐसी असीम शक्ति के समक्ष किसी दूसरी शक्ति, चाहे वह सरकार ही क्यों न हो, नहीं चलती।

संभवतः वर्तमान न्याय-व्यवस्था में आवश्यक सुधार नहीं लाने के कारण देश के आम लोगों पर हो रहे अन्याय को सहने की शक्ति अभी तक आम लोगों को है। जिस दिन वर्तमान न्याय-व्यवस्था से उत्पन्न हो रही कठिनाइयों एवं परेशानियों का प्रकोप देश के आम लोगों की सहन शक्ति की सीमा ही तोड़ देगा, उस दिन ही 'मरता क्या नहीं करता' की स्थिति में देश के आम लोगों की असीम शक्ति वर्तमान न्याय-व्यवस्था में आवश्यक सुधार लाने के लिए आगे आएगी। एक न एक दिन ऐसा अवश्य ही होगा।

हमारी न्याय-व्यवस्था अवश्य ही आवश्यक सुधार चाहती है। हमें अंग्रेजों द्वारा दी गई न्याय-व्यवस्था से अलग अपनी न्याय-व्यवस्था बनानी पड़ेगी। वर्तमान न्याय-व्यवस्था में आम लोगों को न्याय मिलना संभव ही नहीं है। देश में हर कोई उच्चतम न्यायालय तक जाकर न्याय प्राप्त करने की हैसियत ही नहीं रखता है। न्यायालय से न्याय प्राप्त करने में इतना विलंब होता है कि न्याय ही दम तोड़ देता है। वर्तमान न्याय-व्यवस्था में दोषी भी दोषमुक्त हो जाते हैं और कभी-कभी निर्दोष को सजा मिल जाती है।

ऐसे इस न्याय-व्यवस्था की बहुत सारी खामियाँ हैं, जिसे आम लोग भी जानते हैं और सरकार भी, किंतु अपनी अक्षमता के कारण कुछ कर नहीं पाते हैं। सरकार अगर चाह लेगी तो Not Over Night But within no time.

न्याय-व्यवस्था में आवश्यक सुधार लाया जा सकता है। चाहे जो हो, अगर ऐसी सरकार आम लोगों को वास्तविक न्याय नहीं दिला सकी तो व्यक्ति, व्यक्ति समूह, सरकार एवं इसकी सारी संस्थाएँ सुरक्षित नहीं रह पाएँगी। किसी तरह के सुधार के लिए आवश्यक होगा कि हम सबों को ही मिलकर कुछ करना होगा।

निर्विवादित न्यायपालिका

न्यायपालिका की पहचान एक ऐसी संस्था के रूप में की जाती है, जिसका दायित्व न्याय करने से होता है। ऐसी न्यायपालिका तब तक ही निर्विवादित (Absolute) रह सकेगी, जब इसके द्वारा किया गया न्याय सबों को स्वीकार्य हो। न्याय और अन्याय, एक साथ नहीं रह सकता या तो न्याय अस्तित्व में रहेगा या अन्याय।

न्याय सिर्फ-और-सिर्फ न्याय होता है, किंतु न्याय करनेवाली व्यवस्था अलग-अलग हो सकती है।

सरकार और इसके अधीन बहुत सारी व्यवस्थाएँ हैं, जिनका दायित्व भी न्याय करने से ही होता है। विधायिका, कार्यपालिका एवं इसी तरह की बहुत सारी संस्थाएँ हैं, जिनका भी न्याय ही करने का दायित्व होता है। यहाँ तक की गैर सरकारी संस्थाएँ, यथा परिवार, समाज आदि का दायित्व न्याय करना ही होता है। इन सारी संस्थाओं द्वारा अगर न्याय नहीं किया गया तो पूरे समाज का ही स्वरूप भयावह हो जाएगा। ऐसे तो बहुत सारी संस्थाएँ हमने बना रखी हैं, जिनका दायित्व न्याय करने का ही है। ये सारी संस्थाएँ कृत्रिम संस्थाएँ हैं। न्याय से संबंध रखनेवाली इन कृत्रिम संस्थाओं के अतिरिक्त एक और संस्था है, जिसकी हम प्राकृतिक या ईश्वरीय न्याय संस्था के रूप में पहचान कर सकते हैं। कृत्रिम न्यायपालिकाएँ एवं प्राकृतिक या ईश्वरीय न्यायपालिका की तुलना करने पर स्पष्ट हो जाएगा कि कृत्रिम न्यायपालिकाएँ भले ही विवाद के घेरे में आ सकती है, किंतु प्राकृतिक या ईश्वरीय न्यायपालिका कभी भी विवाद के घेरे में नहीं आ सकती।

भले ही देर से हो, प्राकृतिक या ईश्वरीय न्यायपालिका आपको, आपके

द्वारा किए गए अपराधों की सजा अवश्य ही देती है। इसी तरह प्राकृतिक या ईश्वरीय न्यायपालिका आपके द्वारा किए गए न्याय के लिए आपको अवश्य ही पुरस्कृत भी करती है।

जब तक वर्तमान कृत्रिम न्यायपालिका प्राकृतिक या ईश्वरीय न्यायपालिका की तरह ही पक्षपातरहित न्याय नहीं कर सकेगी, तब तक वही प्राकृतिक या ईश्वरीय न्यायपालिका कृत्रिम न्यायपालिका एवं इसमें कार्यरत व्यक्तियों को अवश्य ही दंडित भी करेगी और पुरस्कृत भी।

इस तरह कृत्रिम न्यायपालिका कुछ कारणवश कभी-कभी विवाद के घेरे में आ सकती है, किंतु प्राकृतिक या ईश्वरीय न्यायपालिका कभी भी विवाद के घेरे में नहीं आ सकती है।

इसे समझने के लिए हमें हमारे समक्ष हो रही घटनाओं को देखना एवं समझना होगा। हमारा और आपका जन्म भी होता है और मृत्यु भी। जन्म और मृत्यु कैसे होती है, इसे हम नहीं जानते हैं, किंतु अपने जन्म और मृत्यु के लिए हम न तो किसी की प्रशंसा करते हैं और न किसी की आलोचना। हमारी ऐसी मानसिक स्थिति का कारण होता है कि हमारे जन्म और मृत्यु के पीछे किसी तरह का पक्षपातपूर्ण व्यवहार नहीं होता है। कृत्रिम न्यायपालिका द्वारा किए गए न्याय में भी जब हम पक्षपातपूर्ण व्यवहार आरोपित नहीं कर सकेंगे, तभी यह कृत्रिम न्यायपालिका विवाद के घेरे से दूर रह सकेगी। कृत्रिम न्यायपालिका के विवादित होने का कारण पक्षपातपूर्ण न्याय भी हो सकता है और नहीं भी। इसे भी ऐसे समझा जा सकता है कि जब आपके द्वारा किए गए अपराध के लिए आपको दंडित किया जाता है तो न्याय ही होता है, किंतु आप उसे अन्याय समझने लगते हैं और न्यायपालिका पर तरह-तरह के आरोप लगाने लगते हैं।

इन दिनों प्राय: ऐसा देखा जा रहा है कि वर्तमान न्यायपालिका ही नहीं, बल्कि न्याय करनेवाले सारी संस्थाओं के कार्यकलापों पर विवाद खड़ा किया जा रहा है। जब इन संस्थाओं द्वारा लिया गया न्याय निर्णय आपके अनुकूल होता है, तब तो सबकुछ ठीक ही होता है, किंतु जैसे ही ऐसा न्याय

निर्णय आपके प्रतिकूल होता है, आप इन सारी संस्थाओं पर ही विवाद खड़ा कर देते हैं। कर्नाटक के राज्यपाल और साथ ही उच्चतम न्यायालय द्वारा हाल ही में दिए गए न्याय निर्णयों पर कुछ इसी तरह का विवाद खड़ा किया गया। जिसने ऐसे न्याय निर्णयों को अपने अनुकूल माना, उसे अवश्य ही ऐसा न्याय निर्णय अच्छा लगा, किंतु ऐसा न्याय निर्णय जिसके प्रतिकूल गया, उसे अच्छा नहीं लगा।

न्याय निर्णय को भी पक्षपातरहित होना और हम सबों को भी पक्षपात रहित न्याय को स्वीकार करना होगा। आज संभवतः पक्षपातरहित न्याय की तो आवश्यकता है ही, साथ ही हम सबों को भी पक्षपातरहित न्याय को समझने एवं स्वीकार करने की क्षमता रखनी होगी।

उपरोक्त सारे तथ्यों को विस्तारित करने की आवश्यकता नहीं है, क्योंकि हम सभी जान ही नहीं रहे हैं, बल्कि समझ भी रहे हैं कि देश में क्या हो एवं चल रहा है।

उपरोक्त तथ्यों के आलोक में जब तक हम अपने आप और कृत्रिम न्यायपालिका की सारी संस्थाओं में सुधार नहीं ला सकेंगे, तब तक न्यायपालिका ही नहीं, हम सभी भी विवाद के घेरे में ही रहेंगे। हमें अपने-अपने स्वार्थ से ऊपर उठकर मानवता की सेवा में लग जाना होगा। अपने-अपने पदों का दुरुपयोग करना छोड़ना होगा। हमें वही करना होगा, जो सबको मान्य हो। ऐसा तभी हो सकेगा, जब हम अपने चरित्र का निर्माण कर सकेंगे। हम सभी जानते हैं— When Wealth is lost, nothing is lost. When Health is lost, something is lost. When Character is lost, everything is lost.

प्रजातंत्र में प्रजा के चरित्र के अनुरूप ही प्रजातंत्र की सरकार या न्यायपालिका का भी चरित्र होता है।

❑

कानून के राज की सफलता ही राम-राज

हम सबों की व्यथा माँ के गर्भ से ही शुरू हो जाती है और मृत्यु होने तक बनी ही रहती है। हमारी माताएँ ही हमें गर्भ से लेकर जन्म देने तक और बाद में जीवनपर्यंत हमारी व्यथाओं को कम करने या समाप्त करने में लगी रहती हैं। समाज का भी हमारी व्यथा को कम या समाप्त करने में सहयोग रहता ही है। अगर हमारी माताओं एवं समाज का सहयोग न हो तो हम जीने की कल्पना भी नहीं कर सकते हैं। जिस दिन हमारी माताओं और समाज का सहयोग सहायक नहीं होगा, उस दिन न तो हम सभी जन्म ही ले सकेंगे और न जन्म के पश्चात् जी ही सकेंगे। हमारी माताएँ और हमारा समाज तो प्रत्यक्ष रूप से हमें जन्म देकर जीवित रखने में सहायक होता है, किंतु इसके अतिरिक्त भी एक शक्ति या कारण अवश्य होता है, जो हमारे जन्म और जीवित रहने का कारण तो होता ही है, किंतु संभवतः मृत्यु का भी वही अप्रत्यक्ष कारण है। इसी अप्रत्यक्ष कारण को हम सभी प्रकृति या ईश्वर के नाम से जानते ही नहीं हैं, बल्कि जीवनपर्यंत अपनी रक्षा के लिए उन्हीं की पूजा एवं पुकार करते रहते हैं। इस तरह हम अगर जीना चाहते हैं तो समाज जो प्रत्यक्ष होता है एवं ईश्वर जो अप्रत्यक्ष होता है, दोनों की कृपा से ही जी सकते हैं।

आज का समाज कल का नहीं है। हम सबों का प्रादुर्भाव कब और कैसे हुआ, इसकी ठीक-ठीक जानकारी आज तक हमें अवश्य ही नहीं है। हम सबों का जन्म कैसे होता है और क्यों होता है, इसकी जानकारी सारे अध्यात्मशास्त्रों

में दी गई दिखती है, किंतु अध्यात्मशास्त्रों में दी गई जानकारियों को हम सभी समझ नहीं पाते हैं।

अवश्य ही हममें से अगर कोई अध्यात्म शास्त्रों के अध्ययन से अपने जन्म और जीवित रहने के कारणों को समझ लेता है तो वह एक अलग व्यक्तित्व होता है एवं ऐसा ही व्यक्तित्व अपने साथ-साथ अपने समाज को भी सुरक्षित रखने में सक्षम होता है। राम एवं कृष्ण ऐसे व्यक्तित्व भी हुए हैं, जिन्होंने अपने समाज की सुरक्षा की है।

आज हम जीवित मनुष्यों की संख्या बहुत अधिक हो गई है। जब हमारी संख्या कम थी तो हमने जैसे-तैसे अपने को तथा अपने समाज को भी सुरक्षित रखा। कभी तो हम सबों में से ही एक आदमी ने हमारी सुरक्षा का भार लिया, जिसे हम राजा मानने लगे। ऐसे राजाओं में भी कुछ तो अच्छे हुए और कुछ ऐसे भी राजा हुए, जिन्होंने अपने साथ अपनी प्रजाओं का भी विनाश कर दिया। हमारी संख्या जैसे-जैसे बढ़ी, वैसे-वैसे हम सब अपनी सुरक्षा के लिए नए-नए प्रयोग करते गए। इन्हीं नए-नए प्रयोगों में से आज हमने प्रजातंत्र को अपना लिया है एवं इस प्रजातंत्र के माध्यम से व्यक्ति ही नहीं, बल्कि कानून के राज की कल्पना कर इसी के सहारे हम सभी सुरक्षित होने का स्वप्न देखते रहे हैं, भले ही ऐसा स्वप्न वास्तविकता में परिवर्तित न हो। अपनी एवं अपने समाज की सुरक्षा के लिए हमें एक धनात्मक भय की आवश्यकता होती है। धनात्मक भय के अभाव में हम कुछ ऐसा कर लेते हैं, जो हमारे ही विनाश का कारण बन जाता है। ऐसा धनात्मक भय या तो अपने आप से या समाज या ईश्वर या कानून के राज में कानून से होना आवश्यक होता है।

आज भले ही प्रजातंत्र के माध्यम से हम कानून का राज स्थापित कर लेने में अपने को सफल समझ रहे हैं, किंतु ऐसा है नहीं। कानून के राज में सिर्फ निरीह एवं असहायों को ही कानून का डर होता है, न कि उन्हें जो कानूनों को भी अपने अनुकूल कर लेने में समर्थ हो जाते हैं। हम सभी जानते हैं कि आज बहुत सारे ऐसे उदाहरण हैं कि कानून को नहीं माननेवालों को कानून सजा नहीं दे पा रहा है।

इसी तरह आज व्यक्ति ही मजबूत दिख रहा है, न की समाज। ऐसे मजबूत व्यक्तित्व को समाज का भी डर नहीं रहता। कानून एवं समाज के डर के अतिरिक्त ईश्वर का भी डर आज नहीं दिखता है। ईश्वर के अस्तित्व का उपदेशक भले ही दूसरे को ईश्वर से डरने की प्रेरणा देता दिखता हो, वह उपदेशक स्वयं ईश्वर से नहीं डरता है।

व्यक्ति एवं समाज तभी तक सुरक्षित रह सकता है, जब तक व्यक्ति को अपने आप से या समाज से या ईश्वर से, नहीं तो आज के कानून के राज में कानून का डर हो। इसका दूसरा अर्थ होगा कि व्यक्ति या तो धार्मिक प्रवृत्ति का हो या नैतिक हो या उसे कानून का डर हो।

Divinity, Morality Or कानून का डर ही ऐसे तीन तत्त्व हैं, जिनमें से एक तत्त्व की उपस्थिति भी एक अच्छे व्यक्तित्व या एक अच्छे समाज का निर्माण कर सकती है। संभवतः आज हमारे समाज में इन तीनों तत्त्वों, यथा Divinity, Morality और कानून का डर की अनुपस्थिति है। परिणामतः हम सभी अपनी-अपनी वर्तमान स्थिति से निकलकर एक बेहतर स्थिति में जाना चाहते हैं, किंतु ऐसा नहीं हो पाता है। ऐसा तभी होगा, जब हम सभी मिलकर इस वर्तमान भयावह स्थिति से निकलना चाहेंगे, संभवतः हम जिस प्रजातंत्र में हैं और जिस प्रजातंत्र के माध्यम से हमने कानून के राज की स्थापना की है, उसी कानून के राज में सुधार लाना होगा। कानून का डर पैदा कर देना होगा, कानून का ऐसा डर पैदा करना होगा, जिसका डर उच्च से उच्च पद पर आसीन व्यक्ति के साथ ही हर तरह के दबंग व्यक्ति को भी समान रूप से हो। ऐसा अगर हम कर सकें, तभी कानून का राज भी राम-राज में परिवर्तित हो सकेगा।

आज जिसे हम न्याय कहते हैं, वह ईश्वरीय न्याय नहीं, बल्कि राजनियमों पर आधारित न्याय है। राज नियमों के अनुरूप न्याय करने के लिए आज हमारे पास पुलिस एवं न्यायालय की व्यवस्था है अगर हम कानून का डर पैदा करना चाहते हैं तो इस प्रजातंत्र की पुलिस व्यवस्था एवं न्याय-व्यवस्था को सुदृढ एवं सक्रिय बनाना होगा, जिस ओर किसी का ध्यान ही होना प्रतीत

नहीं होता है। पुलिस एवं न्याय-व्यवस्था क्या और कैसे कर रही है, हम सभी जानते हैं। हम में से कितने ही इस वर्तमान पुलिस एवं न्याय-व्यवस्था के शिकार हुए हैं। यह एक कटु एवं नग्न सत्य है, जिसे हम सभी असहायों की तरह झेल रहे हैं। अपराध अवश्य होता है, किंतु अपराधी को सजा देने की बात तो दूर, हम अपराधियों की पहचान भी नहीं कर पा रहे हैं। आज आवश्यकता है कि सरकार एक ऐसी पुलिस एवं न्याय-व्यवस्था की स्थापना करे, जिससे अपराधी को तुरंत सजा मिल जाए और आपसी झगड़ों का निदान भी तुरंत हो जाए। सरकार चाहे तो ऐसा हो सकता है। पुलिस एवं न्याय-व्यवस्था में सुधार लाए बिना न तो हमें कानून का डर होगा, न कानून के राज की स्थापना होगी और कानून का राज, राम-राज कभी नहीं हो सकेगा।

अगर हम कानून का राज या राम-राज की स्थापना करना चाहते हैं तो पुलिस एवं न्याय-व्यवस्था में शीघ्र सुधार लाने की आवश्यकता होगी। ऐसे तो पुलिस एवं न्याय-व्यवस्था में सुधार लाने का दायित्व सरकार का है, लेकिन हम सबों को भी पुलिस एवं न्याय-व्यवस्था में आवश्यक सुधार लाने का प्रयास करना ही होगा। हमें एक स्वर से पुलिस एवं न्याय-व्यवस्था में सुधार लाने के लिए सरकार को बाध्य करना होगा।

❑

'न्याय' न्याय-व्यवस्था में ही कैद

देश की विधायिका, कार्यपालिका, न्यायपालिका के साथ ही देश के आम लोग, देश की वर्तमान न्याय-व्यवस्था में आवश्यक सुधार लाने की सिर्फ आवश्यकता ही नहीं समझते हैं, बल्कि इसकी चर्चा भी करते रहते हैं।

संभवतः देश की वर्तमान न्याय-व्यवस्था ही न्याय को व्यवस्थित करने के बदले अव्यवस्थित करती जा रही है।

आज न्याय इस न्याय-व्यवस्था में ही कैद हो चुका है। यह एक नग्न सत्य है और इस नग्न सत्य को किसी तरह के साक्ष्य एवं तर्क से साबित करने की आवश्यकता नहीं है। न्याय-व्यवस्था द्वारा न्याय को ही कैद किए जाने के इस नग्न सत्य को हम सभी जानते ही नहीं है, बल्कि इस नग्न सत्य का शिकार भी होते रहते हैं। करोड़ों की संख्या में न्यायालयों में मुकदमे लंबित हैं और इन लंबित मुकदमों के साथ ही न्याय भी लंबित एवं रुका हुआ है। आज किसी की हत्या होती है, किसी का बलात्कार या सामूहिक बलात्कार होता है, किसी का अपहरण हो जाता है और जब ये सभी न्याय पाने के लिए न्याय-व्यवस्था की शरण लेते हैं तो न्याय-व्यवस्था से ससमय न्याय नहीं मिल पाता है। ससमय न्याय नहीं मिलना अपने आप में अन्याय ही होता है। इसी तरह दीवानी मुकदमों में भी वर्तमान न्याय-व्यवस्था ससमय न्याय नहीं कर पाती है। इस तरह फौजदारी एवं दीवानी, दोनों प्रकृति के मामलों में न्याय इस न्याय-व्यवस्था में ही कैद हो जाता है एवं न्याय स्वयं न्याय-व्यवस्था के कैदखाने में छटपटाता हुआ दम तोड़ देता है। न्याय को वर्तमान न्याय-

व्यवस्था के कैदखाने से कैसे निकाला जाए, यह एक गंभीर समस्या है। अगर इस समस्या का समाधान नहीं किया गया तो एक ऐसे समाज का जन्म होगा, जो स्वयं न्याय के बदले अन्याय करने पर ही उतारू हो जाएगा। आज समाज की कुछ ऐसी ही स्थिति बनती जा रही है।

आप भले न्यायाधीश ही क्यों न हों, आपको भी न्याय की आवश्यकता होगी, जब-जब आपको लगेगा कि आपके साथ कुछ न्याय के विपरीत हो रहा है। ऐसे बहुत सारे उदाहरण हैं, जब उच्च पदों पर आसीन व्यक्तियों द्वारा भी न्याय की माँग की जाती रही है। जब-जब ऐसे उच्च पदों पर आसीन व्यक्तियों पर फौजदारी या दीवानी मुकदमा चलाया गया है, तब-तब ये दोनों न्यायालयों के समक्ष न्याय की याचना करते दिखे हैं। उच्चतम न्यायालय के कुछ वरिष्ठ न्यायाधीशों को भी प्रेस के माध्यम से अपनी व्यथा आम लोगों को सुनानी पड़ी है।

ऐसी बात नहीं है कि न्याय-व्यवस्था में सुधार लाने का प्रयास नहीं किया गया हो या वर्तमान में भी नहीं किया जा रहा हो, किंतु ये सारे प्रयास मात्र प्रयास बनकर ही रह गए हैं। न्याय-व्यवस्था में सुधार लाने का सबसे कारगर प्रयास संविधान के अनुच्छेद 312 में संशोधन के द्वारा वर्षों पूर्व सन् 1975 में किया गया था। संविधान के अनुच्छेद 312 में संशोधन लाकर 'भारतीय न्यायिक सेवा' के गठन का प्रावधान किया गया। आज तक ऐसी सेवा, यानी 'भारतीय न्यायिक सेवा' का गठन नहीं किया गया। आज उच्च एवं उच्चतम न्यायालय के न्यायाधीशों की नियुक्ति को लेकर सरकार एवं उच्चतम न्यायालय के बीच ठनी हुई है। उच्चतम न्यायालय अपने तरीके से न्यायाधीशों की नियुक्ति करने के पक्ष में है, जो सरकार को मान्य नहीं है। परिणामस्वरूप उच्च न्यायालयों में न्यायाधीशों की कमी होती जा रही है। न्यायाधीशों की कमी से मुकदमे लंबित होते जा रहे हैं और न्याय की कैद की अवधि भी बढ़ती जा रही है। 'भारतीय न्यायिक सेवा' का गठन कर दिया गया होता और इसी के सदस्यों को प्रोन्नत कर उच्च एवं उच्चतम न्यायालय के न्यायाधीशों की नियुक्ति की जाने लगी होती तो आज ऐसी समस्या नहीं बनती।

संभवतः उच्च न्यायालय के न्यायाधीशों की सीधी नियुक्ति ही सबकी जड़ में है और वर्तमान न्याय-व्यवस्था का अभिशाप भी बनती जा रही है। आज भी अगर 'भारतीय न्यायिक सेवा' का गठन कर लिया जाए और उच्च न्यायालयों में न्यायाधीशों की सीधी नियुक्ति बंद कर दी जाए तो अपने आप हमारी न्याय-व्यवस्था स्वच्छ एवं निर्मल हो जाएगी। जिस दिन ऐसा होगा, उस दिन से ही हमारी न्याय-व्यवस्था अपने नवीन स्वरूप में स्थापित हो जाएगी। किसी भी व्यवस्था में कई तरह से सुधार लाए जा सकते हैं किंतु कुछ ऐसे भी सुझाव के तरीके होते हैं, जिनसे सुधार न होकर उसका उलटा ही हो जाता है। न्याय-व्यवस्था में सुधार लाने के तरीके पर भी ध्यान देना होगा। छोटे-मोटे परिवर्तन लाने से कुछ होने का नहीं है। आज हम न्याय-व्यवस्था में जो भी सुधार ला रहे हैं, उससे लाभ नहीं हो रहा है। इन छोटे-बड़े सुधारों के होते हुए भी मुकदमों की संख्या बढ़ती ही जा रही है और वर्तमान न्याय-व्यवस्था के द्वारा ही दोषियों को अपराधमुक्त कर दिया जाता है और निर्दोषों को भी सजा मिल जाती है। आज की न्याय-व्यवस्था इतनी खर्चीली है कि गरीब की इस न्याय-व्यवस्था तक पहुँच ही नहीं है। आज इस न्याय-व्यवस्था को हम कभी-कभी न्याय-मंदिर भी कहते हैं, उस न्याय-मंदिर का दरवाजा बंद ही नहीं, अपवित्र सा लगने लगा है। न्याय-मंदिर का रास्ता पुलिस के रास्ते से ही जाता है।

हम जानते हैं कि न्याय-मंदिर के दरवाजे पर बैठी पुलिस का आचरण कैसा है? कभी-कभी तो गरीबों को न्याय-मंदिर के इसी द्वार से लौट जाना पड़ता है। अगर इस द्वार से किसी तरह निकल भी गए तो इस द्वार द्वारा न्यायालय में दिए गए प्रतिवेदनों से भी गरीब प्रभावित हो जाते हैं। इसका कारण है कि आपराधिक मामलों में अपराध के अनुसंधान का दायित्व एवं अधिकार पुलिस को ही होता है। पुलिस द्वारा अगर अनुसंधान पक्षपातरहित होता है तो न्याय की आशा बनती है। अगर पुलिस द्वारा अनुसंधान ठीक से नहीं किया गया तो न्याय-मंदिर में बैठे न्यायाधीश भी न्याय तक पहुँचने में असफल ही हो जाते हैं। जब न्यायाधीश के पास साक्ष्य की कमी होती है तो अपराधियों को रिहा करना ही पड़ता है और कभी-कभी निर्दोषों के विरुद्ध

साक्ष्य चाहे गलत ही क्यों न हो, उपलब्ध करा दिया जाता है तो निर्दोषों को भी सजा हो जाती है। इन सारे तथ्यों के आलोक में, जिसे हम सभी जानते हैं, वर्तमान न्याय-व्यवस्था में आवश्यक कारगर सुधार लाने की आवश्यकता है। सरकार और न्यायपालिका मिलकर अवश्य ही न्याय-व्यवस्था में सुधार लाने की प्रयास कर रही हैं।

इन दिनों भी न्यायालयों में लंबित मामलों एवं न्यायालयों में न्यायाधीशों की कमी को आधार मानकर उच्च एवं उच्चतम न्यायालय के न्यायाधीशों के अवकाश प्राप्त करने की आयु सीमा क्रमशः 62 वर्ष से 64 वर्ष तथा 65 से 67 वर्ष करने पर चर्चा हो रही है। दूरदर्शन पर इस सुधार की चर्चा की जा रही है। कुछ पक्ष में बोल रहे हैं तो कुछ विपक्ष में। मेरी समझ में उच्च एवं उच्चतम न्यायालयों के न्यायाधीशों की उम्र सीमा बढ़ाने से अगर 'न्याय' न्याय-व्यवस्था की कैद से निकल जाए तो ऐसा करना अवश्य ही ठीक होगा अन्यथा उम्र सीमा बढ़ा देने का लाभ 'न्याय' को ही नहीं मिल सकेगा तो आम लोगों के लाभ की बात कैसे कर सकेंगे?

कई देशों में न्यायाधीशों के अवकाश प्राप्त करने की आयु सीमा अवश्य ही अधिक है, यहाँ तक कि कई देशों में न्यायाधीशों के अवकाश प्राप्त करने की आयु सीमा होती ही नहीं है। ऐसे देशों के न्यायाधीश, जिनके अवकाश प्राप्त करने की आयु सीमा नहीं है, वे स्वयं ही अवकाश प्राप्त कर लेते हैं। सरकार चाहे तो हमारे देश के न्यायाधीशों की भी अवकाश प्राप्त करने की आयु सीमा न्यायाधीशों पर ही छोड़ सकती है। ऐसा करने से सरकार एवं देश की जनता को न्यायाधीशों की सेवा सतत मिलती रहेगी। सरकार वही करे, जो उन लोगों के हित में हो, जिन लोगों ने, उन्हें सरकार चलाने के लिए नियुक्त किया है। यह मेरा व्यक्तिगत विचार है, सरकार जैसा चाहे, वैसा करे। कहा गया है कि राजा कभी गलत नहीं होता है।

King never does wrong. King is dead, longlive the king.

❑

न्याय के लिए अपनों से ही लड़ना होगा

- वर्तमान न्यायपालिका की सबसे बड़ी कमजोरी झूठे मुकदमों का दायर होना।
- कानून को अंधा होना ही चाहिए, न्यायपालिका को नहीं।
- कानून का अंधापन ही न्यायपालिका को न्याय दृष्टि देता है।

संभवत: अंग्रेजों द्वारा हम, भारत के लोग पर किया जा रहा अन्याय ही वह कारण था, जिस अन्याय से पीड़ित होकर हम सब मिलकर, एक होकर, आजादी की एक लंबी लड़ाई लड़ते-लड़ते अपने को आजाद कर लिया था। आजादी की लंबी लड़ाई का मूल एवं एकमात्र उद्देश्य था कि हम अपने लिए न्याय प्राप्त कर सकें। हम पर किसी के द्वारा किसी तरह का अन्याय न हो।

आजादी के बाद हमने अपने संविधान का निर्माण करते हुए संविधान की उद्देशिका (Preamble) में न्याय को ही लक्ष्य करते हुए समस्त नागरिकों के सामाजिक, आर्थिक और राजनीतिक न्याय सुनिश्चित करने के लिए दृढ संकल्पित होकर संविधान को अंगीकृत, अधिनियमित और आत्म-अर्पित किया। इतना ही नहीं, न्याय से संबंधित अन्य विषयों, यथा विचार, अ भिव्यक्ति, विश्वास, धर्म और उपासना की स्वतंत्रता, प्रतिष्ठा और अवसर की समता आदि को भी प्राप्त करने का लक्ष्य संविधान की उद्देशिका में ही स्पष्ट कर दिया।

आज हम सबों को ही, चाहे आप एक आम नागरिक हों या विधायिका,

कार्यपालिका, न्यायपालिका के उच्च से उच्च पद पर ही क्यों न पदासीन हों, विचार करना होगा कि क्या हमने न्याय की स्थापना कर ली है या संविधान की उद्देशिका के अनुरूप कुछ भी कर पाने में समर्थ हो सके हैं? इस प्रश्न का उत्तर आप स्वयं जानते हैं। आजादी के 71 वर्षों बाद भी जिस न्याय पाने के उद्देश्य से हम सबों ने आजादी की लड़ाई लड़ी थी और कुरबानियाँ दी थीं, संभवतः उस न्याय को प्राप्त नहीं कर सके। अन्याय से पीड़ित होकर हम सबों ने अंग्रेजों को अवश्य ही भगा दिया, बस इतनी ही हमारी उपलब्धि है। अगर हम सभी न्याय चाहते हैं तो हमें एक एक दूसरी लड़ाई न्याय के लिए लड़नी होगी। न्याय के लिए दूसरी लड़ाई अपने आप से ही लड़नी होगी। दूसरों से लड़ना आसान होता है, क्योंकि दुश्मन सामने दिखाई देता है। अपने आप से लड़ना मुश्किल नहीं तो कठिन जरूर होता है, क्योंकि आप अपने आपको देख ही नहीं पाते।

आज आपका अपना ही आपका नेता है जो कानून भी बनाता है और सरकार भी चलाता है, आपका अपना ही आप पर शासन करता है। आपका अपना ही आपका न्यायाधीश भी होता है और आपके लिए न्याय-निर्णय करता है। अगर आपके अपनों द्वारा भी न्याय नहीं मिल पा रहा है तो इन अपनों से, जिन्हें आप अपना समझते हैं, कैसे लड़ेंगे? अगर आप इन अपनों से लड़ना चाहते हैं तो इन अपनों की पहचान आपको ही करनी है। अपना ही जब दुश्मन बन जाता है तो इन अपनों से लड़ाई करने में देर हो जाती है। पहले इन अपनों की वास्तविकता की पहचान करनी होती है। जब अपनों की पहचान हो जाती है, तब अपनों से लड़ाई नहीं, बल्कि उन अपनों को सुधारने का अवसर होता है। अगर आप इन अपनों को पहचान चुके हैं तो इन्हें सुधारने के लिए आपको ही प्रयास करना होगा।

कहने और सुनने के लिए आपके लिए सबकुछ है। अपराध नियंत्रण के लिए पुलिस की व्यवस्था है, न्याय के लिए न्यायपालिका की भी व्यवस्था है। आपके अन्य अधिकारों की रक्षा के लिए आपकी सेवा में कार्यरत सरकार, सरकार की सरकारी एवं गैर सरकारी संस्थाएँ भी हैं, इन सबों के

होते हुए भी आपके साथ ऐसा कुछ अवश्य ही नहीं हो रहा है, जैसा आप चाहते हैं और जिसके लिए आपने अंग्रेजों से एक लंबी लड़ाई लड़ी थी और कुरबानियाँ दी थीं।

पुलिस और न्याय-व्यवस्था होते हुए भी अपराध और आपराधिक घटनाएँ बढ़ती ही जा रही हैं। पुलिस एवं न्यायपालिका दोनों के पास अच्छे नागरिक जाना नहीं चाहते हैं। अपराधियों को न तो पुलिस, न तो प्रशासन और न तो न्यायपालिका का ही डर है। वर्तमान पुलिस एवं न्याय-व्यवस्था की सबसे बड़ी कमजोरी है कि इस व्यवस्था में झूठे मुकदमे कर देने की गुंजाइश तो है ही, साथ-साथ न्यायाधीश के समक्ष कानूनी दाँव-पेंच से दोषमुक्त हो जाने की गुंजाइश भी कम नहीं है। आप जानते ही होंगे कि कभी-कभी साक्ष्य के अभाव में दोषी भी दोषमुक्त सिद्ध कर दिए जाते हैं। उसी तरह कभी-कभी निर्दोष को भी पुलिस द्वारा किए गए त्रुटिपूर्ण अनुसंधान के आधार पर अन्याय सहना पड़ता है।

अगर हम न्याय चाहते हैं तो न्याय के लिए हमें अपनों से ही लड़ना पड़ेगा।

हमें वर्तमान पुलिस व्यवस्था, न्याय-व्यवस्था, साथ ही वर्तमान हर तरह के कानूनों में सुधार लाना पड़ेगा, यहाँ तक कि भारतीय संविधान के कई अनुच्छेदों पर भी विचार करना होगा। एक ऐसी व्यवस्था को विकसित एवं स्थापित करना होगा जिस व्यवस्था से इतना धनात्मक डर (Positive Fear) हो जाए, जिससे कोई गलत करने का साहस न कर सके। भौतिक विकास की आवश्यकता तो है, किंतु व्यक्ति एवं देश के नैतिक विकास की आवश्यकता भौतिक विकास से बहुत अधिक है। सरकार अगर सिर्फ भौतिक विकास को ही विकास समझती है तो ऐसी सरकार को हम सबों को ही नैतिक विकास करने की ओर ध्यान दिलाना होगा। अगर हम सब ऐसा नहीं कर सके तो स्थिति बद से बदतर होती जाएगी और हमें ऐसी स्थिति में ही जीना होगा। हमें समझ लेना होगा कि हम अपने आप से नहीं लड़ सकते हैं।

❑

'अन्याय नहीं', न्याय चाहिए

आज हमारी सबसे बड़ी बौद्धिक कमजोरी होती जा रही है कि कभी-कभी हम न्याय को ही अन्याय एवं अन्याय को ही न्याय समझ बैठते हैं। ऐसा इसलिए होता है, क्योंकि न तो हमें न्याय की समझ होती है और न ही अन्याय की ही समझ होती है। न्याय और अन्याय के स्वरूप को समझ पाना कठिन होता है। ऐसी स्थिति में उन सारी घटनाओं को, जिन्हें हम अपने अनुकूल पाते हैं, उन्हें ही हम न्याय मान लेते हैं, भले ही ऐसी घटनाएँ दूसरों के लिए अन्याय ही क्यों न हों। हत्या, बलात्कार, अपहरण आदि अपराध के अपराधी होते हुए भी जब हमें सजा नहीं मिल पाती है, तो हम समझने लगते हैं कि हमारे साथ न्याय हुआ है, भले ही ऐसे संगीन अपराधों के लिए भी सजा नहीं मिल पाने का कारण आज की व्यवस्था ही क्यों न हो। ऐसी स्थिति में जिसकी हत्या हुई है, जिसका बलात्कार हुआ है या जिसका अपहरण हुआ है, उसे भी न्याय के नाम पर उसके साथ जो कुछ भी हुआ है, उसे ही स्वीकार करने के लिए बाध्य हो जाना पड़ता है। अन्याय को ही न्याय समझ लेना और न्याय को ही अन्याय समझ लेने की बाध्यता का कारण हमारी सामर्थ्यहीन एवं कमजोर व्यवस्था ही है।

जब तक इस कमजोर और सामर्थ्यहीन व्यवस्था, जिसका संबंध न्याय और सिर्फ न्याय करने से है, को हम सुदृढ और शक्तिशाली नहीं कर सकेंगे, तब तक हमारे पास एक ही विकल्प होगा कि हमारे साथ जो कुछ हो रहा है, उसे ही स्वीकार करते रहें। न्याय और अन्याय में अंतर करने से हमारी पीड़ा

बढ़ती ही जाएगी। ऐसी स्थिति में अन्याय को ही न्याय के रूप में और न्याय को ही अन्याय के रूप में स्वीकार कर लेने से अवश्य हो हमारी पीड़ा कम होगी। हमारी ऐसी लाचारी, किंकर्तव्यविमूढ़ता ही हमें कुछ हद तक सुरक्षा प्रदान कर सकेगी।

आज हम भौतिक विकास की सीमा भी पार कर चुके हैं। आरामदेह जीवनयापन के लिए हमारे पास सबकुछ है। आज मानने लगे हैं कि ब्रह्मांड हमारी मुट्ठी में है, भले ही ऐसा मानना हमारा भ्रम ही क्यों न हो। आज भले ही हम ब्रह्मांड में हो रही घटनाओं को घर बैठे ही देख लें, घर बैठे ही ब्रह्मांड के किसी कोने में रह रहे व्यक्ति से वार्त्तालाप भी कर लें, भले ही कुछ घंटों या दिनों में ही ब्रह्मांड की यात्रा कर लें, किंतु ऐसा होते हुए भी हम अपने आप तक, अपनी आत्मा तक नहीं पहुँच पा रहे हैं। भौतिक विकास हमें अवश्य ही ब्रह्मांड की यात्रा करा दे सकता है, किंतु ऐसा विकास हमें किसी हाल में अपनी आत्मा तक नहीं पहुँचा सकता है। भौतिक विकास की पहुँच शारीरिक सुख-सुविधा प्रदान करने तक ही सीमित होती है। भौतिक विकास का आश्रय लेकर भले ही आरामदेह जीवन प्राप्त कर सकते हैं, किंतु भौतिक विकास में ऐसी शक्ति ही नहीं है कि ऐसा विकास हमें शांतिपूर्ण जीवन प्रदान कर सके।

आरामदेह जीवन एवं शांतिपूर्ण जीवन में अंतर होता है। भले ही हम भौतिक विकास से प्रभावित होते हैं, किंतु हमारा उद्देश्य शांति प्राप्त करना ही होता है। हम पहले भी नहीं होते हैं और बाद में भी नहीं होते हैं। अगर हम होते हैं तो पहले और बाद के बीच में। हमारा सारा क्रियाकलाप इसी पहले और बाद के बीच में होता है, किंतु हम इस बीचवाली स्थिति से छूटना चाहते हैं।

ऐसी बीचवाली भौतिक स्थिति से छूटने के लिए ही हमें न्याय, चाहे वह प्राकृतिक हो या कृत्रिम, दोनों की आवश्यकता होती है। प्राकृतिक न्याय तो अवश्य ही निष्पक्ष होता है। कृत्रिम न्याय को भी निष्पक्ष होना होगा। हमें कितनी भी पीड़ा क्यों न हो, हमारे अपनों या स्वयं की भी स्वाभाविक मृत्यु ही क्यों न हो जाए, हम इसके लिए किसी को दोष नहीं देते हैं, क्योंकि ये सारी घटनाएँ प्राकृतिक होती हैं एवं निष्पक्ष होती हैं। हमें ज्ञान होता है कि हम

सभी मरणशील प्राणी हैं। हम में से अगर कुछ को ही पीड़ा होती और कुछ की ही मृत्यु होती तो अवश्य ही प्रकृति का न्याय पक्षपातपूर्ण होता, किंतु ऐसा नहीं होता है। कृत्रिम न्याय-व्यवस्था का स्तर भी निष्पक्षपूर्ण होना होगा। ऐसे कृत्रिम न्याय-व्यवस्था में कार्यरत मनुष्यों द्वारा ऐसा कर पाना बहुत कठिन है, क्योंकि मनुष्य जब तक मनुष्य है, उससे गलत किए जाने की संभावना बनी रहती है। अवश्य ही इतिहास के पन्नों को उलटने से ऐसे व्यक्तित्व का भी दर्शन होता है, जो मनुष्य रहते हुए भी पक्षपातरहित निर्णय लेने में सक्षम हुए हैं। श्रीराम, श्रीकृष्ण, हरिश्चंद्र, विक्रमादित्य आदि ऐसे अनेक मनुष्य, मनुष्य होते हुए भी पक्षपातरहित न्याय करने में सक्षम रहे हैं।

हमें न्याय नहीं मिल पा रहा है, इसके लिए हम भी कम जिम्मेदार नहीं हैं। आज ऐसा देखा जा रहा है कि वर्तमान न्याय-व्यवस्था में हम झूठा मुकदमा ही दायर नहीं करते, बल्कि न्यायालय में झूठी गवाही भी देते हैं। अगर हम झूठा मुकदमा दायर करते रहे और झूठी गवाहियाँ देते रहे तो कैसी भी न्याय-व्यवस्था हो, न्याय तक नहीं पहुँच सकेगी। आज हमारी जैसी मानसिकता और बौद्धिकता हो चुकी है उसके होते हुए भी हमें न्याय तक पहुँचना ही होगा। आम लोगों की मानसिकता एवं बौद्धिकता ही संभवतः कानून एवं न्याय का स्रोत होती है। आज जो हमारी न्याय-व्यवस्था है, वह अंग्रेजों की दी हुई है। इस न्याय-व्यवस्था का निर्माण अंग्रेजों ने उस समय के लोगों की मानसिकता एवं बौद्धिकता के आधार पर किया था। आज लोगों की मानसिकता एवं बौद्धिकता बदल चुकी है। ऐसी स्थिति में जब तक हम वर्तमान कानून एवं न्याय-व्यवस्था के स्वरूप को आज के लोगों की मानसिकता एवं बौद्धिकता के आधार पर नहीं बदल सकेंगे, तब तक हमें न्याय और अन्याय में अंतर समझना ही बंद कर देना होगा और स्वीकार कर लेना होगा कि जो हो रहा है, वही ठीक है।

आज के कानून और न्याय-व्यवस्था के स्वरूप को कैसे बदला जाए, यह अपने आप में एक समस्या है। आज हम सबों का ध्यान भौतिक विकास की ओर ही दिखता है। यह भौतिक विकास अवश्य ही आवश्यक

है, किंतु नैतिक एवं आत्मिक विकास ही हमें न्याय के करीब पहुँचा सकता है। अगर हम न्याय के करीब पहुँचना चाहते हैं तो भौतिक विकास से अधिक नैतिक एवं आत्मिक विकास की ओर ध्यान देना होगा, अन्यथा हमारी स्थिति बद से बदतर ही होती चली जाएगी। हमें अब हमारे द्वारा बनाई गई सरकार को ही इस नैतिक एवं आत्मिक विकास की ओर ध्यान देने की आवश्यकता है। यह मेरा व्यक्तिगत विचार है और मेरे इस विचार से भी अच्छे विचार हो सकते हैं।

❑

पटना व्यवहार न्यायालय का स्टिंग ऑपरेशन

मंदिरों से भगवान् और देवताओं की मूर्तियों की चोरी भले ही होती रहे, हमारी आस्था भगवान् और देवताओं में बनी ही रहती है और बनी ही रहेगी। इन मूर्तियों की चोरी से हमारी आस्था का संबंध नहीं होता है। इसी तरह न्याय-मंदिर में हो रही कुछ अप्रिय घटनाओं के घटित होते हुए भी हमारी आस्था न्याय एवं न्यायपालिका के प्रति बनी ही रहती है और बनी ही रहेगी।

हम अच्छी तरह समझते हैं कि मूर्तियाँ एवं मंदिर, सब-के-सब, भौतिक पदार्थ होते हैं, किंतु भगवान्, देवता और हमारी आस्था अभौतिक होते हैं, जिनका संबंध भौतिक पदार्थों एवं भौतिकता से नहीं होता है। जिस तरह भगवान् एवं उनमें हमारी आस्था अभौतिक पदार्थ होते हैं, उसी तरह न्याय, न्यायपालिका एवं इनमें हमारी आस्था अभौतिक ही होते हैं। न्याय एवं न्यायपालिका को जब तक हम व्यक्ति के रूप में और न्याय तत्त्व को व्यक्ति के कार्यकलापों में ढूँढ़ते रहेंगे, तब तक हमें न्याय की न तो समझ ही होगी, न तो इसकी प्राप्ति ही। व्यक्ति अपने आप में अवश्य ही न्यायाधीश के रूप में काम कर सकता है, किंतु न्यायाधीश उस व्यक्ति से एक अलग व्यक्तित्व होता है। व्यक्ति के अंदर का न्यायाधीश जब तक जाग्रत् नहीं होगा, तब तक न्यायाधीश के रूप में ऐसा व्यक्ति अवश्य ही कुछ ऐसा करता रहेगा, जिससे न्याय एवं न्यायपालिका दोनों की गरिमा गिरती जाएगी। यह कुछ वैसा ही है कि हम घोड़े की सवारी करते हैं तो घोड़े की गति को अपनी गति मान लेते हैं,

किंतु सत्य कुछ और ही होता है। हमें अवश्य ही समझना होगा कि घोड़े की गति हमारी गति नहीं है, साथ ही हमें घोड़े की गति पर अंकुश लगाते रहना होगा, अन्यथा घोड़ा ही हमें चलाना शुरू कर देगा और हमें गंतव्य की ओर नहीं ले जाकर कहीं और ले जाकर पटक देगा। न्यायाधीश बना व्यक्ति भी अगर अपने व्यक्तित्व पर अंकुश नहीं लगाएगा तो उसका अपना ही व्यक्तित्व उसे न्यायाधीश बनने ही नहीं देगा। उपरोक्त एक कटु सत्य है, जिसे तर्क से झुठला देने का प्रयास अवश्य ही किया जा सकता है, किंतु जो सत्य है, वह तो शाश्वत ही रहता है एवं अपनी शाश्वतता को कभी नहीं खोता है।

पिछले दिनों न्याय-मंदिर में घटित घटनाओं का उद्घाटन एक टी.वी. चैनल द्वारा किया गया। न्याय-मंदिर में घटित हो रही ऐसी घटनाओं का अलग-अलग अर्थ लगाया जा रहा है। इसका एक अर्थ चिल्ला-चिल्लाकर लगाया जा रहा है कि हमारी वर्तमान न्याय-व्यवस्था भ्रष्ट है, किंतु ऐसा अर्थ लगाना बिल्कुल गलत है, क्योंकि अभी भी हमारे देश की न्याय-व्यवस्था एवं इसमें कार्यरत न्यायाधीशों की गरिमा अक्षुण्ण है। टी.वी. चैनल द्वारा जिस घटना का खुलासा किया गया है, उसके लिए टी.वी. चैनल में कार्यरत लोग, साथ ही हम सभी जिम्मेवार हैं। आज विधायिका, कार्यपालिका, न्यायपालिका एवं पत्रकारिता में कार्यरत उच्च से उच्च पद पर स्थापित नागरिक, साथ ही आम नागरिक की मानसिकता कैसी हो चुकी है, इससे हम सभी परिचित हैं। जब तक वर्तमान मानसिकता को हम नहीं बदलेंगे, अपने स्वार्थ से उठकर समाज के स्वार्थ को ही अपना स्वार्थ नहीं समझ पाएँगे, तब तक जो स्थिति है, वह और भी खराब होती जाएगी और हम सबों को ऐसी स्थिति में ही कालक्षेप करने के लिए बाध्य होना पड़ेगा।

आज हमारी संस्कृति और सभ्यता ही बदली-बदली सी है। हम बड़ी-बड़ी बातें अवश्य कर लेते हैं, लेकिन इन बड़ी-बड़ी बातों के एक अंश का भी पालन नहीं कर पाते हैं। अहिंसा, मानवाधिकार और ऐसे ही अनेक अधिकारों की बातें अवश्य ही कर लेते हैं, किंतु हाथ में ए.के. 47, एटम बम, हाइड्रोजन बम आदि विध्वंसक हथियारों को लेकर भी चलते हैं। हमारा जीवन

और जीना हमारे अपने हाथ में नहीं होता है फिर भी हमें अहंकार होता है कि हम जो चाहेंगे, कर लेंगे। हम चाहें तो स्थिति तुरंत बदल सकते हैं और चाहे तो स्थिति को और अधिक बिगाड़ सकते हैं। चूँकि टी.वी. चैनल द्वारा हमारी न्याय-व्यवस्था में घटित घटनाओं का उद्घाटन किया गया है, हमें कुछ ऐसा करना होगा, जिससे हमारी न्याय-व्यवस्था में आवश्यक सुधार हो सके और भविष्य में ऐसी घटना घटित न हो। टी.वी. चैनल द्वारा वर्तमान न्याय-व्यवस्था से संबंधित उद्घाटित तथ्यों का हमें लाभ लेना होगा, न कि हमें मान लेना होगा कि हमारी न्याय-व्यवस्था में सबकुछ गलत हो रहा है।

पटना जिला व्यवहार न्यायालय में घटित हो रही जिस घटना का खुलासा किया गया है, उसका संबंध व्यवहार न्यायालय में कार्यरत कर्मचारियों से है, न कि कार्यरत जजों से है। ऐसी घटनाओं का कितना भी अर्थ निकाला जाए, ऐसी घटनाओं का संबंध न तो कार्यरत जजों से है और न तो न्याय से ही है। हमारे देश की न्याय-व्यवस्था एवं न्यायपालिका को संपूर्णता में ही देखना होगा। न्यायाधीश, चाहे जिला न्यायालय के हों या उच्चतम न्यायालय के, सभी के सभी न्यायाधीश ही होते हैं और इनको कार्यस्थल एवं कार्यक्षेत्र के आधार पर बड़ा या छोटा नहीं समझा जा सकता। अगर हम जिला न्यायालय के जजों को छोटा समझने लगें तो हमारी बड़ी भूल होगी। जिला समझने लगें तो हमारी बड़ी भूल होगी। जिला न्यायालय में अगर भ्रष्टाचार है तो इसका अर्थ होगा कि संपूर्णता में ही हमारी न्यायपालिका भ्रष्ट है। संभवत: आजादी के बाद से ही हम ऐसी भूल करते आ रहे हैं, जिसका परिणाम जिला न्यायालय के जजों को भुगतना पड़ता है। आज जिस तरह की घटनाएँ और बेचैनी में जिला न्यायालय के जजों को जीना पड़ता है, कुछ इसी तरह की बेचैनी का अनुभव अन्य न्यायालयों के न्यायाधीशों को भी अवश्य ही होता है। पिछले दिनों उच्चतम न्यायालय के मुख्य न्यायाधीशों के कुछ वक्तव्यों का स्मरण करने से अवश्य ही उपरोक्त तथ्यों की पुष्टि होती दिखेगी। जो भी ऊपर कहा गया है, हमारा व्यक्तिगत विचार है, जो सिर्फ मेरे लिए है, किंतु इतना तो अवश्य है कि हमारी वर्तमान न्याय-व्यवस्था में सुधार लाने की आवश्यकता है। जैसी

घटनाओं का खुलासा किया गया है, इसे अवश्य ही रोका जा सकता है, अगर हमारी इच्छाशक्ति दृढ हो।

जिला न्यायालयों की कार्य संस्कृति में सुधार लाने के लिए—

1. सर्वप्रथम जिला न्यायालयों में कार्यरत जजों को पूर्ण सुरक्षा एवं किसी भी तरह के भय से मुक्त कर देना होगा, जिससे कि वे निडरतापूर्वक सभी न्यायिक कार्यों का निष्पादन कर सकें, साथ ही न्यायालय के कार्य संपादन के लिए आवश्यक आधारभूत सुविधाओं की व्यवस्था की जानी होगी।
2. जिला न्यायालयों में कार्यरत जजों की प्रोन्नति बिना विलंब के करने से उनका मनोबल और उत्साह बना रहेगा। सभी स्तर पर रिक्त पदों को अविलंब भरना होगा, चाहे वह प्रोन्नति के माध्यम से या नई नियुक्तियों के द्वारा किया जा सके।
3. सभी जिला न्यायालयों में कार्य से संबंधित सभी तरह के प्रपत्र, स्टेशनरी आदि पर्याप्त रूप से उपलब्ध कराने होंगे, जिससे कि न्यायालय, कर्मचारी या वादी-प्रतिवादियों की सहायता पर निर्भर न रहे।
4. प्रत्येक दिन सुनवाई के लिए स्वयं जज उतने ही मामले रखें, जिनकी सुनवाई उस दिन वे कर सकें।
5. जिला न्यायालय में कार्यरत जजों को स्वयं मामले की अगली तिथि निर्धारित होगी। Cause List, एक मध्यांतर में और दूसरा कार्य समाप्ति के बाद, साथ ही Online Cause List निकालने की व्यवस्था करनी होगी।
6. जल्द-से-जल्द सभी जिला न्यायालयों में Online Cause List एवं SMS Alert की सुविधा माननीय उच्च न्यायालय के तर्ज पर जारी की जाए, ताकि अगली तिथि की जानकारी संबंधित वकीलों को पूर्व में हो जाए। इस तरह की व्यवस्था से न्यायालय में व्यापक पेशी का चलन पूर्णत: बंद हो जाएगा।

7. सभी जिला न्यायालयों में कार्यरत वर्ग–3 एवं 4 कर्मचारियों का स्थानांतरण निश्चित समयावधि में किया जाए, जिससे भ्रष्टाचार में कमी हो पाएगी।
8. जिला न्यायालयों की कार्य संस्कृति को प्रभावित करने का मुख्य कारण जिला न्यायालयों में कार्यरत कर्मचारियों से वहाँ के Litigants, Advocate Clerks, Advocates, Common People आदि से सीधा संबंध होना है। इस सीधे संबंध को ही समाप्त करना होगा।
9. पूर्व में न्यायालयों में बक्सा रखकर उसी में पैरवी आदि डालने की व्यवस्था की गई थी, जिसे पुनः लागू करना होगा। ऐसा करने से Litigants और कर्मचारियों का सीधा संबंध नहीं हो पाता है।
10. माननीय उच्च न्यायालय द्वारा बहुत सारे standing orders दिए जा चुके हैं, जिसके कार्यान्वयन की आवश्यकता मात्र है। इन सारे standing orders का कार्यान्वयन करा लें तो अवश्य ही सबकुछ बदल जाएगा।
11. आज प्रत्येक जिला के लिए एक Inspecting Judge की व्यवस्था कर दी गई है। संभवतः ऐसी व्यवस्था का उद्देश्य जिला न्यायालयों की कार्य संस्कृति में सुधार लाने का रहा है। Inspecting Judge को अवश्य ही अपने दायित्व का निर्वहन करना पड़ेगा। Inspecting Judge के अधीन व्यवहार न्यायालय की कार्य संस्कृति में सुधार लाने का प्रथम दायित्व इन्हीं का होगा।
12. Inspecting Judge जिन्हें, सबसे अधिक शक्ति होती है, उन्हें ही उपाय ढूँढ़ने होंगे। जिला न्यायाधीश एवं जिले में कार्यरत पीठासीन पदाधिकारी भले ही Inspecting Judge की सहायता कर सकते हैं, किंतु वे सभी स्वयं कुछ नहीं कर सकते हैं। जिला न्यायालयों में कार्यरत सभी पीठासीन पदाधिकारी एक अज्ञात भय से अवश्य ही भयभीत रहते हैं, क्योंकि कोई भी उनके विरुद्ध आरोप लगाने के

लिए सक्षम होता है। अवश्य ही कुछ आरोप में सत्यता हो सकती है, किंतु अधिकतर आरोप तथ्यहीन एवं सत्यहीन ही होते हैं, किंतु ऐसे आरोपों के कारण कम moralization होता ही है और demoralized व्यक्ति, चाहे वह न्यायाधीश ही क्यों न हो, कुछ अच्छा करने से भी डरता रहता है।

❑

2जी स्पेक्ट्रम एवं चारा घोटाला के फैसले पर खुशियाँ या गम मनाने की सार्थकता या निरर्थकता

देश की वर्तमान न्याय-व्यवस्था में अगर यथाशीघ्र आवश्यक सुधार नहीं लाया गया तो कानून के हाथ लंबे माने जाते रहेंगे, साथ ही न्याय की यात्रा भी लंबी ही होती जाएगी। हम सभी जानते हैं कि आपराधिक मामलों के निष्पादन में 20-40 वर्ष लग जाते हैं। जहाँ तक दीवानी मामलों के निष्पादन की बात की जाए तो ऐसे मामलों में न्याय निर्णय सुनने का अवसर प्रायः दूसरी या तीसरी पीढ़ी को ही मिल पाता है।

संभवतः न्याय-व्यवस्था को वर्तमान स्थिति से बाहर निकालने का दायित्व हमारे प्रजातंत्र की राज्य सरकारों और केंद्रीय सरकार का ही है। इन सरकारों के अतिरिक्त आम जनता को भी सस्ता, सुलभ और त्वरित न्याय पाने के लिए अवश्य ही आगे आना होगा। ऐसी आम जनता को न्याय-व्यवस्था में सुधार लाने की कोई शक्ति नहीं होती है, किंतु आम जनता सरकार का ध्यान इस ओर आकृष्ट तो अवश्य ही कर सकती है। आज न तो सरकार न्याय-व्यवस्था में आवश्यक सुधार लाने की दिशा में कुछ कर पा रही है और न ही आम जनता का भी इस ओर ध्यान प्रतीत होता है। परिणाम वही होता है, जो होता आ रहा है।

हम सभी जानते हैं कि वर्तमान न्याय-व्यवस्था में त्रुटिपूर्ण अनुसंधान एवं

साक्ष्य के अभाव में कभी तो दोषियों को सजा नहीं मिल पाती है और कभी-कभी कानून के दाँव-पेंच एवं कानूनी तकनीक के कारण निर्दोषों को भी वर्षों जेल में रहना पड़ता है, भले ही अंत में उनकी रिहाई हो जाती है। ऐसे भी अनेक उदाहरण देखे गए हैं कि निर्दोषों को भी कानूनी दाँव-पेंच एवं कानूनी तकनीक के आधार पर सजा मिल जाती है। ऐसी स्थिति में आम आदमी का न्यायपालिका एवं न्याय से विश्वास उठ जाता प्रतीत होता है, भले ही आम आदमी भी कहता रहता है कि उसे न्यायपालिका एवं न्याय पर विश्वास है। न्यायपालिका एवं न्याय पर विश्वास होना अवश्य ही अच्छा संकेत होगा, किंतु अगर किसी अज्ञात डर से न्यायपालिका एवं न्याय पर विश्वास की बात करने लगे तो परिणाम कुछ और होगा।

उपर्युक्त तथ्यों के आलोक में 2जी स्पेक्ट्रम एवं चारा घोटाले से संबंधित मामलों में जिला न्यायालयों के स्तर से दिए गए न्याय निर्णयों की सार्थकता या निरर्थकता को देखा जा सकता है। 2जी स्पेक्ट्रम मामले में बनाए गए अभियुक्तों को जिला न्यायालय द्वारा निर्दोष पाकर उन्हें रिहा कर दिया गया। इसी तरह चारा घोटाला मामले में बनाए गए अभियुक्तों में से कुछ को जिला न्यायालय द्वारा निर्दोष पाकर रिहा कर दिया गया और कुछ को दोषी पाकर उन्हें सजा देने की तिथि निश्चित कर दी गई। आज सारे समाचार-पत्रों के साथ ही टी.वी. चैनलों पर इन दोनों मामलों की चर्चा देखी जा सकती है। जहाँ एक ओर 2जी स्पेक्ट्रम मामले में बनाए गए अभियुक्तगण जिला न्यायालय द्वारा दिए गए फैसले पर खुशियाँ मना रहे हैं, वहीं दूसरी ओर चारा घोटाला में बनाए गए अभियुक्त जिला न्यायालय द्वारा दिए गए फैसले सुनकर भयभीत हो रहे हैं। संभवतः न तो 2जी स्पेक्ट्रम घोटाला में बनाए गए अभियुक्तों को जिला न्यायालय के फैसले से खुश होना चाहिए और न तो चारा घोटाला के अभियुक्तों को जिला न्यायालय के फैसले से भयभीत ही होना चाहिए। शायद ये दोनों नहीं जानते हैं कि इस देश में एक ही न्यायालय है और वह है उच्चतम न्यायालय।

जिला न्यायालयों द्वारा दिए गए फैसलों की अपील उच्च न्यायालय

में होती है और उच्च न्यायालय द्वारा दिए गए फैसलों की अपील उच्चतम न्यायालय में होती है। जब तक जिला न्यायालयों या उच्च न्यायालयों द्वारा दिए गए फैसलों की संपुष्टि उच्चतम न्यायालय द्वारा नहीं कर दी जाती है, तब तक जिला न्यायालयों एवं उच्च न्यायालयों के फैसलों की मान्यता नहीं होती है। ऐसी स्थिति में 2जी स्पेक्ट्रम के अभियुक्तों को उच्चतम न्यायालय के फैसले के पश्चात् ही खुशियाँ मनाना सार्थक होगा। इसी तरह चारा घोटाला के अभियुक्तों को भी जिला न्यायालय के फैसले के आलोक में भयभीत होना अर्थहीन ही होगा। ऐसा भी हो सकता है कि उच्चतम न्यायालय द्वारा जिला न्यायालयों के दोनों फैसलों को सम्पुष्ट कर दिया जाए या दोनों फैसलों को निरस्त करते हुए विपरीत फैसला दे दिया जाए, यानी जिसको रिहा किया गया है, उसे सजा दे दी जाए और जिसे सजा दी गई है, उसे रिहा कर दिया जाए। हमारी वर्तमान न्याय-व्यवस्था का यह अपना कटु सत्य है।

समाचार-पत्रों एवं टी.वी. चैनलों पर हो रही चर्चाओं से स्पष्ट होगा कि जिला न्यायालयों द्वारा दिए गए फैसले के पक्ष में और विपक्ष में भी चर्चाएँ की जा रही हैं। जिला न्यायालयों के फैसले पर अवश्य ही अलग-अलग विचार रखे जा सकते हैं, क्योंकि इन फैसलों के विरुद्ध अपील किए जाने का प्रावधान है। जब कोई इन फैसलों के विरुद्ध अपील में जाएगा तो उसे इन फैसलों को त्रुटिपूर्ण बताना ही नहीं, बल्कि साबित भी कर देना होगा कि जिला न्यायालयों के फैसले त्रुटिपूर्ण हैं, चाहे ऐसी त्रुटियाँ तथ्यों से संबंधित हों या कानून की व्याख्या से संबंधित हों। 2जी स्पेक्ट्रम घोटाला से संबंधित फैसले, साथ ही चारा घोटाला के फैसले को वास्तविक न्याय से दूर होने की चुनौती अवश्य ही दी जा सकती है। इन दोनों फैसलों पर दोनों पक्षों के विद्वान अधिवक्ताओं द्वारा की जाने वाली बहस और दी जाने वाली दलील अवश्य ही सुनने एवं विचार करने योग्य होगी। ऐसी बहस एवं दलील सुनने का और उसके आधार पर उच्चतम न्यायालय द्वारा दिए जाने वाले फैसले सुनने का अवसर सबों को आएगा। उच्चतम न्यायालय द्वारा दिए जाने वाले फैसले के पश्चात् ही हम जान पाएँगे कि दोनों मामलों में दोषी या निर्दोष कौन-कौन थे।

वस्तुतः हमारी न्याय-व्यवस्था एक मजबूत व्यवस्था है। हमारी यह व्यवस्था विधि एवं न्याय के शासन को स्थापित करने में अहम भूमिका निभाती है। आपराधिक मामलों में इस न्याय-व्यवस्था को पुलिस द्वारा किए गए अनुसंधान एवं उपलब्ध कराए गए साक्ष्यों पर भी निर्भर करना पड़ता है। ऐसी स्थिति में अगर अनुसंधान त्रुटिपूर्ण या पक्षपातपूर्ण होता है और साक्ष्यों की उपलब्धता में कमी रह जाती है तो अवश्य ही न्याय-निर्णय प्रभावित होता है। ऐसे अनेक उदाहरण हैं कि वर्तमान न्याय-व्यवस्था किसी को नहीं छोड़ती है। इसी न्याय-व्यवस्था द्वारा उच्च से उच्च पद पर आसीन व्यक्तियों को सजा दी जा चुकी है। ऐसी न्याय-व्यवस्था की इस पक्ष के होते हुए भी इसकी कई कमजोरियाँ भी हैं, जिसे ठीक करने की आवश्यकता है। वर्तमान न्याय-व्यवस्था की सबसे बड़ी कमजोरी है कि भले ही आप उच्चतम न्यायालय द्वारा निर्दोष पाए जाएँ, किंतु इस बीच आपको बहुत कुछ झेलना पड़ जाएगा। उच्चतम न्यायालय द्वारा निर्दोष घोषित होने के पूर्व आपको पुलिस की प्रताड़ना के साथ वर्षों जेल में भी रहना पड़ जाएगा। उच्चतम न्यायालय द्वारा निर्दोष घोषित किए जाने के पश्चात् भी आपकी पीड़ा कम नहीं हो सकेगी। वैसे विधिशास्त्र का मानना है कि जब तक किसी को दोषी घोषित न किया जाए, तब तक उसे निर्दोष ही माना जाता है। विधिशास्त्र की यह भी मान्यता है कि किसी का दोष बिना किसी संदेह के साबित होना चाहिए। विधिशास्त्र की मान्यता यह भी है कि संदेह का लाभ अभियुक्त को मिलना चाहिए। विधिशास्त्र की मान्यता यह भी है कि 100 अपराधी भले ही मुक्त हो जाएँ, एक भी निरपराध को दंडित नहीं किया जाना चाहिए। संभवतः ऐसी मान्यताएँ इसलिए हैं कि न्याय करनेवाला एक आम मनुष्य ही होता है और यह ध्रुव सत्य है 'To Err is Human।' संभवतः न्याय-व्यवस्था की कमजोरियों का उपचार हम सबों को मिलकर करना होगा।

❑

न्याय-युद्ध

आज अपने देश की जनसंख्या लगभग 130 करोड़ हो चुकी है। इसी तरह पूरे विश्व की जनसंख्या 750 करोड़ से ऊपर हो चुकी है। हम समझते हैं कि हम सभी अपने अतीत का स्मरण कर सकते हैं और इसी तरह भविष्य की कल्पना कर सकते हैं। अतीत का स्मरण भी एक सीमा तक ही किया जा सकता है और उसी तरह भविष्य की कल्पना भी एक सीमा तक ही की जा सकती है। अगर हम अपने अतीत का स्मरण करें तो हम पाएँगे कि आज से सैकड़ों या हजारों वर्ष पूर्व न तो हमारे देश की जनसंख्या लगभग 130 करोड़ थी और न ही विश्व की जनसंख्या लगभग 750 करोड़ के पास थी। अतीत में अगर हम और पीछे की यात्रा करना शुरू करेंगे तो भले ही स्मरण न हो, किंतु अनुमान और कल्पना तो कर ही सकेंगे कि एक समय इस धरती पर एक भी आदमी नहीं रहा होगा। ऐसी स्थिति में न तो आदमी ही रहा होगा, न आदमी का कार्यकलाप और न ही दुःख या सुख का अस्तित्व रहा होगा। वर्तमान के ज्ञान से हम सभी अवश्य ही कह सकते हैं कि किसी-न-किसी समय धरती पर आदमी का अवतरण हुआ था। आदमी का अवतरण जब भी हुआ हो, आदमी की स्थिति, जिसे हम संस्कृति और सभ्यता कह सकते हैं, बदलती रही है। आदमी तब भी सुरक्षित रहना चाहता था और आज भी हम सभी सुरक्षित रहना चाहते हैं। सुरक्षित रहने का दो ही उपाय होता है—

(क) स्वयं से स्वयं को सुरक्षित करना।

(ख) बाह्य कारणों से हो रही असुरक्षा से बचने का उपाय करना।

संभवतः आज हम न तो स्वयं से स्वयं को सुरक्षित रख पा रहे हैं और

न तो बाह्य कारणों से होनेवाले असुरक्षाओं से ही छुटकारा पा रहे हैं। समय के साथ स्वयं को सुरक्षित रखने का हमने बहुत सारे उपाय भी किए, किंतु जो हुआ, वह हमारे सामने है। आज बहुंख्यक आबादी अपने आप को असुरक्षित ही पाता है या ऐसा समझता है। स्वयं से स्वयं को सुरक्षित करने के लिए अपने आप से युद्ध करना पड़ता है और इसी तरह दूसरों से अपने आप को सुरक्षित रखने के लिए दूसरों से भी युद्ध ही करना पड़ता है। इन दोनों युद्धों में जब हम विजय प्राप्त कर लेते हैं, तब हम अवश्य ही सुरक्षित हो जाते हैं। हम तभी सुरक्षित हो पाते हैं, जब न्याय करना सीख लेते हैं। ऐसा इसलिए कि अगर हम न्याय करना शुरू कर दें और दूसरा भी हमारे प्रति न्याय का भाव रखने लगे, तभी हम सुरक्षित रह सकते हैं। न्याय एक ऐसा व्यापक तत्त्व है, जिसके अभाव में न तो हम अपने आप को सुरक्षित रख सकते हैं, न दूसरों को न्याय-युद्ध (War For Justice) भी आवश्यक है। आज इसी न्याय-युद्ध की हम सबों को आवश्यकता है; किंतु ऐसा हम कर ही नहीं पाए हैं। हमने अपने देश में न्याय-व्यवस्था बना रखी है, किंतु इस न्याय-व्यवस्था से अवश्य ही हम सभी संतुष्ट नहीं हैं। हमें एक ऐसी न्याय-व्यवस्था की आवश्यकता है, जिससे हमें न्याय मिल सके और हम अपने आपको सुरक्षित पा सकें। वर्तमान न्याय-व्यवस्था वही है, जिसे अंग्रेजों ने हम गुलामों के लिए बनाई थी। हमें मिलकर एक ऐसी न्याय-व्यवस्था की स्थापना करनी होगी, जिसमें कोई चाहकर भी न्याय की हत्या न कर सके। ऐसी न्याय-व्यवस्था की स्थापना हमारी सरकार ही कर सकती है, जो अति आवश्यक है। आज हम देख रहे हैं कि वर्तमान न्याय-व्यवस्था में अपराधियों की भी रिहाई हो जा रही है और निर्दोषों को भी सजा हो जा रही है, भले ही ऐसी रिहाई और सजा की संख्या कम-से-कम हो। न्याय-व्यवस्था का दायित्व होना चाहिए कि एक भी अपराधी सजामुक्त न हो सके और एक भी निर्दोष को सजा न मिल सके। वर्तमान न्याय-व्यवस्था में झूठे मुकदमे दायर करने का अवसर भी है। इस व्यवस्था को न्याय तक पहुँचने में बहुत समय भी लग जा रहा है। आश्चर्य है कि न्याय और न्याय-व्यवस्था पर हम बातें तो अवश्य करते हैं, किंतु इस व्यवस्था में सुधार नहीं ला पा

रहे हैं। न्याय-व्यवस्था में सुधार लाना कठिन नहीं है, अगर हम सुधार लाना चाहें। आज आवश्यकता है कि सरकार न्याय-व्यवस्था में आवश्यक सुधार लाने के लिए शीघ्रातिशीघ्र काररवाई करे। अगर आपको न्याय नहीं मिल पाया तो आपकी किसी तरह की उपलब्धि आपके काम का नहीं होगा और आप अन्याय एवं अत्याचार झेलते ही रहेंगे।

❑

प्रजातंत्र

प्रजातंत्र के तीन पाँव हैं, जिस पर प्रजातंत्र खड़ी है। इन तीनों पाँवों में एक पाँव विधायिका है, दूसरा कार्यपालिका, यानी सरकार और तीसरा न्यायपालिका है। आज इन दिनों मीडिया की चर्चा प्रजातंत्र के चौथे पाँव के रूप में होने लगी है। ऐसी स्थिति में हम कह सकते हैं कि प्रजातंत्र त्रिपाद नहीं, बल्कि चतुष्पाद है। प्रजातंत्र का स्थिर होना या किसी खास दिशा में गतिमान होना, तभी संभव हो सकेगा, जब प्रजातंत्र के सभी पाँव या तो स्थिर रहें या गतिमान हों तो एक ही दिशा में, एक ही उद्देश्य या लक्ष्य की ओर हों। प्रजातंत्र के इन चारों पाँव की स्थिति कैसी है, आप अवश्य ही जानते व समझते ही नहीं, बल्कि प्रजातंत्र के इन चारों पाँव की स्थिरता या गतिशीलता से प्रभावित भी होते रहते हैं। आप अवश्य ही चाहते रहते हैं कि सबकुछ ठीक हो। आप चाहते हैं कि विधायिका अच्छे-अच्छे कानूनों का निर्माण करे, कार्यपालिका ऐसे कानूनों का कार्यान्वयन करे और न्यायपालिका इन कानूनों के अनुरूप ही न्याय करे। आप अवश्य चाहते हैं कि मीडिया कुछ ऐसा न करे, जिसका व्यक्ति, समाज, विधायिका, कार्यपालिका के साथ ही न्यायपालिका पर ऋणात्मक प्रभाव पड़े। प्रजातंत्र के सारे-के-सारे पाँवों के संतुलन पर ही प्रजातंत्र का संतुलन निर्भर करता है। ऐसी स्थिति में प्रजातंत्र के चारों पाँवों को संतुलित में रखने की बहुत बड़ी समस्या है। प्रजातंत्र के ये सारे पाँव वैसे नहीं हैं, जैसा द्विपाद मनुष्य या चतुष्पाद पशु का होता है। मनुष्य को अगर दो पाँव होता है तो मनुष्य अपने विवेक से अपने दोनों पाँव को संतुलन में रखता है, इसी तरह चतुष्पाद पशु भी अपने विवेक का प्रयोग कर अपना संतुलन बनाए

रखता है। प्रजातंत्र के पाँवों के साथ ऐसी बात नहीं है, क्योंकि प्रजातंत्र के चारों पाँव का अपना-अपना अस्तित्व और अपनी-अपनी स्वतंत्रता है। प्रजातंत्र के इन चारों पाँव को संतुलन में रखनेवाली अलग शक्ति या व्यवस्था नहीं है। प्रजातंत्र का हर पाँव अगर एक-दूसरे से संतुलन नहीं स्थापित कर सकेगी तो प्रजातंत्र न तो स्थिर हो सकेगा, न अपने उद्‌देश्य और लक्ष्य की ओर गतिमान हो सकेगा। अब हमें जानना और समझना होगा कि आजादी के बाद हम सबने अपने लिए इस प्रजातंत्र को ही क्यों स्वीकार किया! क्यों नहीं देश के किसी एक व्यक्ति को राजा बनाकर उसे ही सबकुछ सौंप दिया!

ऐसा इसलिए नहीं किया गया कि राजा अगर अत्याचारी हो जाता है तो हमें अत्याचार सहन करना पड़ता है। राजा अत्याचार के साथ अन्याय भी कर सकता था। ऐसी मानसिकता की पृष्ठभूमि में हमने अत्याचार एवं अन्याय से बचने के लिए प्रजातंत्र को स्वीकार किया। मनुष्य किसी भी स्थिति में हो, वह न्याय चाहता है और अपने ऊपर अत्याचार भी नहीं चाहता है। इस तरह न्याय पाने और अत्याचार से बचने के लिए हमने प्रजातंत्र की स्थापना की और एक संविधान का निर्माण किया, जिसके प्रावधानों के तहत निर्मित प्रजातंत्र को न्याय एवं अत्याचार समाप्त करने के उद्‌देश्य से तीन भागों यथा—विधायिका, कार्यपालिका एवं न्यायपालिका में विभक्त कर दिया। यों तो तीनों विभागों का प्रत्यक्ष कार्यकलाप तो अलग-अलग दिखाई पड़ता है, किंतु सबों को एक साथ मिलकर ही काम करना है और अन्याय व अत्याचार को समाप्त करना है। प्रत्यक्ष में भले ही विधायिका, कार्यपालिका और न्यायपालिका का अस्तित्व अलग-अलग दिखाई पड़ती हो, किंतु इनका अस्तित्व अलग-अलग हो ही नहीं सकता। न्याय प्राप्त करना एवं अत्याचार को समाप्त करना ही हमारा उद्‌देश्य था और आज भी वही उद्‌देश्य है। न्याय एक व्यापक तत्त्व है और अन्याय पर अंकुश लगाने से ही न्याय की उपलब्धि होती है। ऐसी स्थिति में हम अपने वर्तमान न्याय-व्यवस्था के सच को जानना चाहेंगे। वर्तमान न्याय-व्यवस्था से अवश्य ही हम संतुष्ट नहीं हैं। वर्तमान न्याय व्यवस्था खर्चीला तो है ही, साथ-ही-साथ इस व्यवस्था की कमजोरी है कि मुकदमों

के निष्पादन में इतने अधिक समय लग जाते हैं कि इन फैसलों का कोई अर्थ ही नहीं होता है। वर्तमान न्याय-व्यवस्था की सबसे बड़ी कमजोरी है कि हम उच्च न्यायालय एवं उच्चतम न्यायालय को तो काफी शक्तिमान बना लिया है, किंतु जिला न्यायालय को अधीनस्थ न्यायालय बना दिया है। हम भूल गए कि जिला न्यायालयों से ही प्रजातंत्र के गरीब प्रजाओं की अपेक्षा है। गरीब उच्चतम न्यायालय तक जा ही नहीं सकता है। जब तक हम जिला न्यायालयों के न्यायाधीशों को स्वतंत्र एवं शक्तिमान नहीं बना देते, तब तक गरीबों को न्याय मिलने की बात करना भी हमारी दूसरी भूल होगी। आम आदमी बहुत कमजोर होता है, इसलिए उसके साथ जो भी होता रहता है—अच्छा या बुरा, उसे वह सहन करता है। ऐसी स्थिति में अगर हम न्याय स्थापित करना चाहते हैं तो वर्तमान न्याय-व्यवस्था में आवश्यक सुधार लाना ही पड़ेगा। आज हम सभी वर्तमान न्याय-व्यवस्था की कमजोरियों की सिर्फ बातें ही नहीं करते, बल्कि इसमें आवश्यक सुधार लाने की चर्चा भी करते रहते हैं। किंतु करते कुछ नहीं। पता नहीं, अंग्रेजों द्वारा दी हुई इस न्याय-व्यवस्था से कब तक हमारा काम चलेगा! आवश्यकता है कि आम आदमी जिला स्तर पर ही अंतिम न्यायिक निर्णय प्राप्त करने के लिए आवाज उठाएँ और इस ओर सरकार का ध्यान आकृष्ट करें। बहुत कुछ लिखने या भाषण करने की आवश्यकता नहीं है। संक्षेप में हम सबों को न्याय चाहिए, और यह तभी संभव है, जब हम वर्तमान न्याय-व्यवस्था में आवश्यक सुधार कर लें।

❑

न्याय के प्रति सरकार की उदासीनता

जब हम अन्याय नहीं होने देंगे और समाज के हर स्तर पर किए जा रहे या हो रहे अन्याय को समाप्त नहीं कर देते, तब तक न्याय का अर्थ भी हमारी समझ में नहीं आ सकेगी!

अन्याय का रुक जाना ही न्याय होता है। वस्तुतः न्याय अपने आप में कुछ नहीं होता, जो होता है, वह अन्याय होता है। इसी अन्याय को जब हम नहीं होने देते हैं, तब जो हो जाता है, वही न्याय होता है। आज हम अन्याय रोकने की बात तो करते नहीं, सिर्फ और सिर्फ न्याय पाने की रट लगाते रहते हैं। अन्याय को रोकने का प्रयास नहीं करने का परिणाम है कि आज हमें न्याय का दर्शन ही नहीं होता है। आज जो हम समझते हैं कि हमारी न्यायपालिका ही न्याय कर सकती है या करती है; हमारी ऐसी समझ ही गलत है। प्रजातंत्र की न्यायपालिका का दायित्व सिर्फ इतना है कि वह गलत को गलत और सही को सही घोषित करे, इससे अधिक हमारी न्यायपालिका की पहुँच हो ही नहीं सकती। न्यायपालिका के निर्णय से अगर किसी हत्या के अपराधी को फाँसी की सजा दे दी जाती है तो भी ऐसी सजा एक हद तक ही न्याय का स्वरूप ले सकता है। न्याय तो तब होता, जब हत्या ही नहीं होती। समाज के किसी स्तर पर हो रहे किसी तरह के अपराध जब बंद होने लगेंगे, तब ही समाज के हर स्तर पर न्याय की उपस्थिति देखी जा सकती है।

आज समाज के हर स्तर पर अपराध होता दिख रहा है, जिसे रोकने में न तो व्यक्ति, न समाज, न सरकार और न हमारी वर्तमान न्यायपालिका ही

सक्षम प्रतीत होती है। व्यक्ति अपने स्वार्थ में लगा हुआ है। समाज, सरकार एवं न्यायपालिका का भी न्याय के प्रति जो दृष्टिकोण है, वह दृष्टिकोण भी संभवतः न्याय को नहीं देख पा रही है। आज व्यक्ति, समाज, सरकार और न्यायपालिका की दृष्टि की पहुँच उनके अपने-अपने स्वार्थ तक ही दिख पड़ती है। संभवतः यही कारण है कि आज न्यायपालिका अपने अनुरूप उच्च न्यायालय के न्यायाधीशों की नियुक्ति करना चाहती है, जो सरकार को स्वीकार्य नहीं है। उच्चतम न्यायालय के वरीय न्यायाधीशों द्वारा ही उच्चतम न्यायालय के कार्यकलापों पर उँगली उठा रहे हैं। इसी तरह सत्ता में रहनेवाले भी एक-दूसरे पर उँगली उठाते दिख रहे हैं। एक ही व्यक्ति जब सत्ता में रहता है तो उसकी नजर में सरकार सबकुछ ठीक करती है, किंतु वही व्यक्ति जब सत्ता से च्युत हो जाता है तो सरकार के प्रत्येक निर्णय को गलत साबित करने में लग जाता है। संभवतः उन सबों का अपना-अपना स्वार्थ ही लक्ष्य होता है। ये सभी अपने-अपने स्वार्थ से ऊपर उठकर आम लोगों पर जो अन्याय होते रहते हैं, उसे न तो देख पाते हैं, न समझ पाते हैं। ऐसी समझ तभी आ सकेगी, जब ये सभी अपने स्वार्थ पर दृष्टि न रखकर आम लोगों के हित की दृष्टि रखने लगेंगे या ऐसी दृष्टि बना पाएँगे।

उपर्युक्त तथ्यों के आलोक में ऐसा कहना और मान लेना भी गलत नहीं होगा कि अवश्य ही हमारी आजादी की लड़ाई हम पर अंग्रेजों द्वारा की जा रही अन्याय को समाप्त करने की थी, जिसे हमने जीत ली, लेकिन आजादी के बाद हमारी लोलुपता सत्ता और सिर्फ सत्ता प्राप्त करने एवं सत्ता में ही रहने की प्रवृत्ति हो गई। सत्ता की लोलुपता एवं सत्ता में रहने की प्रवृत्ति हमारी आँखों पर एक ऐसी पट्टी बाँध डाली, जिससे हमें न तो अन्याय और न न्याय ही दिखाई पड़ा। सिद्धांतः हमने जो संविधान का निर्माण किया, उसमें न्याय, स्वतंत्रता एवं समानता जैसे मानवीय मूल्यों को ही आगे रखा, किंतु ऐसे मानवीय मूल्यों के अनुरूप संवैधानिक दायित्वों का निर्वहन नहीं कर सका। परिणामतः समाज टुकड़े-टुकड़े होने लगे और राजनैतिक दलों की संख्या धर्म व जाति अधिक बढ़ती चली गई। आज हमारे देश में जितने धर्म और जितनी जातियाँ नहीं हैं,

उससे कई गुणा अधिक राजनैतिक दलें हैं। राजनैतिक दलों का अधिक हो जाने का परिणाम यह हुआ कि आज अधिकांश राज्यों या केंद्र में स्थिर सरकार नहीं बन पाती है। स्थिर सरकार न होने का परिणाम है कि जो लोग सरकार में होते हैं, वे आम लोगों के हित का काम छोड़कर पुनः-पुनः सत्ता प्राप्त करने और सत्ता में रहने के लिए ही सबकुछ करते हैं। सत्ता प्राप्त करने एवं सत्ता में रहने के लिए ये सभी सबकुछ भूल जाते हैं; जिसे उन्हें नहीं भूलना चाहिए।

चुनाव के पहले सभी राजनैतिक दल अपना-अपना घोषणा-पत्र जारी करते पाए जाते हैं। घोषणा-पत्र जारी करने का एक ही उद्देश्य होता है कि उनके घोषणा-पत्र से प्रभावित होकर आम लोग उन्हें अपना मत दान कर दें। ऐसे घोषणा-पत्र से प्रभावित होकर जनता अवश्य ही ठग लिये जाते हैं; क्योंकि वे समझ नहीं पाते हैं कि ऐसे सारे घोषणा-पत्र घोषणा करनेवाले अपने हित में तैयार करते हैं।

आजादी के बाद राजनैतिक दलों द्वारा जारी किए गए सारे के सारे घोषणा-पत्रों का अगर अवलोकन करें तो देखेंगे कि ऐसे किसी घोषणा-पत्र में वर्तमान न्यायपालिका में बदलाव लाने के लिए घोषणा नहीं की गई है। किसी भी घोषणा-पत्र में ऐसी घोषणा नहीं की गई कि जब इनकी सरकार बनेगी, तब उनकी सरकार संविधान के अनुरूप न्याय, स्वतंत्रता एवं समानता का अधिकार आम लोगों को देगी। किसी भी घोषणा-पत्र में यह भी घोषणा नहीं की गई कि वर्तमान न्यायपालिका में आवश्यक सुधार कर आम लोगों को न्याय दिलावाया जाएगा। पहले की तरह आज भी हम सबों को पुलिस और न्यायालयों का चक्कर लगाते रहने के बाद भी न्याय का दर्शन नहीं हो पा रहा है। आज हम सभी वर्तमान न्यायपालिका के प्रति उदासीन हैं ही और अगर सरकार की बात करें तो सरकार हम सबों से भी कहीं अधिक न्याय एवं वर्तमान न्यायपालिका के प्रति उदासीन है।

जब तक आपके सारे मुकदमों, चाहे वह फौजदारी हो या दीवानी या किसी अन्य प्रकृति का, यदि फैसला आपके गाँव में आपके जिला में न कर दिया जाता है, तब तक आप दिल्ली जाकर न्याय नहीं प्राप्त कर सकते। आज

समाज में जितनी भी अमानवीय घटनाएँ हो रही हैं, उसका एकमात्र कारण है कि हमारी वर्तमान न्यायपालिका सुलभ, सस्ता और तुरंत न्याय देने में सक्षम नहीं है। जिस दिन कम-से-कम आपराधिक मामलों का निष्पादन एवं निर्णय समय पर होने लगेगा, उस दिन से ही ऐसी अमानवीय घटनाओं का होना रुक जाएगा। जब तक ऐसा नहीं होगा, तब तक ऐसी अमानवीय घटनाओं की संख्या बढ़ती ही जाएगी और हमें बाध्य होकर इस तरह हो रहे अन्याय को सहते रहना पड़ेगा। अगर सरकार आम लोगों का हित चाहती है तो उसे अवश्य ही वर्तमान न्यायपालिका में आवश्यक सुधार लाकर आम लोगों को न्याय दिलाना पड़ेगा। अगले चुनाव में जारी किए जानेवाले राजनैतिक दलों के घोषणा-पत्र में अवश्य ही घोषणा करना होगा कि जब उनकी सरकार बनेगी तो उनकी सरकार संविधान के अनुरूप अपने दायित्व का निर्वहन करेगी, साथ ही न्याय के हित में वर्तमान न्याय-व्यवस्था में आवश्यक सुधार लाएगी, साथ ही आवश्यकतानुसार अंग्रेजों द्वारा बनाए गए सारे पुराने कानूनों में भी भारतीय संस्कृति एवं सभ्यता के अनुरूप सुधार लाया जाएगा। अगर ऐसा नहीं किया गया तो सत्ता पाने के लिए प्रयास करनेवालों को सत्ता तो अवश्य मिलती रहेगी, किंतु आम लोगों को अन्याय ही सहते रहना पड़ेगा। सरकार के पहले आम लोगों को भी अन्याय व न्याय के अंतर को समझना पड़ेगा और समझकर सिर्फ ऐसे लोगों को ही अपना प्रतिनिधि बनाना पड़ेगा। जो उनका हित कर सकें, यह लेखक का अपना विचार है।

❑

न्याय में विलंब और न्यायक्रांति

दो तरह की संकीर्ण प्रतिक्रियाओं से हम रूबरू होते रहते हैं, जिसका संबंध हमारी न्यायपालिका से होता है। 'न्याय में देरी न्याय को रोकने के समान है तथा न्याय में जल्दबाजी भी न्याय को दफन करने के समान है।' इन दोनों प्रतिक्रियाओं से ऊपर उठकर हमें समय पर न्याय देना होगा, जो तभी संभव है, जब न्यायिक प्रक्रिया यहाँ तक कि अपील-दर-अपील के प्रावधानों पर हम विचार करें। एक ही फैसला या निर्णय सत्य हो सकता है, जबकि वर्तमान न्यायपालिका में ऐसा देखा जाता है कि निम्न न्यायालय द्वारा दिए गए फैसले को उच्च न्यायालय बदल देता है और उच्च न्यायालय के फैसले को उच्चतम न्यायालय बदल देता है; और इसी तरह उच्च न्यायालय के एकल पीठ के निर्णय को डिविजन बेंच बदल देता है तथा डिविजन बेंच के निर्णय को उच्चतम न्यायालय। इन सारे न्यायिक निर्णयों में पता नहीं कौन निर्णय वास्तविक न्याय के करीब होता है! इससे पूर्णत: छुटकारा पाना संभव नहीं है, किंतु अपील-दर-अपील को कम कर दिया जाए तो न्याय में हो रही देरी एवं जल्दबाजी में होनेवाले न्याय से छुटकारा पाया जा सकता है। क्यों निम्न न्यायालय की प्रक्रिया को बदलकर ऐसा प्रावधान किया जाए कि कुछ मामलों में दो और कुछ मामलों में तीन जज का बेंच निम्न न्यायालय में ही बने तथा इनके द्वारा दिए गए फैसले को चाहे जो हो, उसे ही अंतिम फैसला मान लिया जाए। निम्न न्यायालय में दो-तीन न्यायाधीश द्वारा गठित न्याय पीठ होने से आम जनता में न्याय के प्रति विश्वास बढ़ेगा, साथ ही जब दो या दो से अधिक जज एक साथ बैठेंगे तो उसमें से एक-दूसरे को उसके अपने व्यक्तित्व में

रहने नहीं देगा और निर्णय भी यदि कोई प्रभावशाली व्यक्ति प्रभावित करना चाहेगा तो दो या अधिक जज होने के संभव नहीं होगा।

एक वाक्य में, केंद्र सरकार, उच्चतम न्यायालय, राज्य सरकार, उच्च न्यायालय यदि न्यायिक प्रक्रिया में सुधार चाहती है तो उसे तुरंत देश के निम्न न्यायालयों को सुदृढ़ ही नहीं करना पड़ेगा; बल्कि यहीं से उच्चतम न्यायालय के लिए योग्य जजों को चुनना होगा। इसके अतिरिक्त दूसरा कोई उपाय नहीं है। यह मेरा व्यक्तिगत विचार है।

न्यायिक सुधार और वास्तविक न्याय तक पहुँचने के लिए आज आवश्यकता है—न्यायिक आंदोलन एवं न्यायिक क्रांति की, जिसे आम जनता कर सकती है। प्रजातंत्र में आम जनता ही अंतिम मालिक के रूप में पहचानी जाती है और जब तक यह मालिक सोया रहेगा, तब तक न्यायिक क्रांति नहीं हो सकेगी। आवश्यकता है कि आम जनता कुछ ऐसा करे, जिससे न्याय निर्णय नहीं, बल्कि वास्तविक न्याय का दर्शन हो सके; ऐसा इसलिए कि आज आंदोलनकारियों की बात की ओर ध्यान दिया जाना देखा गया है। जिस तरह से आजादी के पूर्व हमने आजादी प्राप्ति का आंदोलन किया था, उसी तरह आज भी न्याय पाने के लिए करना होगा, अन्यथा कुछ लोग अपने अनुरूप न्यायिक व्यवस्था को चलाते रहेंगे। जिस न्याय-तत्त्व की हम बात कर रहे थे, वह सिर्फ न्यायालय द्वारा ही अपेक्षित नहीं है, बल्कि यह न्याय-तत्त्व सरकार, इनकी संस्थाओं, अस्पताल, स्कूल, कॉलजों एवं ऐसी बहुत सारी संस्थाओं से ही संभव है। हमें निर्णय नहीं, न्याय चाहिए।

❑

अन्याय नहीं, न्याय चाहिए

आज हमारी सबसे बड़ी बौद्धिक कमजोरी होती जा रही है कि कभी कभी हम न्याय को ही अन्याय एवं अन्याय को ही न्याय समझ बैठते हैं। ऐसा इसलिए होता है, क्योंकि न तो हमें न्याय की समझ होती है और न अन्याय की ही। न्याय और अन्याय के स्वरूप को समझ पाना कठिन होता है। ऐसी स्थिति में उन सारी घटनाओं को, जिसे हम अपने अनुकूल पाते हैं, उसे ही हम न्याय मान लेते हैं, भले ही ऐसी घटनाएँ दूसरों के लिए अन्याय ही क्यों न हो। हत्या, बलात्कार, अपहरण आदि अपराधों के अपराधी होते हुए भी जब हमें सजा नहीं मिल पाती है, तब हम समझने लगते हैं कि हमारे साथ न्याय हुआ है, भले ही ऐसे संगीन अपराधों के लिए सजा न मिल पाने का कारण आज की व्यवस्था ही क्यों न हो। ऐसी स्थिति में, जिसकी हत्या हुई है, जिसका बलात्कार हुआ है या जिसका अपहरण हुआ है, उसे भी न्याय के नाम पर उसके साथ जो कुछ भी हुआ है, उसे ही स्वीकार करने के लिए बाध्य हो जाना पड़ता है। अन्याय को ही न्याय समझ लेना और न्याय को ही अन्याय समझ लेने की बाध्यता का कारण हमारी सामर्थ्यहीन एवं कमजोर व्यवस्था ही है। जब तक इस कमजोर और सामर्थ्यहीन व्यवस्था, जिसका संबंध न्याय और सिर्फ न्याय करने से है, को हम सुदृढ व शक्तिशाली नहीं कर सकेंगे, तब तक हमारे पास एक ही विकल्प होगा कि हमारे साथ जो कुछ हो रहा है, उसे ही स्वीकार करते रहें। न्याय और अन्याय में अंतर करने से हमारी पीड़ा बढ़ती ही जाएगी। ऐसी स्थिति में अन्याय को ही न्याय के रूप में और न्याय को ही अन्याय के रूप में स्वीकार कर लेने से अवश्य ही हमारी

पीड़ा कम होगी। हमारी ऐसी लाचारी, किंकर्तव्यविमूढ़ता ही हमें कुछ हद तक सुरक्षा प्रदान कर सकेगी।

आज हम भौतिक विकास की सीमा भी पार कर चुके हैं। आरामदेह जीवनयापन के लिए हमारे पास सबकुछ है। आज हम मानने लगे हैं कि ब्रह्मांड हमारी मुट्ठी में है; भले ही ऐसा मानना हमारा भ्रम ही क्यों न हो। आज भले ही हम ब्रह्मांड में हो रही घटनाओं को घर बैठे देख लें, घर बैठे ही ब्रह्मांड के किसी कोने में रह रहे व्यक्ति से वार्त्तालाप भी कर लें, भले ही कुछ घंटों या दिनों में ही ब्रह्मांड की यात्रा कर लें। किंतु ऐसा होते हुए भी हम अपने आप तक, अपनी आत्मा तक नहीं पहुँच पा रहे हैं। भौतिक विकास हमें अवश्य ही ब्रह्मांड की यात्रा करा सकता है, किंतु ऐसा विकास हमें किसी हाल में अपनी आत्मा तक नहीं पहुँचा सकता है। भौतिक विकास की पहुँच शारीरिक सुख-सुविधा प्रदान करने तक ही सीमित होती है।

भौतिक विकास का आश्रय लेकर भले ही आरामदेह जीवन प्राप्त कर सकते हैं, किंतु भौतिक विकास में ऐसी शक्ति ही नहीं है कि ऐसा विकास हमें शांतिपूर्ण जीवन प्रदान कर सके। आरामदेह जीवन एवं शांतिपूर्ण जीवन में अंतर होता है। भले ही हम भौतिक विकास से प्रभावित होते हैं, किंतु हमारा उद्देश्य शांति प्राप्त करना ही होता है। हम न पहले होते हैं और न बाद में अगर हम होते हैं तो पहले और बाद के बीच में होते हैं। हमारा सारा क्रियाकलाप इसी पहले और बाद के बीच में होता है, किंतु हम इस बीचवाली स्थिति से छूटना चाहते हैं। ऐसी बीचवाली भौतिक स्थिति से छूटने के लिए ही हमें न्याय, चाहे वह प्राकृतिक हो या कृत्रिम, दोनों की आवश्यकता होती है। प्राकृतिक न्याय तो अवश्य ही निष्पक्ष होता है, पर कृत्रिम न्याय को भी निष्पक्ष ही होना होगा। हमें कितना भी पीड़ा क्यों न हो, हमारे अपनों या स्वयं की भी स्वाभाविक मृत्यु ही क्यों न हो जाए, हम इसके लिए किसी को दोष नहीं देते हैं, क्योंकि ये सारी घटनाएँ प्राकृतिक होती हैं एवं निष्पक्ष होता हैं। हमें ज्ञान होता है कि हम सभी मरणशील प्राणी हैं। हममें से अगर कुछ को ही पीड़ा होती और कुछ की ही मृत्यु होती तो अवश्य ही प्रकृति का न्याय पक्षपातपूर्ण

होता, किंतु ऐसा नहीं होता है।

कृत्रिम न्याय-व्यवस्था का स्तर भी निष्पक्ष होना चाहिए। ऐसे कृत्रिम न्याय-व्यवस्था में कार्यरत मनुष्यों द्वारा ऐसा कर पाना बहुत कठिन है; क्योंकि मनुष्य जब तक मनुष्य है, उससे गलती किए जाने की संभावना बनी रहती है। अवश्य ही इतिहास के पन्नों को उलटने से ऐसे व्यक्तित्व का भी दर्शन होता है, जिन्होंने मनुष्य होते हुए निष्पक्ष निर्णय लेने में सक्षम हुए हैं। श्रीराम, श्रीकृष्ण, हरिश्चंद, विक्रमादित्य आदि ऐसे अनेक नाम हैं, जो मनुष्य होते हुए भी निष्पक्ष न्याय करने में सक्षम रहे हैं। हमें न्याय नहीं मिल पा रहा है, इसके लिए हम भी कम जिम्मेदार नहीं हैं। आज ऐसा देखा जा रहा है कि वर्तमान न्याय-व्यवस्था में हम झूठा मुकदमा ही दायर नहीं करते, बल्कि न्यायालय में झूठी गवाही भी देते हैं। अगर हम झूठा मुकदमा दायर करते रहें और झूठी गवाहियाँ देते रहें तो कैसी भी न्याय-व्यवस्था हो वह न्याय तक नहीं पहुँच सकेगी। आज हमारी जैसी मानसिकता और बौद्धिकता हो चुकी है, उसके होते हुए हमें न्याय तक पहुँचना ही होगा। आम लोगों की मानसिकता एवं बौद्धिकता ही संभवत: कानून एवं न्याय का स्रोत होता है। आज जो हमारी न्याय व्यवस्था है, वह अंग्रेजों की दी हुई है। इस न्याय-व्यवस्था का निर्माण अंग्रेजों ने उस समय के लोगों की मानसिकता एवं बौद्धिकता के आधार पर किया था। आज लोगों की मानसिकता एवं बौद्धिकता बदल चुकी है। ऐसी स्थिति में जब तक हम वर्तमान कानून एवं न्याय-व्यवस्था के स्वरूप को आज के लोगों की मानसिकता एवं बौद्धिकता के आधार पर नहीं बदल देते, तब तक हमें न्याय और अन्याय में अंतर समझना ही बंद कर देना होगा और स्वीकार कर लेना होगा कि जो हो रहा है, वही ठीक है। आज के कानून और न्याय-व्यवस्था के स्वरूप को कैसे बदला जाए, यह अपने-आप में एक समस्या है! आज हम सबों का ध्यान भौतिक विकास की ओर ही दिखता है। यह भौतिक विकास आवश्यक है, किंतु नैतिक एवं आत्मिक विकास ही हमें न्याय के करीब पहुँचा सकता है। अगर हम न्याय के करीब पहुँचना चाहते हैं तो भौतिक विकास से अधिक नैतिक एवं आत्मिक विकास की ओर ध्यान

देना होगा, अन्यथा हमारी स्थिति बद से बदतर ही होती चली जाएगी। हमें अब हमारे द्वारा बनाई गई सरकार को इस नैतिक एवं आत्मिक विकास की ओर ध्यान देने की आवश्यकता है।

यह मेरा व्यक्तिगत विचार है और मेरे इस विचार से भी अच्छे विचार हो सकते हैं।

❑❑❑